Das Buch von der Wiedergeburt

Inhalt

Vorwort

Christopher Bache und ich sind recht verschiedene Wege gegangen, aber die Lektüre seines Buches zeigt mir, daß sie zum gleichen Ziel führen.

Chris ist durch das Studium von Philosophie und Religion schließlich dazu gekommen, die Reinkarnation, die das Thema dieses so klaren und in seiner Argumentation überzeugenden Buches ist, in seine Lebensanschauung mit einzubeziehen. Ich habe mich durch das Dickicht der Sozialpsychologie auf die Lichtung der transpersonalen Psychologie und zu guter Letzt in die hellen Gefilde der Nah-Todeserfahrungen vorgearbeitet, deren Erforschung meinem eigenen Weltbild mehr als alles andere seinen Stempel aufgedrückt hat.

Meine Lehrer waren die vielen hundert Menschen, die ich in den vergangenen zwölf Jahren über ihre Nah-Todeserfahrungen befragen durfte. Viele davon sind gute Freunde geworden.

Was sie mich lehrten, haben sie natürlich aus ihren Nah-Todeserfahrungen geschöpft, und ihre Erkenntnisse sind in dieses Buch mit eingeflossen.

Worin liegt der Grund für diese unverkennbare Konvergenz zwischen dem Glauben an die Wiedergeburt und den Implikationen der Nah-Todeserfahrungen? Meiner Ansicht nach ist der durch eine Nah-Todeserfahrung hervorgerufene *transzendentale Bewußtseinszustand derselbe*, der auch auf die Realität des Phänomens der Reinkarnation hinweist. Es fällt jedenfalls auf, daß viele der von mir über ihre Nah-Todeserfahrungen Befragten berichteten, daß sie durch ihre Erlebnisse entweder zu Anhängern der Reinkarnationslehre geworden seien oder die Idee der Wiedergeburt jetzt zumindest für so plausibel hielten, daß sie sich intensiver damit beschäftigen wollten. Die Erfahrung der Todesnähe führt den Menschen also durch unmittelbare Anschauung zu der Überzeugung, die der Anhänger der Reinkarnationslehre schon immer vertreten hat: daß die geistige Welt unsere wahre Heimat ist, daß das, was wir Tod nennen, nur ein kurzer Ausflug in dieses Reich des Geistes und das Leben in Wahrheit ewig ist.

Und – so fügen die von der Reinkarnation Überzeugten hinzu – *wir kehren wieder.*

Chris Bache zeigt, daß diese Grundthese durch eindrucksvolle und unabweisbare Belege gestützt wird. Aber diese Beweise sind *nicht* das Hauptthema des Buches. Es geht vielmehr darum zu zeigen, wie wir unser Leben besser verstehen und erfüllter *leben* könnten, wenn wir die Fakten, die für eine reinkarnationistische Lebensanschauung sprechen, begriffen und uns darüber klar würden, welche Konsequenzen das für uns hätte.

Um es noch einmal festzuhalten: Während der Autor im ersten Teil seines Buches überzeugend und engagiert den heutigen Stand der Reinkarnationsdebatte darlegt, ist sein eigentliches Ziel doch, uns zu zeigen, was wir für unser Selbstverständnis und unser spirituelles Wachstum gewinnen, wenn wir die Vorstellung der Wiedergeburt akzeptieren. Und das tut er mit Kompetenz und zwingender gedanklicher Konsequenz.

Er versteht es, die Ergebnisse aktueller Forschungs- und Erfahrungsgebiete, die zur Entstehung einer neuen, spirituelleren Sicht unseres Wesens beitragen, in einer beeindruckenden Synthese zusammenzufassen: Reinkarnationsforschung, Reinkarnationstherapie, Stanislav Grofs Erlebnistherapie, Untersuchungen über außerkörperliche Erfahrungen und Nah-Todeserlebnisse usw. Soweit ich sehe, ist Chris Bache der erste Autor, der die einzelnen Mosaiksteinchen dieser verschiedenen Erfahrungs- und Erlebnisbereiche zu dem einheitlichen Bild einer reinkarnationistischen Anschauung zusammengefügt hat, und viele Leser werden ihm schon allein dafür Dank wissen.

Denn jetzt, im letzten Jahrzehnt des 20. Jahrhunderts, da die Erkenntnisse der modernen Bewußtseinsforschung und die Schlußfolgerungen, die sich daraus ziehen lassen, einer immer größer werdenden Öffentlichkeit zugänglich werden, erfährt die zeitweise aus der Mode gekommene Vorstellung von einem *sinnvollen Kosmos* neuen, nachdrücklichen Auftrieb.

Und Chris Bache weist sich hier mit seinem ersten Buch als bedeutender Vermittler dieser postexistentialistischen Perspektive aus. Denn aus seiner Interpretation der mit der Reinkarnation zusammenhängenden Erkenntisse der Bewußtseinsforschung ergibt sich für ihn die Folgerung, daß «das *ganze* Universum ein sinnvolles Gebilde ist», daß das Erlebnis der Wiedergeburt «nicht nur zu dem Glauben, sondern zu dem *Wissen* führt, daß wir ewig leben, daß der letzte Sinn des menschlichen Lebens darin liegt, lieben zu lernen», und daß «das Wichtigste ist, zu erkennen, daß wir in Sicherheit sind, daß es absolut nichts gibt, was uns auf Dauer von der Quelle des Lebens trennen könnte, und daß die Prüfungen des Lebens letztendlich zu unserem Besten sind».

Genau dasselbe habe ich auch von Menschen gehört, die Nah-Todeserfahrungen gemacht haben.

Und nun lade ich Sie ein, mit Chris Bache den Pfad zu beschreiten, auf dem er zu diesen Folgerungen gelangte – dabei kann es durchaus geschehen, daß auch Sie sich angeregt fühlen, eine ähnliche Reise anzutreten.

Kenneth Ring

1 Lebenszyklen oder Vom Sinn des Universums

Romy Crees wurde 1977 als Tochter von Barry und Bonnie Crees in Des Moines, Iowa, geboren. Sie war ein entzückendes kleines Mädchen, ein richtiger Wirbelwind, voller Neugier und immer zu Streichen aufgelegt. Beide Eltern waren gläubige Katholiken und deshalb in keiner Weise auf das gefaßt, was geschah, als Romy anfing zu sprechen. Denn sie schwatzte nicht einfach drauflos, wie andere Kinder das tun, sondern streute immer wieder Einzelheiten über ihr früheres Leben als Joe Williams ein. Sie erzählte, sie sei in einem Haus aus roten Ziegeln in Charles City aufgewachsen, einer Stadt, die ungefähr 300 Kilometer von Des Moines entfernt liegt. Sie behauptete, mit einer Frau namens Sheila verheiratet gewesen zu sein und drei Kinder mit ihr gehabt zu haben. Joe und Sheila seien beide bei einem Motorradunfall ums Leben gekommen, den Romy sehr genau beschreiben konnte. «Ich habe Angst vor Motorrädern», sagte sie. Sie erinnerte sich an viele Ereignisse aus Joes Leben. Einmal hatte Joe zu Hause einen Brand verursacht, und Mutter Williams hatte sich die Hand verbrannt, als sie die Flammen mit Wasser löschen wollte. «Mutter hat Schmerzen im Bein – hier», sie zeigte auf eine Stelle am rechten Bein. «Mutter Williams heißt Louise. Ich habe sie lange nicht gesehen.» Sie bat oft, man möchte sie doch nach Charles City bringen, damit sie Mutter Williams beruhigen und ihr sagen könnte, daß «alles in Ordnung war».

Man kann verstehen, daß Romys Eltern das, was sie da hörten, beunruhigend und verwirrend fanden und sie Romy von ihren vermeintlich absurden Phantastereien abzubringen versuchten. Aber ihre genaue Schilderung von Joes Leben und von dem Unfall, der ihm ein Ende setzte, gab ihnen doch zu denken, und so waren sie schließlich bereit, Hemendra Banerjee kommen zu lassen, der es sich zur Aufgabe gemacht hatte, den Fällen von Kindern nachzugehen, die sich spontan an frühere Leben zu erinnern scheinen. Im Winter des Jahres 1981 kamen Banerjee und seine Frau in Begleitung zweier Journalisten von der schwedischen Zeitschrift *Allers* nach Des Moines, um sich mit Romy und ihren Eltern zu unterhalten. Später fuhren sie alle gemeinsam nach Charles City, um festzustellen, ob Romys «Erinnerungen» sich ganz oder teilweise bestätigen ließen.

Auf der Fahrt war Romy ganz aufgeregt und freute sich sehr darauf, endlich wieder bei Mutter Williams sein zu können. Kurz vor der Ankunft kletterte Romy auf den Vordersitz und sagte: «Wir müssen noch Blumen kaufen. Mutter Williams mag blaue Blumen. Und wenn wir da sind, können wir nicht durch die Vordertür gehen. Wir müssen um die Ecke zu der Tür in der Mitte.» Nach einem Blick ins Telefonbuch hielten sie vor einem weißen Bungalow in einem Vorort der Stadt an. Romy sprang aus dem Auto und zog Banerjee hinter sich her zum Haus. Es war nicht das rote Ziegelhaus, das Romy beschrieben hatte, aber auf einem Schild davor stand: «Bitte die Hintertür benützen».

Eine ältere Frau kam an den Seiteneingang des Hauses. Sie ging an Krücken und hatte einen festen Verband um das rechte Bein. Ja, sie sei Louise Williams. Ja, sie habe einen Sohn namens Joe gehabt, aber sie sei gerade auf dem Weg zum Arzt und habe deshalb keine Zeit, die ungewöhnlichen Besucher zu empfangen. Romy war sehr enttäuscht, und ihre Augen füllten sich mit Tränen. Aber nach einer Stunde gingen Romy, ihr Vater und die schwedischen Journalisten wieder zu dem Haus und wurden hineingebeten.

Frau Williams erschrak geradezu, als Romy ihr die blauen Blumen überreichte, und erklärte, das letzte Geschenk ihres

Sohnes sei auch ein Strauß blauer Blumen gewesen. Aber wie überrascht war sie erst, als Romys Vater ihr von Romys «Erinnerungen» an Joes Leben erzählte. «Woher weiß sie das denn alles?», fragte sie. «Ich kenne Sie doch gar nicht, und ich kenne auch sonst niemanden in Des Moines.» Sie erklärte, sie und Joe hätten in einem Haus aus roten Ziegeln gewohnt, genau wie Romy gesagt hatte, aber das Haus sei einem Wirbelsturm zum Opfer gefallen, der vor zehn Jahren in Charles City getobt habe. «Joe hat uns geholfen, dieses Haus zu bauen, und er bestand darauf, daß wir die Vordertür im Winter geschlossen halten.»

Romy und Frau Williams fühlten sich sofort zueinander hingezogen. Als Frau Williams aufstand, um etwas aus dem Nebenzimmer zu holen, lief Romy hinter ihr her. Sie kamen Hand in Hand zurück, denn Romy wollte die alte Dame stützen. Frau Williams hatte eine gerahmte Fotografie von Joe und seiner Familie in der Hand, die an dem Weihnachtsfest vor seinem und Sheilas Tod aufgenommen worden war. «Sie hat sie wiedererkannt», sagte Frau Williams überrascht. «Sie hat sie wiedererkannt!»

Frau Williams konnte vieles von dem bestätigen, was Romy erzählt hatte: Joe hatte eine Sheila geheiratet, die beiden hatten drei Kinder, die Namen von Verwandten stimmten und das Feuer in ihrem Haus, bei dem sie sich die Hand verbrannt hatte, war eine nicht zu leugnende Tatsache. Auch der Motorradunfall im Jahre 1975 hatte sich in allen Einzelheiten so zugetragen, wie Romy ihn geschildert hatte. Aber obwohl sich erwiesen hatte, daß Romys Aussagen zutrafen, waren weder Frau Williams noch Romys Eltern bereit, die Möglichkeit zu akzeptieren, daß es sich bei ihrer Tochter um die Reinkarnation von Joe Williams handeln könnte. «Ich weiß nicht, wie ich es erklären soll», sagte Romys Mutter, «aber ich weiß ganz sicher, daß meine Tochter nicht lügt.»[1]

Romys Erinnerungen sind keine solche Seltenheit, wie ihre Eltern vielleicht meinten. Wie wir im nächsten Kapitel sehen werden, gibt es Hunderte von gutdokumentierten Fällen, in denen Kinder sehr detaillierte und völlig korrekte Berichte von einem Leben gegeben haben, das sie vor ihrem jetzigen Leben gelebt haben wollen. Zusammengenommen sind diese Berichte so gewichtig, daß sie uns zu einer erneuten Prüfung einer der ältesten und hartnäckigsten Vorstellungen in der Geschichte der Menschheit nötigen, der Vorstellung nämlich, daß wir nicht nur einmal, sondern viele Male auf der Erde leben.

Aber haben wir denn Veranlassung, uns die Behauptungen dieser Kinder so zu Herzen zu nehmen? Die meisten von uns erinnern sich nicht im mindesten an ein früheres Leben. Außerdem lehren uns unsere fünf Sinne nur, daß wir mit dem Tod des Körpers von der Erde verschwinden. Ob wir nun einfach aufhören zu existieren oder «an einen anderen Ort» gehen – das bewußte Erleben der meisten Menschen spricht gegen die These von einer Rückkehr. Warum sollten wir diese Kinder also nicht einfach als – bislang unerklärliche – merkwürdige Sonderfälle abtun und uns an die scheinbar einfachere Alternative halten?

Manch einer mag sich veranlaßt fühlen, diese Kinder ernst zu nehmen, wenn er an all die bemerkenswerten Menschen denkt, die sich nach sorgfältiger Überlegung für den Glauben an die Reinkarnation entschieden haben. Dazu gehören so unterschiedliche Persönlichkeiten wie Plato, Schopenhauer, John McTaggart, Benjamin Franklin, Leo Tolstoi, William James, Henry Wadsworth Longfellow, Ralph Waldo Emerson, Henry David Thoreau, Walt Whitman, Saul Bellow, Richard Wagner, Gustav Mahler, Jean Sibelius, Paul Gauguin, David Lloyd George, George S. Patton, Charles Lindbergh, Henry Ford und Carl Gustav Jung. Aber natürlich ist die Liste der westlichen Intellektuellen und Künstler, die den Gedanken der Reinkarnation verworfen haben, viel länger.

Andere mögen sich von der einfachen Tatsache beeindrucken lassen, daß etwa die Hälfte der Menschheit seit Jahrtausenden an die Wiedergeburt glaubt. Das sollte uns zwar zu denken geben, aber andrerseits haben sich viele altehrwürdige Vorstellungen – zum Beispiel daß die Sonne sich um die Erde dreht und daß die

Erde eine Scheibe ist – auch definitiv als falsch erwiesen. Alter und Beliebtheit einer Vorstellung sind noch keine Wahrheitsgarantie und können uns allein nicht veranlassen, die täglich neu gewonnene Erfahrung beiseite zu schieben, daß wir in unserem Wesen nur das sind, was unser Körper uns suggeriert und nicht mehr.

Letztlich liegt der stärkste Grund, die Erfahrung von Kindern wie Romy Crees nicht zu ignorieren, in den Kindern selbst, ganz gewöhnlichen Kindern, die in jeder Hinsicht vollkommen normal sind, abgesehen von der einen Besonderheit – daß sie sich offenbar an etwas erinnern, was die meisten von uns aus irgendeinem Grund vergessen haben. Wenn die aufgeklärten Westler des 20. Jahrhunderts die Reinkarnation je ernst nehmen sollten, wird das, so glaube ich, in erster Linie auf das geduldige und kritische Studium dieser Kinderberichte zurückzuführen sein. Wir wollen daher, ehe wir fortfahren, noch einen zweiten Fall betrachten, einen Fall, den Dr. Ian Stevenson von der University of Virginia recherchiert hat.[2]

Prakash Varshnay wurde im August 1951 in Chhata in Indien geboren. Als Kind zeigte er keinerlei auffälliges Verhalten, wenn man davon absieht, daß er vielleicht mehr als die meisten seiner Altersgenossen zum Weinen neigte. Aber einmal, er war gerade viereinhalb Jahre alt, wachte er mitten in der Nacht auf und rannte aus dem Haus. Als seine Eltern ihn eingeholt hatten, behauptete er, sein Name sei Nirmal, und er «gehöre» nach Kosi Kalan, einer etwa zehn Kilometer entfernt liegenden Stadt. Er sagte auch, sein Vater heiße Bholanath. In den nächsten fünf oder sechs Nächten zeigte Prakash das gleiche Verhalten: Er wachte mitten in der Nacht auf und lief auf die Straße. Danach geschah es seltener, kam aber noch einen Monat lang gelegentlich vor.

Er begann tagsüber von «seiner» Familie in Kosi Kalan zu reden. Er behauptete, er habe dort eine Schwester namens Tara und nannte auch mehrere Nachbarn. Sein Haus dort beschrieb er als ein Haus aus Backstein, im Gegensatz zu seinem jetzigen

Haus in Chhata, dessen Wände aus getrocknetem Schlamm waren. Er sagte, sein Vater habe vier Läden, darunter einen Getreideladen, einen Stoffladen und ein Geschäft, in dem Hemden verkauft würden. Er erwähnte auch den eisernen Geldschrank seines Vaters, in dem er eine Schublade mit einem eigenen Schlüssel dazu habe.

Aus Gründen, die für seine Angehörigen unverständlich waren, wurde Prakash immer mehr von dem anderen Leben, an das er sich plötzlich wieder erinnerte, besessen und bat wiederholt, sie möchten ihn nach Kosi Kalan bringen. Er quälte sie so lange, bis sein Onkel schließlich nachgab und versprach, mit ihm dort hinzufahren. Zunächst versuchte er allerdings, ihn zu überlisten, indem er den Bus in die Gegenrichtung bestieg. Aber Prakash bemerkte die Täuschung, und sein Onkel gab sich geschlagen. In Kosi Kalan fanden sie tatsächlich einen Laden, der einem Mann namens Bholanath Jain gehörte, aber da der Laden geschlossen war, kehrten Prakash und sein Onkel nach Chhata zurück, ohne ein Mitglied der Familie Jain gesprochen zu haben.[3]

Wieder zu Hause angekommen, identifizierte Prakash sich weiterhin stark mit Nirmal. Er verlangte oft, man solle ihn mit Nirmal anreden und hörte nicht auf seinen eigenen Namen. Zu seiner Mutter sagte er, sie sei nicht seine richtige Mutter, und er beklagte sich über das einfache Haus. Mehrmals bat er unter Tränen, ihn wieder nach Kosi Kalan zu bringen. Eines Tages brach er einfach auf eigene Faust auf, in der Hand einen langen Nagel. Das sei, so sagte er, der Schlüssel zu seiner Schublade im eisernen Geldschrank seines Vaters. Er hatte schon fast einen Kilometer auf der Landstraße hinter sich, als man ihn aufgriff und nach Hause zurückbrachte.

Man kann sich vorstellen, wie beunruhigt Prakashs Eltern über die plötzliche Veränderung ihres Sohnes waren. Sie wollten ihren alten Prakash wiederhaben, ohne die aufwühlenden Erinnerungen, an deren Nachprüfung sie nicht im mindesten interessiert waren. Schließlich riß ihnen der Geduldsfaden und sie nahmen die Sache selbst in die Hand. Einem alten Brauch folgend, wirbelten sie ihn auf einer Töpferscheibe herum, in der Hoffnung, er würde dadurch seine Vergangenheit vergessen, und als das nichts nützte, schlugen sie ihn. Ob Prakash durch dieses Vorgehen nun wirklich sein Leben als Nirmal vergaß oder nicht, jedenfalls sprach er nun nicht mehr darüber.

Unterdessen lebte in Kosi Kalan eine Familie, die sechzehn Monate, bevor Prakash geboren wurde, ein Kind durch Pocken verloren hatte. Sein Name war Nirmal gewesen, sein Vater hieß Bholanath Jain und seine Schwester Tara. Nirmals Vater war Kaufmann und hatte vier Läden – einen Kleiderladen, zwei Lebensmittelläden und einen Gemischtwarenladen, in dem unter anderem auch Hemden verkauft wurden.[4] Die Familie Jain wohnte in einem bequemen Ziegelhaus, und der Vater hatte dort tatsächlich einen großen eisernen Geldschrank, in dem jeder seiner Söhne eine Schublade für sich hatte, mit einem eigenen Schlüssel dazu.

Die Familie Jain hörte bald von dem Besuch des Kindes, das behauptete, Nirmal zu sein, machte aber fünf Jahre lang keinen Versuch, der Sache nachzugehen. Im Frühsommer des Jahres 1961 hatte Nirmals Vater mit seiner Tochter Memo geschäftlich in Chhata zu tun und traf zufällig auch mit Prakash und dessen Familie zusammen. (Bevor diese Ereignisse sie zusammenführten, hatten die beiden Familien nichts voneinander gewußt. Sie hatten auch keine gemeinsamen Bekannten.) Prakash erkannte «seinen» Vater sofort und war überglücklich, ihn zu sehen.[5] Er erkundigte sich nach Tara und seinem älteren Bruder Jagdish. Als der Besuch beendet war, folgte er seinen Gästen bis zur Bushaltestelle und bat sie weinend, ihn mit nach Hause zu nehmen. Prakashs Verhalten muß einen tiefen Eindruck auf Bholanath Jain gemacht haben, denn schon wenige Tage später kamen auch seine Frau, seine Tochter Tara und sein Sohn Devendra nach Chhata, um Prakash mit eigenen Augen zu sehen. Als Prakash Nirmals Bruder und Schwester – besonders Tara – sah, brach er in Tränen aus. Beide nannte er beim Namen. Er erkannte auch Nirmals Mutter: Auf Taras Schoß sitzend, deutete er auf Frau Jain und sagte: «Das ist meine Mutter.»

Die Familie Varshnay war von dem plötzlich über sie hereinbrechenden Geschehen nicht begeistert, und es gefiel ihnen auch nicht, daß Prakashs Erinnerungen und Sehnsüchte wieder zum Leben erweckt wurden. Aber genau das war mit aller Macht geschehen. Dennoch ließen sie sich schließlich dazu überreden, Prakash noch einen letzten Besuch in Kosi Kalan zu gestatten. Im Juli desselben Jahres, als Prakash knapp zehn Jahre alt war, fuhren sie zum zweiten Mal mit ihm nach Kosi Kalan. Er führte sie ohne Hilfe von der Bushaltestelle zum Haus der Jains, obwohl der fast einen Kilometer lange Weg mit seinen Windungen und Abzweigungen gar nicht so leicht zu finden war und Tara ihn durch falsche Hinweise in die Irre zu führen versuchte. Als er schließlich beim Haus der Jains ankam, stutzte er und war verwirrt. Es stellte sich heraus, daß der Hauseingang seit Nirmals Tod umgebaut und die Tür ein gutes Stück seitlich versetzt worden war. Innen fand Prakash richtig das Zimmer, in dem Nirmal geschlafen hatte, und das, in dem er gestorben war. (Nirmal war kurz vor seinem Tod in ein anderes Zimmer gebracht worden.) Er entdeckte den Geldschrank der Familie und erkannte einen kleinen Wagen, der zu Nirmals Spielzeug gehört hatte.

Prakash konnte auch viele Menschen aus Nirmals Umfeld richtig identifizieren. Er erkannte nicht nur «seinen Bruder», Jagdish, und zwei Tanten, sondern auch zahlreiche Nachbarn und Bekannte der Familie, die er entweder beim Namen nannte oder beschrieb, oder beides.[6] Als man ihn zum Beispiel fragte, ob er einen bestimmten Mann identifizieren könne, gab er seinen Namen richtig mit Ramesh an. Die anschließende Frage: «Wer ist das?» beantwortete er mit der zutreffenden Erklärung: «Er hat einen kleinen Laden vor unserem Laden.» Eine andere Person identifizierte er als «einen unserer Nachbarn beim Laden» und beschrieb ganz richtig, wo sich der Laden befand. Einen dritten Mann begrüßte er spontan, als sei er ein Bekannter der Familie. «Weißt du, wer ich bin?» fragte der Mann, und Prakash antwortete richtig: «Du bist Chiranji. Ich bin der Sohn von Bholaram» (*sic*). Dann fragte Chiranji ihn, woher er ihn kenne, und Prakash antwortete, er habe in seinem Laden immer Zucker, Mehl und Reis gekauft. Chiranji bestätigte, daß Nirmal diese Dinge gewöhnlich in seinem Lebensmittelgeschäft gekauft habe, das er allerdings nicht mehr besitze, weil er es kurz nach Nirmals Tod verkauft habe.

Die Familie Jain erkannte Prakash schließlich als Reinkarnation von Nirmal an, was die ohnehin schon beträchtliche Angst der Varshnays noch verstärkte. Sie hatten sich von Anfang an dagegen gewehrt, Prakashs angebliche Erinnerungen zu überprüfen, und schließlich nur nachgegeben, um seine lästigen Bitten zu beenden. Da sich Prakash offenbar stark zu den Jains hingezogen fühlte, fürchteten sie nun, diese würden ihnen Prakash wegnehmen wollen, um ihn zu adoptieren. Sie waren auch äußerst mißtrauisch gegenüber den Leuten, die den Fall untersuchten, und hielten sie (fälschlicherweise) für heimliche Abgesandte der Familie Jain. Prakashs Großmutter ging sogar so weit, ein paar Nachbarn aufzufordern, die Gruppe der Nachforschenden zu verprügeln.

Im Laufe der Zeit ließ die Spannung zwischen den beiden Familien jedoch nach. Die Jains hatten keinerlei Absicht, Prakash seiner Familie wegzunehmen, und waren mit den Besuchen, die schließlich gestattet wurden, vollauf zufrieden. Die Ängste der Varshnays schwanden allmählich, und auch Prakashs emotionale Bindung an seine Vergangenheit verlor an Intensität.[7] Als nach einigen Jahren noch einmal Forscher kamen, um weitere Gespräche zu führen, wurden sie viel freundlicher aufgenommen.

Wieder ein Kind mit verblüffenden Kenntnissen vom Leben eines anderen. Wieder ein Elternpaar voller Verwirrung und Unruhe. Wir werden im nächsten Kapitel auf die Frage der Beweiskräftigkeit solcher Fälle zurückkommen. Im Augenblick möchte ich die Untersuchung in einer anderen Richtung fortsetzen, wobei ich noch mal auf Romys Fall zurückkomme.

Welche *Bedeutung* würde es für Romy haben, wenn sich herausstellte, daß sie früher wirklich als Joe Williams gelebt hätte? Würde es, wenn sie heranwächst und in das Alter kommt, in dem sie über ihre Erfahrungen nachdenkt, ihre Vorstellung von sich selbst und von ihrem Leben verändern? Und wenn ihre Eltern den Gedanken der Reinkarnation akzeptiert hätten, hätte das die Erziehung ihrer Tochter beeinflußt? Hätte es sich auf ihre Ansichten über Kinder ganz allgemein ausgewirkt?

Wie auch immer die Antwort tatsächlich ausgefallen wäre, ich bin jedenfalls der Meinung, daß der Glaube an die Wiedergeburt einen solchen Einfluß ausüben müßte. Ich möchte sogar sagen, daß ich mir nur wenige Glaubenswahrheiten vorstellen kann, die ähnlich weitreichende Auswirkungen auf unser Selbstverständnis und unsere Auffassung vom Leben haben wie die Frage, ob es die Reinkarnation gibt oder nicht. Vielleicht stellen sich die Kontraste mir so scharf dar, weil ich selbst erst nach vielen Jahren des Lebens und Denkens in dem, was ich heute die «Einmal-Perspektive» nenne, zum Glauben an die Reinkarnationslehre gekommen bin. Die Wiedergeburt hatte in der katholischen Südstaatenwelt, in der ich aufgewachsen bin, keinen Platz, und auch in der akademischen Welt, in der ich meine Ausbildung erhielt, wurde sie nicht ernst genommen. Ich kann mich nicht erinnern, in den ganzen elf Jahren an der Universität auch nur einmal in einer Vorlesung davon gehört zu haben. Ich wußte, daß die Wiedergeburt vom Hinduismus und vom Buddhismus gelehrt wurde, aber ich kam damals nur am Rande mit diesen Lehren in Berührung. Alle religiösen oder profanen Philosophen, mit denen ich mich beschäftigte, legten ihrem Nachdenken über die Rätsel des menschlichen Daseins die Annahme zugrunde, daß das Leben eine Erfahrung ist, die wir nur einmal machen. Bei allen sonstigen Differenzen war diese gemeinsame Basis ihr Ausgangspunkt. Erst nach meinem Examen in Religionsphilosophie kam ich zu der Überzeugung, daß die Wiedergeburt eine Grundtatsache des Lebens ist – und damit eröffnete sich mir eine ganz neue Welt. Wenn eine der

Grundregeln des Lebens die Reinkarnation war, dann spielten wir nach ganz anderen Regeln, als ich bisher geglaubt hatte.

Bei der Reinkarnation geht es im Kern um das Thema der Lebenserwartung und damit mittelbar um die Frage nach der eigentlichen Natur und dem Zweck des menschlichen Daseins. Eine der grundlegendsten Fragen, die wir uns stellen können, lautet: Wieviel Zeit habe ich? Wieviel Zeit habe ich, um zu leben, um Erfahrungen zu machen, um zu lernen? Wieviel Zeit habe ich, um Fehler zu begehen und diese zu korrigieren, um herauszufinden, was ich mir vom Leben verspreche, und es anschließend zu verwirklichen? Haben wir, wenn es hoch kommt, hundert Jahre zu leben, oder leben wir vielleicht zehntausend Jahre – viele Hundertjahreszyklen lang? Das sind entscheidende Fragen, denn von ihrer Beantwortung hängt es ab, als was wir uns selbst verstehen und wie wir den Sinn des Lebens definieren. Wir können in unserem Wesen nur das verwirklichen, wozu wir Zeit haben, und wir können vom Leben nicht mehr erwarten, als es uns in der vorhandenen Zeit geben kann. Alles hängt davon ab, wie viele Jahre uns zur Verfügung stehen.

Wenn uns nur ein Lebenszyklus auf der Erde zusteht, so wird der Kreis der Dinge, die wir im Leben Aussicht haben zu verwirklichen, sehr eng. Die Zeit reicht gerade, um unsere Identität als Individuum von den Erwartungen der Familie abzugrenzen, etwas zu lernen, einen Partner zu finden und die nächste Generation aufzuziehen, im Beruf etwas auf die Beine zu stellen und, wenn alles gutgeht, vor dem Tod noch ein paar ruhige Jahre mit den Enkeln zu genießen. Zwischendurch mag es gelegentlich geschehen, daß wir staunend aufblicken zu dem Universum, in dem wir leben, oder daß die Ehrfurcht vor dem Wunder der Geburt oder der Schönheit der Milchstraße uns zu Tränen rührt. Vielleicht bringen wir sogar Jahre unseres Lebens damit zu mitzuhelfen, daß die Menschheit einen Aspekt dieses Wunderwerks ein wenig besser versteht. Aber wir wissen immer: Sosehr wir uns auch bemühen, uns bleibt keine

Zeit, diesen Kosmos, in dem wir leben, wirklich zu erforschen oder an seiner Größe auf irgendeine nennenswerte Weise teilzuhaben.

Das alles sieht anders aus, wenn wir viele Lebenszyklen auf der Erde weilen. Unsere Rolle im kosmischen Drama erweitert sich proportional zu der Zeit, die wir auf der Bühne stehen. Durch die Reinkarnation ist unsere individuelle Entwicklung eng mit der Entwicklung des Universums als Ganzem verknüpft, und der Anteil, den wir an allem haben, was um uns herum geschieht, steigt in seiner Bedeutung. Das muß unweigerlich dazu führen, daß wir in unserer philosophischen Einschätzung den Zweck des menschlichen Daseins höher bewerten.

Von unserer Einstellung zur Frage der Wiedergeburt hängen die Antworten auf viele andere wichtige Fragen ab. Nehmen wir zum Beispiel das Problem des Leidens. Jeder von uns weiß, daß ein einziger Anruf, ein Arztbesuch oder ein unvorsichtiger Autofahrer genügt, um unser Leben zu vernichten. Wie sollen wir mit den scheinbar unerklärlichen Katastrophen umgehen, die unser Leben so leicht zerstören können, indem sie Beziehungen abrupt beenden und unsere Träume wie Seifenblasen zerplatzen lassen? Das Leben um uns herum ist so voller Gemeinheit, so voll schreiender Ungerechtigkeit, daß es kaum gerechtfertigt scheinen kann anzunehmen, das Universum, in dem wir leben, lasse eine sinnvolle Deutung zu oder es unterstütze uns gar bei der Verfolgung unserer geheimsten Wünsche. Oberflächlich betrachtet, erscheint das Leben grausam und erbarmungslos, scheinen wir den Launen des blinden Zufalls hilflos ausgeliefert zu sein, unfähig, unser Geschick selbst zu bestimmen.

Jeden Abend wird uns auf dem Fernsehschirm von neuem die Litanei der Ereignisse vorgebetet, die unser Leben vernichten können. Eine Frau, die den Ärger über ihren Chef noch nicht überwunden hat, fährt bei Rot über die Kreuzung und stößt mit einem Auto zusammen, in dem ein Ehepaar und sein Baby sitzen. Die Frau und das Baby werden getötet. Ein Mann flippt aus, läuft Amok und schießt in einem Einkaufszentrum wahllos in die Menge. Wenn wir täglich von solchen Ereignissen hören, wie sollen wir dann nicht zu der Auffassung gelangen, daß unser Dasein einem Drahtseilakt über einem Abgrund blinden Zufalls gleicht, der ständig alles, was wir lieben, zu verschlingen droht? Wenn tragische Vorkommnisse wie diese wirklich sinnlos sind, dann besitzt unser Leben keine Ordnung und unser Schicksal keine Logik. Ohne Ordnung ist das Leben zufällig, und wenn es zufällig ist, ist es tragisch. Ohne Sinn können wir zwar überleben, aber wir können uns nie entspannen. Letztlich können wir uns nie sicher fühlen, weil wir wissen, daß dem Leben nicht zu trauen ist. Denn unsere tiefsten Bedürfnisse sind ihm gleichgültig, und es honoriert unsere aufrichtigen Bemühungen nicht. Wenn auch nur ein Menschenleben vergeudet, auch nur einem menschlichen Wesen vom Leben übel mitgespielt wird, dann ist das Universum ungerecht, und niemand kann ihm trauen.

Unsere Einstellung zu den vom Leiden der Menschen aufgeworfenen Fragen unterscheidet sich grundlegend je nachdem, ob wir von der Annahme ausgehen, daß unser Leben auf der Erde einmalig ist, oder ob wir es als Glied in einer Kette von vielen Leben betrachten. Wenn wir nur komplizierte physikalische Gebilde sind, die ihr Dasein einer Spontanmutation verdanken, wie so viele heute meinen, dann hat unser Leben und alles, was in ihm geschieht, natürlich keinen echten Sinn außer dem, den wir ihm durch einen heroischen Willensakt zuschreiben – ganz im Sinne des Existentialismus. Wenn die physikalische Welt die einzige Welt ist, die es gibt, und wir mit unserem Körper sterben, dann leben wir in einer nur von Notwendigkeit und Zufall bestimmten, ohne Ziel und Zweck operierenden Welt. Uns bleibt dann nur die Aufgabe, aus unserer Lage das Beste zu machen und zur Risikominderung an der technischen Weiterentwicklung zu arbeiten.

Die andere mögliche Haltung ist die des westlichen religiösen Denkens, das annimmt, daß wir den Verlust des Körpers überleben und entschädigt werden durch ein Leben nach dem Tode, das die Ungerechtigkeiten des irdischen Daseins in der Ewigkeit ausgleicht. Leider liefert diese Auffassung keine Erklärung für ebendiese Ungerechtigkeiten, die als Ausdruck des Willens Gottes verstanden werden, ohne daß wir jedoch letztlich begreifen könnten, warum Gott sie zuläßt. Den jahrhundertelangen Debatten zum Trotz ist die christliche Theologie nie imstande gewesen, auf befriedigende Weise zu erklären, wie sich das Leiden der Menschheit mit dem Glauben an einen all-liebenden, all-mächtigen und all-wissenden Gott vereinbaren läßt. So ist das Problem des Leidens zu einem Teil des göttlichen Mysteriums geworden.[8]

Doch die Seelenqual, die das Problem des Leidens in der westlichen Theologie traditionsgemäß begleitet, und die daraus folgende Unerforschlichkeit Gottes sind uns nicht durch die Offenbarung, sondern durch die fragwürdige Annahme aufgezwungen worden, daß wir nur einmal auf der Erde leben. Sobald wir die andere Möglichkeit ins Spiel bringen, daß wir nämlich viele Lebenszyklen hier durchlaufen und die Erfahrungen, die wir jeweils in einem bestimmten Zyklus machen, nur im Kontext der anderen begriffen werden können, wird die Welt mit einem Mal vielschichtiger, aber auch menschlicher. Sobald wir dazu übergehen, die Rhythmen des Lebens vom reinkarnationistischen Standpunkt aus zu betrachten, verwandelt sich das Chaos um uns herum in eine Symphonie von erlesener Komplexität und Schönheit. Arbeiten, die in einem Jahrhundert begonnen wurden, werden in einem anderen fortentwickelt und in einem dritten abgeschlossen. Entscheidungen, die in einem Leben getroffen wurden, offenbaren ihre Folgen in anderen Leben. Alles wird in der Zeit bewahrt, nichts geht verloren.

Seit mehreren Jahrhunderten führt uns die Wissenschaft die unglaubliche Pracht und Herrlichkeit des von uns bewohnten Universums vor Augen. Von der Ebene des Makrokosmos, wo Galaxien entstehen und vergehen, bis hin zum Mikrokosmos, wo die Partikel nur die «Tendenz haben zu existieren», zeigt es nicht nur eine schier unheimliche Präzision, sondern auch einen Einfallsreichtum und eine Schönheit, deren Reiz wir uns nicht entziehen können. Auf jeder ihrer Ebenen ist die Natur ein Kunstwerk. Wohin wir in der physikalischen Welt auch unsere Augen wenden, überall herrschen Ordnung und Intelligenz.[9] Doch sobald wir uns der Betrachtung unseres eigenen Lebens zuwenden, scheint diese Ordnung zu entschwinden; so jedenfalls stellt es sich uns seit dem Zeitalter der Aufklärung dar. Alles um uns herum unterliegt dem Gesetz von Ursache und Wirkung, nur auf der existentiellen Ebene des Lebens scheint der Zufall zu herrschen. Ursache und Wirkung mögen das Wetter, unsere Physiologie, ja sogar unsere Psyche bestimmen, doch über das Schicksal scheinen sie keine Macht zu haben. So sind wir in dem Bereich, der für uns am wichtigsten ist, von der Ordnung abgeschnitten, welche die Welt um uns herum bestimmt. Wenn es sich wirklich so verhält, dann ist die Schönheit eines großartigen Sonnenuntergangs nichts als ein grausamer Scherz, denn unser Leben hat an jener Schönheit ebensowenig Anteil wie an der Ordnung, die sie hervorgebracht hat.

Doch ist es nicht die Beobachtung von Tatsachen, die uns zu der Vermutung nötigt, daß der existentielle Fluß des menschlichen Lebens nichts mit der das physikalische Universum durchdringenden Ordnung und Majestät gemein hat, sondern die Annahme, daß unser Leben in dem Moment zu Ende ist, wo der physische Körper zerfällt. Sobald wir zu einer reinkarnationistischen Sichtweise übergehen, entdecken wir die Kausalität, die wir vorher nicht sehen konnten. Der Gedanke der Wiedergeburt ist fast immer mit der Vorstellung von Ursache und Wirkung verbunden, die unsere vielen Leben zu einer sinnvollen Abfolge zusammenfaßt. Dieses kausale Prinzip wurde im alten Indien als *Karma* bezeichnet, und unter diesem Namen ist es auch heute den meisten bekannt, die mit diesem Gedanken vertraut sind. Dem Gesetz des Karma zufolge gibt es im Leben keinen Zufall. Selbst jene Ereignisse, die scheinbar grundlos geschehen, beruhen auf Ursachen, die tief im Schoß der Geschichte verborgen sind. Der Karma-Gedanke enthüllt die gesetzmäßige Abfolge von Ursache und Wirkung, auf der unser Leben beruht, und stellt dieses damit in den Rahmen einer größeren natürlichen Ordnung. Diese natürliche Ordnung ist zwar nicht identisch mit jener, die für das physikalische Universum gilt, teilt mit ihr aber die Eigenschaft der Gesetzmäßigkeit. So gibt uns die Vorstellung von Karma und Wiedergeburt das Gefühl der Verbundenheit mit dem Universum, in dem wir leben, zurück. Durch ihn hat unser Leben teil an Ordnung und Intelligenz, und damit auch an der Schönheit, die uns auf Erden allenthalben umgeben.

Die Annahme einer reinkarnationistischen Weltanschauung beeinflußt nicht nur unsere theoretischen philosophischen Überzeugungen; sie kann auch die Art beeinflussen, wie wir den konkreten Anforderungen begegnen, die das tägliche Leben an uns stellt. Das können Sie sich am einfachsten klarmachen, wenn Sie sich einen Moment Zeit nehmen und sich irgendein Problem oder eine Aufgabe vorstellen, mit der Sie im Augenblick gerade zu kämpfen haben – vielleicht eine Beziehung, eine schwierige Arbeit, eine finanzielle Angelegenheit oder sonst etwas, das Ihnen im Moment Sorge macht. Sobald Sie es klar vor sich sehen, überlegen Sie einmal, wie sich Ihre Einstellung zu der Situation ändern würde, wenn Sie sie als etwas betrachteten, das nicht aus dem Nichts entstanden ist, sondern aus einer bestimmten Richtung kommt, mit einem ganz bestimmten Zweck und mit auf Sie persönlich bezogenen Möglichkeiten. Eine solche Vorstellung muß zwangsläufig Ihr Erleben jedweder Situation beeinflussen.

Die Annahme einer reinkarnationistischen Weltanschauung kann unser Verständnis dessen, was wir sind und worum es im Leben geht, so verändern, daß wir das Spiel unmöglich nach den alten Regeln weiterspielen können. Wir müssen die «neuen Regeln» kennenlernen, die in einer von der Wiedergeburt bestimmten Welt gelten. Wie wirkt sich die Reinkarnationsvorstellung auf unseren jetzigen Lebensentwurf aus? Die Beantwortung dieser Frage ist eines der Hauptziele dieses Buches.

Je länger ich dem Glauben an die Reinkarnation anhänge, desto mehr bin ich davon überzeugt, daß es unwichtig und manchmal sogar kontraproduktiv ist, Einzelheiten über frühere Leben zu wissen. Die Einbeziehung persönlicher Vergangenheiten in therapeutische Bemühungen kann zu einer psychischen Befreiung führen, aber wenn wir uns zu ausschließlich mit dem Gewesenen beschäftigen, wozu ja viele Anhänger der Reinkarnationslehre neigen, dann besteht die Gefahr, daß wir den Blick für unsere gegenwärtigen Möglichkeiten einengen. Die Vergangenheit sagt nichts darüber aus, wer wir sind oder was wir aus uns machen können, wenn wir uns auf unser Potential konzentrieren. Andererseits hat das Bewußtsein, daß unsere Gegenwart sich tatsächlich sinnvoll aus der Vergangenheit ergibt, signifikante Auswirkungen darauf, wie wir uns in das sich um uns herum entfaltende Leben einbringen.

So reizvoll die Reinkarnationstheorie auch im Prinzip sein mag, sie bleibt so lange eine bloße Hypothese unter vielen, wie wir keine verläßlichen Daten finden, die sie erhärten. Zum Glück gibt es solche Daten, und zwar heute mehr denn je zuvor. Früher mußten wir mit rein spekulativen oder religiösen Argumenten für oder gegen die Reinkarnationstheorie kämpfen. Heute dagegen steht uns ein großer, ständig wachsender Fundus an Fakten zur Verfügung, die auf zahlreichen Wissensgebieten, zuweilen unerwartet und ungebeten, auftauch(t)en. Aufgrund dieser zahlreichen Belege glaube ich auch, daß es bei der Reinkarnation im wesentlichen gar nicht um eine religiöse Frage geht. Gewiß, sie hat auch Auswirkungen auf die Religion, denn sie beeinflußt unsere Ansichten über das Leben im allgemeinen, aber für das heutige Denken ist die Wiedergeburt im wesentlichen zu einer empirischen Angelegenheit geworden, zu einer Frage, die nicht mehr aus dem Glauben heraus, sondern aufgrund sorgfältiger Überprüfung von konkreten Fällen entschieden wird.

Die kritische Erforschung der Reinkarnation ist nun schon seit über fünfundzwanzig Jahren im Gange. Skeptische Fachleute haben so viel Beweismaterial zusammengetragen, daß sogar schon Sekundärliteratur darüber erscheint, um dem Anfänger eine erste Orientierung zu ermöglichen.[10] Das nächste Kapitel gibt einen Überblick über einige der für die Wiedergeburt gesammelten typischen Beweise, wenn ich auch prinzipiell davon abgesehen habe, Argumente für die Reinkarnation zu wiederholen, die anderswo schon ausführlich erörtert wurden. Dieses Buch ist daher im wesentlichen eine deskriptive, keine argumentative Darstellung des Themas. Es setzt im allgemeinen voraus, daß die Belege, die für frühere Leben sprechen, verläßlich sind, und beschreibt von diesem Standpunkt aus die erweiterte *Weltanschauung*, die sich aus dieser Entdeckung ergibt.

Ich persönlich denke, daß die für die Reinkarnation sprechenden Fakten überzeugend sind, und ich glaube, daß die meisten Menschen bei sorgfältiger und vorurteilsfreier Prüfung des Forschungsmaterials zu dem gleichen Schluß gelangen werden. Und doch glaube ich, daß wir zum gegenwärtigen Zeitpunkt noch etwas anderes brauchen als eindrucksvolle Beweise. Viele meiner Studenten finden zwar die für die Reinkarnation sprechenden Daten im Einzelfall verblüffend oder sogar überzeugend, können sich aber dennoch nicht entschließen, das Konzept als Ganzes zu akzeptieren, weil sie keine Weltanschauung haben, in deren Rahmen diese Daten sich sinnvoll interpretieren ließen. Sie sperren sich dagegen, weil sie nicht verstehen, wie eine Welt aussehen könnte, in der Reinkarnation stattfindet. Was sie brauchen, ist ein Modell des Lebens, das zwar die Wiedergeburt mit einbezieht, aber gleichzeitig unser Leben als Individuen, wie wir es hier und jetzt erleben, unangetastet läßt. Dieses Buch stellt den Versuch dar, ein solches Modell zu entwerfen. Es beschreibt, wie das Leben sich einem Betrachter darstellt, der von der Richtigkeit des Reinkarnationsgedankens überzeugt ist.[11]

Viele wichtige Fragen zur Wiedergeburt werden in diesem Buch einfach aus dem Grund nicht beantwortet, weil zum gegenwärtigen Zeitpunkt eine verläßliche Antwort noch nicht möglich ist. Selbst wenn das Material ausreicht, uns zu überzeugen, daß wir mehr als einmal auf der Erde leben, so hat es uns bisher doch noch nicht erklärt, *wie* das geschieht. Wir wissen also nach wie vor nichts über die genauen Mechanismen, wie ein Leben in das nächste übergeht. Da gibt es noch vieles, was wir bis dato nicht verstehen. Auch sagen die Fallgeschichten als solche nichts darüber aus, wo unsere Reise angefangen hat und wohin sie führt. Jede Antwort scheint neue Fragen aufzuwerfen. Trotzdem sollten wir uns durch die Tatsache, daß wir bisher nur über bruchstückhafte Informationen verfügen, nicht davon abhalten lassen, die Reinkarnation als Lebenstatsache anzuerkennen. Um zu sehen, daß vor meiner Haustür eine Straße vorbeiführt, brauche ich nicht zu wissen, woher sie kommt oder wohin sie führt. Ebensowenig muß ich über ein Naturphänomen in allen Einzelheiten Bescheid wissen, um zu erkennen, daß da ein Naturphänomen ist, und zwar eines, das genauer untersucht werden sollte.

Die Arbeiten, auf die ich in diesem Buch zurückgreife, stehen stellvertretend für eine Vielzahl von Quellen. Ich halte die Daten einiger dieser Arbeiten für ausgesprochen gesichert, während die anderer einen wesentlich vorläufigeren Charakter haben, wie es für sondierende Untersuchungen typisch ist. Einige der Arbeiten berichten über neue Psychotherapien, die vielen Lesern nicht vertraut sein werden. Andere stellen Ideen vor, die auf höchst spezielle Erfahrungen zurückgehen, die sehr selten sind, so daß die sich daraus ergebenden Konzepte für unser Ohr fremd klingen. Ich möchte daher von Anfang an klarstellen, daß ich in dieser Untersuchung nur Studien verwende, die meiner Ansicht nach methodisch sauber und deren Autoren persönlich integer sind. Der Fachmann wird hier die Namen jener Männer und Frauen wiederfinden, die im Begriff sind, die Grenzen der Bewußtseinsforschung zu erweitern; dem Laien mögen nur wenige davon bekannt sein. Ich habe mich im allgemeinen nicht bemüht zu erklären, warum ich einen bestimmten Forscher oder ein bestimmtes Institut für seriös halte, weil das umständliche Darlegungen und langwierige Exkurse zur Rechtfertigung der einen oder anderen Entscheidung erfordert hätte. Statt dessen habe ich die meines Erachtens signifikanten Einzelinformationen aus der Bewußtseinsforschung und den ihr verwandten Gebieten zusammengetragen, einem Puzzle gleich zusammengesetzt und dem Thema Wiedergeburt zugeordnet. Der Leser ist eingeladen, die Quellen sorgfältig zu studieren und selbst zu entscheiden, ob sie die ihnen von mir geschenkte Aufmerksamkeit verdienen.

Da die religiösen Denksysteme des Ostens seit Tausenden von Jahren die reinkarnationistische Weltsicht gepflegt haben, ist es nur natürlich, wenn wir uns bei dem Versuch, die Bedeutung der westlichen Forschungsdaten auf diesem Gebiet zu erfassen, zunächst an sie wenden. Aber die Reinkarnation war nie eine ausschließlich östliche Vorstellung. In der alten Welt war der Glaube an die Wiedergeburt weit verbreitet, und auch heute finden sich seine Anhänger auf dem ganzen Erdball. Die Reinkarnationslehre ist Bestandteil der mystischen Überlieferung selbst vieler westlicher Religionen. Ob eine religiöse Tradition sich den Reinkarnationsgedanken zu eigen macht, hängt nicht davon ab, ob sie einer östlichen Kultur entstammt, sondern davon wie «tief» ihre spirituellen Praktiken gehen. Mit anderen Worten: Der Glaube an die Reinkarnation scheint immer dann aufzutauchen, wenn psychische und meditative Übungen praktiziert werden, die dem einzelnen erlauben, in tiefere Bewußtseinsschichten vorzudringen – dorthin wo die Erinnerung an frühere Leben gespeichert ist. Der eigentliche Gegensatz besteht also nicht zwischen östlichen und westlichen Religionen, sondern zwischen dem, was oft als die *esoterische* bzw. die *exoterische* Seite der Religion bezeichnet wird. Da ich mich auf dieses Begriffspaar im folgenden oft beziehe, will ich es zunächst etwas genauer erläutern.

Die exoterische und die esoterische Ebene der Religion

Die Philosophie, die einer Religion zugrunde liegt, berührt viele verschiedene Ebenen des Lebens. Für manch einen ist die Religion lediglich eine einmal wöchentlich zu absolvierende Übung und eine Reihe von Riten, die mit den wichtigsten Wendepunkten im Leben zusammenhängen. Für andere ist sie ein Wertesystem, dementsprechend sie ihr Familienleben, ihre Karriere, ihre politischen Aktivitäten usw. organisieren. Für wieder andere ist sie ein System von spirituellen Praktiken, die den Weg in tiefere Schichten der Seele bahnen und den einzelnen in das innere Wirken des Universums einweihen. Die *exoterische* oder «öffentliche» Seite der Religion ist ihr eher konventioneller Aspekt. Das ist die «Religion für das Volk», mit der die meisten Menschen aufwachsen. Es ist die Form der Religion, wie sie sich in den evangelischen oder katholischen Kirchen oder in den Synagogen findet, wobei sich die Echtheit und Tiefe des religiösen Lebens natürlich von Ort zu Ort unterscheiden.

Wenn wir die *esoterische* oder «geheime» Seite der Religion entdecken wollen, müssen wir uns ein wenig auf die Reise begeben. Als mystischer Aspekt der Religion zieht diese Seite jene an, denen der Glaube allein nicht genügt, die vielmehr das, was die Lehren beschreiben, real erfahren wollen. Wer ihr folgt, läßt sich auf einen anspruchsvolleren Lebensstil ein, denn er muß bereit sein, all sein Denken und Tun der Disziplin einer spirituellen Übung zu unterwerfen. Daher ziehen sich solche Menschen aus den Städten in die Berge oder hinter Klostermauern zurück, wo es weniger Ablenkungen gibt.

Die esoterischen Überlieferungen begnügen sich nicht damit, feinsinnige Vorstellungen zu lehren, sondern führen in die praktische Erfahrung der hinter diesen Vorstellungen liegenden Realität ein. Theorien verlieren in dem Maße an Bedeutung, wie die Erfahrung heranreift. Ohne die Erfahrungen, von denen die Worte künden, verlieren die Worte buchstäblich ihren Sinn.

Da die Suche nach Gott und der Transzendenz ein universelles

Anliegen ist, hat jede Weltreligion sowohl eine esoterische wie eine exoterische Seite. Jede Religion ist sowohl für die sich mit den einfacheren Lehren Begnügenden als auch für jene da, die nicht nur wissen, sondern auch *erfahren* wollen. Wir können uns die Religion als eine Ellipse vorstellen, ein Oval, dessen einzelne Punkte alle die gleiche Entfernung von zwei Mittelpunkten haben. Die zwei Mittelpunkte der Religion sind ihre exoterische und ihre esoterische Seite. So unterschiedlich diese beiden Seiten auch sein mögen, sie gehören doch beide der gleichen Tradition an. Sie definieren verschiedene Punkte auf einem Kontinuum religiöser Erfahrung und Reflexion. Oft sind sie sogar abhängig voneinander, da die wenigen Esoteriker der Unterstützung der Vielen bedürfen, um ungestört ihren zeitraubenden Übungen nachgehen zu können, während diese wiederum intellektuellen und geistigen Halt bei der spirituellen Elite finden.

Ein großer Teil meiner bisherigen Arbeit als Religionsphilosoph hatte mit der esoterischen Seite der Religion zu tun. Im Zuge dieser Arbeit bin ich zu der Überzeugung gelangt, daß ein gemeinsamer philosophischer Impetus die esoterischen Traditionen der Welt bestimmt. Ich halte es daher mit Gelehrten wie Huston Smith und Frithjof Schuon, die in den esoterischen spirituellen Traditionen – so verschieden die exoterische Seite dieser Traditionen auch sein mag – einen Kern übereinstimmender Lehren glauben ausmachen zu können.

Die Ellipsen-Analogie weiter ausführend, könnten wir die wechselseitigen Beziehungen der verschiedenen Religionen der Welt als eine Reihe sich überschneidender Ellipsen darstellen (Abb. 1.1). Der von den äußeren Punkten gebildete Kreis steht für die exoterische, der innere für die esoterische Dimension der Religionen. Auf der exoterischen oder volkstümlichen Ebene fallen die Unterschiede der religiösen Praxis ins Auge – die unterschiedlichen Rituale, heiligen Bücher, heiligen Kalender, Endzeiterwartungen usw. Aber auf der esoterischen oder mystischen Ebene weisen die verschiedenen Lehren erstaunliche Ähnlichkeiten auf.

Abbildung 1.1

Diese Konvergenz der esoterischen Ebene der Religionen ist eigentlich ganz einfach zu erklären: Spirituelle Sucher auf der ganzen Welt erforschen die psychospirituelle Seite der Existenz, deren Wirklichkeit für alle Menschen gleich ist. Wir mögen in vielen verschiedenen Sprachen denken und sprechen, aber die Basis dieser Fähigkeit, unsere Hirnanatomie, ist jedem Vertreter der Spezies Homo sapiens eigen. So auch auf geistiger Ebene. Je tiefer wir in den spirituellen Bau der Existenz eindringen, desto mehr machen die kulturellen Unterschiede einem gemeinsamen Urgrund Platz. Ein Teil dieses gemeinsamen Urgrunds war häufig auch in den westlichen Religionen die Reinkarnationslehre.

Die Metaphysik des traditionellen rabbinischen Judentums nimmt zum Beispiel nur ein Leben an und legt das Hauptgewicht in diesem Leben, entsprechend der prophetischen Tradition, auf das soziale Handeln. Doch selbst hier haben die Mystiker, die das chassidische Judentum geprägt haben, die Reinkarnationslehre akzeptiert und in ihre Theologie eingebaut.[12] Auch die offizielle islamische Lehre lehnt den Gedanken der Reinkarnation ab und betont die alte semitische Vorstellung des Einen Gottes, dem wir letztlich verantwortlich sind. Das hinderte aber die islamischen Mystiker, die Sufis, nicht daran, sich den Reinkarnationsgedanken zu eigen zu machen und den Menschen als konkreten Ausfluß der Gottheit in humanem Gewande zu betrachten.[13] Innerhalb des Christentums traten im Laufe der Geschichte außer der mystisch orientierten Gnosis immer wieder verschiedene christliche Sekten für die Reinkarnationslehre ein – und wurden als Ketzer von der orthodoxen Kirche verfolgt. Der Dissens hinsichtlich der Reinkarnation ist also weniger einer zwischen Ost und West als zwischen der exoterischen und der esoterischen Ebene der Religion.[14]

Es ist eine der aufregenden intellektuellen Entwicklungen unseres Jahrhunderts, daß die Sicht des Lebens, die die esoterischen spirituellen Lehren wie ein roter Faden durchzieht, durch die moderne Forschung auf den verschiedensten Gebieten bestätigt zu werden scheint. Der Schweizer Psychiater und Psychoanalytiker C. G. Jung war der erste westliche Intellektuelle, der dieses Muster erkannte. Heute sind sich bereits viele Menschen zum Beispiel der Entsprechungen zwischen den von der Quantenphysik gelieferten Darstellungen der subatomaren Wirklichkeit und den Lehren der östlichen Meditationsmeister bewußt. Die Bücher von Fritjof Capra, Gary Zukav und Fred Wolf, um nur einige zu nennen, haben uns die erstaunliche Tatsache vor Augen geführt, daß jene, die die physikalische Materie, und jene, die das Bewußtsein am eingehendsten untersucht haben, in ihren Aussagen über den Aufbau der Welt auf bemerkenswerte Weise übereinstimmen. In ähnlicher Weise hat die heutige Bewußtseinsforschung Beweise für den Wahrheitsgehalt vieler Elemente der esoterischen Weltanschauung geliefert. Je tiefer wir mit Hilfe moderner Techniken in das Bewußtsein vordringen, desto deutlicher finden wir die vielen Einsichten dieser frühen Erforscher der Psyche bestätigt. Ein gutes Beispiel für diese Gesetzmäßigkeit sind Stanislav Grofs Arbeiten auf dem Gebiet der Erfahrungs- oder Erlebnistherapie.

Diese Konvergenz der alten und der modernen Zeugnisse sowie die kulturüberschreitende Konsistenz der esoterischen Sicht veranlassen mich, in diesem Buch ohne apologetische Einschübe und umständliche Rechtfertigungen esoterische Quellen heranzuziehen. Die Sicht des Lebens, die ich hier vorstelle, ist also eine alte Weltanschauung, der durch die moderne Forschung neues Leben eingehaucht wurde. Es ist eine spirituelle Sicht des Lebens, eine Sicht, die das physikalische Universum als Teil eines größeren und grundlegenderen spirituellen Universums betrachtet. Sie sieht die Reise des Menschen als einen wiederholten Kreislauf zwischen diesen beiden Dimensionen, eine Reise, die so lange fortgesetzt wird, bis wir schließlich das erreichen, was zu vollenden wir auf die Erde gekommen sind.

Indem ich diese Sicht des Lebens vorstelle, bin ich mir sehr wohl bewußt, daß ich auf einem Pfad schreite, der in der Mitte zwischen zwei das Denken unserer Kultur bestimmenden alternativen Anschauungen von der Wirklichkeit liegt. Auf der einen Seite steht die traditionelle jüdisch-christliche Lehre, die die Existenz einer spirituellen Dimension betont, aber den Reinkarnationsgedanken ablehnt. Auf der anderen Seite steht die materialistische Überzeugung, daß die Materie das einzige ist, was überhaupt existiert – oder, genauer gesagt, daß die Materie der Kern ist, der alles lenkt und kontrolliert, was überhaupt existiert. Da dieses Denksystem die Existenz einer unabhängigen spirituellen Dimension grundsätzlich ablehnt, ist in ihm natürlich auch kein Platz für die Idee der Wiedergeburt.

Wegen des tiefgreifenden historischen Einflusses des Christentums auf die westlichen Vorstellungen vom Leben nach dem Tode beschäftige ich mich im sechsten Kapitel mit der Frage, ob im Rahmen der christlichen Lehre Platz ist für den Reinkarnationsgedanken. Auf das materialistische Konzept möchte ich gleich hier kurz eingehen. Das ist ein wichtiger Exkurs, denn wir alle, die wir im 20. Jahrhundert gelernt haben zu denken, sind von dieser Sicht der Wirklichkeit geprägt. Sie ist direkt und indirekt mit dafür verantwortlich, was wir für möglich und unmöglich halten.

Ist die Materie die bestimmende Wirklichkeit?

Die Anschauung, daß nur die Materie existiert, nennt man *Materialismus*. Bei genauer philosophischer Betrachtung hat sich der Materialismus als unhaltbar erwiesen, weil unsere Gedanken und Gefühle, um nur zwei Beispiele zu nennen, nicht adäquat als materielle Phänomene beschrieben werden können. Weder sind sie in der Weise Materie, wie wir diese in anderen Zusammenhängen erleben, noch können sie auf irgendeine sinnvolle Weise auf Materie zurückgeführt werden. Dieser Mangel hat zu einer Neuformulierung der materialistischen Hypothese geführt: zum *Naturalismus*. Unter Naturalismus versteht man die Ansicht, daß 1. nichts existiert, was nicht eine materielle Komponente hätte, und daß 2. in allem, was existiert, die physikalische Komponente das letzte Wort hat.[15] Der Naturalismus ist also der Ansicht, daß alles, was existiert, im wesentlichen in der Materie wurzelt. Die Materie ist der ultimative Grund der Wirklichkeit, und alles muß letztlich auf ihr beruhen. Unsere Gedanken und Gefühle sind daher zwar nicht ausschließlich materielle Phänomene, haben aber – als Gehirnzustände – einen materiellen Aspekt, der ihre entscheidende und alles bestimmende Komponente darstellt. Der philosophisch nicht Vorgebildete macht oft keinen Unterschied zwischen Materialismus und Naturalismus, in dem richtigen Gefühl, daß für beide Anschauungen letztlich die Materie das Primäre ist, «was eigentlich zählt».

Der metaphysische Naturalismus ist die einflußreichste säkulare Weltanschauung unserer Zeit.[16] Er ist die herrschende «Religion» der amerikanischen Intellektuellen, und das, obwohl uns die Quantentheorie seit fünfzig Jahren ein komplizierteres Universum zeigt als die meisten metaphysischen Naturalisten es sich vorstellen können. So erfolgreich und dramatisch waren die Versuche der klassischen Naturwissenschaft, die Geheimnisse der physikalischen Welt zu enthüllen, daß wir Schritt für Schritt zu der Überzeugung gelangt sind, wir könnten schließlich alles im Universum physikalisch erklären. Das heißt, wir zogen den voreiligen Schluß, die physikalische Welt sei die Grundlage von allem, was existiert.

Zunächst war die wissenschaftliche Methode nur eine von mehreren Methoden, Erkenntnisse über die Realität zu erlangen. Die Wissenschaft untersuchte die materielle, die Theologie die geistige Welt. In dem Maße, in dem unser Zutrauen zur wissenschaftlichen Methode – zusammen mit unseren Träumen von dem, was wir damit alles würden erreichen können – wuchs, festigte sich auch unsere Überzeugung, daß der Untersuchungsgegenstand der Wissenschaft *nützlicher* sei als der der Theologie. Die Methoden der Theologie gestatteten nicht die gleiche exakte Verifizierung oder Falsifizierung, wie sie mit den wissenschaftlichen Methoden möglich waren. Und war die wissenschaftliche Technologie nicht im Begriff, uns viele der Segnungen zu verschaffen, die wir früher – mit weit weniger Erfolg – durch die Religion zu erlangen hofften? Immer mehr Menschen kamen zu der Ansicht, wir sollten unsere Zeit nicht mit Themen verschwenden, deren Studium zwangsläufig unvollkommen bleiben mußte, sondern uns lieber auf die Erforschung der Dinge beschränken, die wir exakt und mit klaren Ergebnissen untersuchen können. Diese verständliche und vielleicht auch berechtigte methodische Vorliebe verwandelte sich indessen im Laufe der Zeit in etwas völlig anderes.

Angesichts ihrer außerordentlichen Erfolge drängte sich uns der Eindruck auf, die Wissenschaft untersuche etwas *Realeres* als die Theologie, und schließlich begannen wir sogar zu bezweifeln, daß es überhaupt etwas gibt, was unabhängig von der physikalischen Realität existiert. Es ist ein himmelweiter Unterschied, ob man die Präzision schätzt, mit der sich physikalische Wirklichkeit untersuchen läßt, oder ob man behauptet, die physikalische Wirklichkeit sei die einzige existierende Realität.

Letzteres wird oft für die «wissenschaftliche» Anschauung von den Dingen gehalten. Aber das ist ein Irrtum – selbst wenn die Wissenschaftler bei der Entwicklung und der weitgehenden

Anerkennung dieses Standpunkts eine bedeutende Rolle gespielt haben. Die «harten» Wissenschaften beschränken sich im wesentlichen auf die Erforschung der physikalischen Wirklichkeit, womit sie erfolgreicher waren als irgendeine andere bisher entwickelte Disziplin. Aufgrund der Beschränkungen, die sie sich selbst auferlegt haben, sind diese Wissenschaften nicht in der Lage, zur Frage der Existenz nichtphysikalischer Bereiche oder der Gesetze, die diese beherrschen, Stellung zu nehmen. Sie sind offensichtlich nicht legitimiert, Urteile über Dinge abzugeben, deren Einschätzung ihnen ihre Methoden verbieten.[17] Wo die Wissenschaftler dies dennoch tun, verlassen sie den Boden der echten Wissenschaft und propagieren statt dessen etwas, was Huston Smith Szientismus genannt hat – einen metaphysischen Naturalismus, der sich als Wissenschaft ausgibt. Szientismus ist ein Abklatsch von Wissenschaft. Es ist eine Philosophie, die von bedeutenden Wissenschaftlern heute nur selten vertreten wird, aber sowohl unter jenen weit verbreitet ist, die Wissenschaft lehren, als auch unter jenen, die Anerkennung durch die Wissenschaft suchen. Es mag zwar im soziologischen Sinne zutreffen, daß viele oder sogar die meisten von denen, die wissenschaftlich geschult sind, sich den Standpunkt des Naturalismus zu eigen gemacht haben und diesen mit religiösem Eifer verfechten. Doch sobald sie das tun, haben sie den Boden der Wissenschaft verlassen und sind zu Philosophen geworden – auch wenn sie meist keine philosophischen Argumente zur Stützung ihrer Behauptungen vorbringen.

Unter dem Einfluß des metaphysischen Naturalismus hören wir von den Sozialwissenschaftlern seit vielen Jahren immer wieder, unsere Intuitionen und Wahrnehmungen von Dingen, die jenseits der physikalischen Welt liegen, seien lediglich eine Form des Wunschdenkens, eine kulturbedingte Neurose, basierend auf überholten Traditionen. Dementsprechend haben wir gelernt, solche inneren Eingebungen als bloße Illusionen fahrenzulassen, die wir selbst geschaffen haben, um uns vor der rauhen Wirklichkeit einer Welt ohne Gott und ohne ewiges

Leben zu schützen. Wir haben uns vom Glanz der Wissenschaft blenden lassen, haben Szientismus mit Wissenschaft verwechselt und uns bereitwillig selbst vom tiefsten Teil unseres Wesens abgeschnitten. Indem wir den Verstand über alles andere gestellt haben, haben wir aufgehört, einer noch feineren Stimme zu lauschen, die jenseits des urteilenden Verstandes wohnt. Während wir der Wissenschaft und den aus ihr abgeleiteten Technologien auf vielen Gebieten beeindruckende Verbesserungen und Lebenserleichterungen verdanken, hat die geistige Sterilität des Naturalismus doch einen erschreckend hohen Preis gefordert.

Ob wir es nun wollen oder nicht: Der metaphysische Naturalismus ist inzwischen tief in unser individuelles und kollektives Wesen eingesickert. Er hat den Maßstab für die Qualität unseres Lebens (den Lebensstandard) gesetzt, und er bestimmt sogar darüber, wie wir uns unser eigenes Bewußtsein erklären (Gehirnaktivität). Er hat zu heroischen Anwendungen in der Medizintechnik geführt, die uns ein paar Monate länger am Leben halten, weil wir jedes Vertrauen in eine andere als die physische Existenz verloren haben. Wir waren so fasziniert von dem, was die Wissenschaft uns da bescherte, daß wir darüber vergessen haben, was der metaphysische Naturalismus uns auf der anderen Seite nahm und was die Wissenschaft als solche uns gar nicht geben konnte. Wir waren so mit der Ausübung der Wissenschaft beschäftigt, daß wir uns durch ihre außergewöhnlichen Erfolge bei der Entschlüsselung der Geheimnisse der physikalischen Welt davon haben überzeugen lassen, daß wir im Grunde nichts anderes sind als physikalische Kreaturen. Aber das ist nicht wahr. Und es stimmt auch nicht, daß die Wissenschaft nur diesen Schluß zulassen würde. *Die Schuld am metaphysischen Naturalismus liegt nicht bei der Wissenschaft, sondern bei uns selbst.* Er ist der Ausfluß einer historisch bedingten Faszination, die inzwischen weitgehend überholt ist.

Während das moderne Denken Wissenschaft und Spiritualität als diametrale Gegensätze auffaßte, findet im postmodernen

Denken eine Neubewertung der Situation statt. Dazu ist es nicht aufgrund mangelnder Entschlußkraft, sondern durch zwei bedeutende Entwicklungen gekommen.

Zum einen haben gravierende Umwälzungen in den einzelnen wissenschaftlichen Disziplinen selbst zur Ablösung des von Descartes und Newton geprägten Bildes der Welt als einer riesigen Maschine geführt. Die Quantenphysik hat unsere Annahmen über das Wesen der Materie an sich in Frage gestellt, während das Zusammenwirken verschiedener Entwicklungen in der Informationstheorie, der Bewußtseinsforschung, der Kybernetik, der Systemtheorie, der Chemie und Biologie das Auftauchen eines neuen Paradigmas begünstigt hat, das den spirituellen Wirklichkeiten weniger feindlich gegenübersteht. Wenn man die Arbeiten von Gregory Bateson, Ilya Prigogine, Rupert Sheldrake, Stanislav Grof und Arthur Young liest, kann man nicht umhin zu bemerken, daß die Wissenschaft dabei ist, sich mehr und mehr vom metaphysischen Naturalismus zu lösen.

Zum anderen haben die klassischen spirituellen Disziplinen in den letzten Jahren im Westen eine beeindruckende Wiederbelebung erfahren, wodurch es Tausenden möglich wurde, direkt zu den transzendenten Dimensionen ihres Wesens vorzustoßen.[18] Außerdem haben die zahlreichen stark erfahrungsorientierten Psychotherapien Tausende mit der transzendenten Seite des Lebens vertraut gemacht. Diese gesamtspirituelle Entwicklung wirkt sich allmählich spürbar auf das allgemeine intellektuelle Klima aus.[19]

Die Reinkarnationsforschung ist nur eines von vielen Forschungsgebieten, durch die sich die Weltsicht des metaphysischen Naturalismus gegenwärtig in Frage gestellt sieht. Wenn die Reinkarnationslehre recht hat, hat der Naturalismus unrecht. Wenn wir nicht nur einmal auf der Erde leben, dann pendeln wir zwischen zwei Bereichen hin und her: zwischen der physikalischen Dimension und einer, die – jedenfalls entsprechend den Normen der klassischen Physik – nicht physikalisch ist. Die wahre Wissenschaft hat keine theoretischen Einwände gegen die mögliche Existenz einer solchen Dimension, wenn sie auch aufgrund ihrer strikten Forderung nach Evidenz jedes dafür angeführte Argument einer genauen Prüfung unterziehen wird.[20]

Wie geht es weiter?

Wir wollen diese Einleitung beenden mit einem Überblick über das, was Sie in den nachfolgenden Kapiteln erwartet. Das Buch folgt einem einfachen Plan: Die ersten Kapitel stellen die zentralen Komponenten einer Reinkarnationstheorie vor, während die weiteren Kapitel auf verschiedene Konsequenzen und Implikationen dieser Theorie eingehen. Vom Elementaren ausgehend, schreitet der Text zügig fort zu komplexeren Erörterungen.

Die Forschung hat verschiedene Ergebnisse vorgelegt, die die Theorie der Reinkarnation stützen. Über diese Arbeiten informiert Kapitel 2, wobei nicht beabsichtigt ist, sämtliche für die Reinkarnationslehre sprechenden Argumente anzuführen, sondern dem Leser einen Eindruck vom Umfang des vorliegenden Materials zu vermitteln und ihm Quellen nahezubringen, anhand derer er sich ein eigenes Urteil bilden kann. In Kapitel 3 beschäftigen wir uns mit dem Karma-Gedanken und skizzieren ein paar Beispiele für typische Kausalverknüpfungen zwischen verschiedenen Leben, so wie sie im Rahmen einiger neuerer Therapien aufgetaucht sind. Davon ausgehend untersuchen wir in Kapitel 4 den Einfluß, den die Reinkarnationslehre auf unsere Vorstellung von einer persönlichen Identität hat. (Dieses Kapitel war am schwersten zu schreiben, und ich vermute, daß seine Thesen auch für viele Leser am schwersten zu akzeptieren sein werden, weil sie uns einladen, unsere Vorstellung davon, was für Wesen wir eigentlich sind, radikal zu erweitern.) In Kapitel 5 werfen wir vom Standpunkt der reinkarnationistischen Weltanschauung aus einen ganz neuen Blick auf die großen Rhythmen des menschlichen Lebens. Wir gehen dem Gedanken nach, daß der menschliche Lebenszyklus als von einer Geburt zur nächsten verlaufend betrachtet werden sollte, wobei der «Tod» nur ein vorübergehender Markierungspunkt ist. Wir befassen uns auch mit der Vorstellung des «Seelenalters» und skizzieren eine von der hinduistischen Chakra-Theorie abgeleitete Karte der Entwicklung der Seele.

Kapitel 6 untersucht die Frage, ob sich die Vorstellung der Wiedergeburt mit dem christlichen Glauben vereinbaren läßt. Kommt sie mit irgendeinem wesentlichen Bestandteil der Botschaft der Evangelien in Konflikt? Ich verneine das und stelle sowohl die Maximal- als auch die Minimalposition dar, die der Christ im Hinblick auf die Reinkarnation heute einnehmen kann (siehe in diesem Zusammenhang auch Anhang S. 291).

Wer sich eine reinkarnationistische Weltanschauung zu eigen macht, kommt unweigerlich zu einer Neubewertung der Institution Familie. Damit beschäftigt sich Kapitel 7. Der Reinkarnationsgedanke veranlaßt uns, über die Konzepte von Vererbung und Spontanmutation hinauszugehen und hinter dem Zusammentreffen von Individuen in einer Familie eine eigene Logik und einen tieferen Sinn zu entdecken. In Kapitel 8 wird dieser Gedanke über die familiären Beziehungen hinaus weiterverfolgt und anhand der Metapher vom Netz des Lebens untersucht, wie die Vorstellungen von Karma und Wiedergeburt uns helfen können, die wechselnden Konstellationen in unserem gegenwärtigen Leben zu erkennen, zu verstehen und besser mit ihnen umzugehen.

Kapitel 9 entfaltet die Idee vom Netz des Lebens weiter. Zunächst wird ein Modell für unsere Interaktionen mit dem Netz vorgestellt, dem entsprechend wir ein selbstselektierendes Erfahrungsfeld sind. Dann wird mit Hilfe dieses Modells ein besonders frappierendes Phänomen diskutiert, das ich den «Feldeffekt» nenne. Es kommt nämlich, wenn während einer Psychotherapie ein bedeutender Durchbruch erzielt wurde, gelegentlich vor, daß dadurch dramatische und sofortige Veränderungen in der Umgebung des Betreffenden ausgelöst werden, die offenbar nicht physikalisch erklärbar sind. Schließlich wird anhand dieses Modells gezeigt, wie durch buddhistische Meditationspraktiken und christlich-moralische Handlungen der Zyklus des Karma an unterschiedlichen Stellen, aber mit ähnlichem Ergebnis unterbrochen werden kann.

Das Buch schließt mit einer kurzen Untersuchung der Frage, wie die Annahme des reinkarnationistischen Standpunkts sich auf unser Bild von den großen religiösen Lehrern der Geschichte auswirken könnte.

Die Frage unserer Lebenserwartung ist für so viele andere Überlegungen von grundlegender Bedeutung, daß es wichtig ist, sich in diesem Punkt richtig zu entscheiden. Durch eine systematische Unterschätzung unseres Potentials – weil wir unsere Lebenserwartung zu gering veranschlagen – würden wir uns nur schaden. Aber ebenso gefährlich wäre es, wenn wir unsere Lebenserwartung überschätzten – gefährlich und grausam. Doch wie sollen wir uns entscheiden? Läßt sich die Frage der Wiedergeburt empirisch lösen, oder haben wir es mit einer jener abstrakten Streitfragen zu tun, über die sich endlos ohne wirkliches Ergebnis diskutieren läßt? An dieser Stelle sollte unsere Untersuchung ansetzen.

2 Spontane und evozierte Erinnerungen an frühere Leben

In vielen Kulturen wird die Reinkarnation als eine existentielle Grundwahrheit betrachtet, und man glaubt, jedes einzelne Leben spiele sich vor dem Hintergrund zahlloser vergangener und zukünftiger Lebenszyklen ab. Dabei wurde vor allem im Buddhismus und im Hinduismus die Wiedergeburt nicht so sehr als theoretisches Postulat betrachtet, das es blind zu glauben galt, sondern als Naturgesetz, das sich beweisen läßt. Wenn es frühere Leben gibt, dann müßten sie in unserem Bewußtsein irgendwelche Spuren hinterlassen haben. Die traditionelle indische Philosophie betont seit fünfundzwanzig Jahrhunderten, daß es solche Spuren gibt, und daß jeder Mann und jede Frau, der/die bereit ist, sich dem systematischen Studium seines/ihres Bewußtseins durch Meditation hinzugeben, diese Tatsache persönlich überprüfen kann. Danach unterscheiden sich diese Erinnerungen von allen anderen nur dadurch, daß sie erheblich «weiter weg» von unserem gegenwärtigen Bewußtsein gespeichert sind als Erinnerungen an Ereignisse in unserem gegenwärtigen Leben. Die Wiedergewinnung dieser Erinnerungen wird gewöhnlich als eine lebenslange Aufgabe betrachtet. Heute sind wir in der glücklichen Lage, nicht mehr so lange warten zu müssen.

Ein ehemaliger Kollege und enger Freund von mir pflegte zu sagen: «Wer heute nicht an die Wiedergeburt glaubt, ist entweder ungebildet oder borniert.» Ich würde vielleicht nicht ganz so weit gehen, aber auch ich bin der Ansicht, daß die Forschung inzwischen genügend Beweise für die Reinkarnation zusammengetragen hat. Wenn wir uns ganz vorsichtig ausdrücken wollen, können wir sagen, daß zum gegenwärtigen Zeitpunkt so viele Daten gesammelt und geprüft worden sind, daß der Wiedergeburtsgedanke sich aus einer unwahrscheinlichen Annahme in eine Hypothese mit mittlerem oder gar hohem Wahrscheinlichkeitsgehalt verwandelt hat.

Ich habe nicht die Absicht, die Beweise für die Reinkarnation hier wie bei einem Prozeß im einzelnen auszubreiten, denn dadurch würden Informationen, die der Leser an anderer Stelle nachlesen kann, unnötig wiederholt. Aber da es nicht gut angeht zu behaupten, es gäbe überzeugende Beweise, ohne etwas über deren Inhalt und die Form, in der sie auftreten, zu sagen, will ich diese auch nicht ganz unerwähnt lassen. In diesem Kapitel beschäftige ich mich mit einigen der Beweise, um einen Eindruck zu vermitteln von dem, was wir in der Hand haben, und welche Bedeutung es für unser Thema hat.

Die Frage, ob wir wissen können, daß wir früher schon andere Leben gelebt haben, entscheidet sich im wesentlichen auf der gleichen Grundlage wie die, ob wir wissen können, wo wir letzten Monat waren und was wir damals gemacht haben. Die einzige Möglichkeit, irgendwelche Feststellungen über unsere Vergangenheit zu treffen, liegt darin, daß wir ganz bestimmte Erinnerungen an vergangene Handlungen identifizieren und zumindest einige dieser Erinnerungen durch unabhängige Instanzen bestätigen lassen. Die Verifikation früherer Leben erfolgt im wesentlichen auf die gleiche Weise. Die Entscheidung für oder gegen die Annahme der Wiedergeburt steht und fällt mit der Beantwortung folgender zwei Fragen: 1. Finden wir in unserer Psyche Erfahrungen aus früheren Leben, die so aussehen, sich so anfühlen und sich so verhalten wie echte Erinnerungen; 2. gelingt es, zumindest für einige dieser Erfahrungen von uns unabhängige Bestätigungen beizubringen? Die Überprüfung von Erinnerungen an frühere Leben ist in doppelter Hinsicht komplizierter als die von aktuellen Erinnerungen. Zum einen sind sie, weil sie tiefer in der Psyche verborgen liegen als gewöhnliche Erinnerungen, selten unversehrt und ohne Verzerrungen wiederzugewinnen. Und zum zweiten sind erhärtende Beweise schwerer zu beschaffen, weil die Ereignisse, um die es geht, so lange zurückliegen. Dennoch ist es im Prinzip egal, ob wir die Kontinuität der Erfahrung über mehrere Leben hinweg verifizieren wollen oder uns dabei nur auf ein Leben beschränken – das Procedere bleibt das gleiche.

Es gibt zwei Arten von Erinnerung an frühere Leben, die erforscht werden: spontane und evozierte (hervorgerufene) Erinnerungen. Das heißt, die Erinnerungen tauchen entweder spontan auf, gewöhnlich, wenn das betreffende Kind zu sprechen anfängt, oder sie werden durch irgendeine bewußtseinserweiternde Technik ausgelöst. Da die beiden Arten von Erinnerung verschiedene methodologische Fragen aufwerfen und verschiedene Typen von Beweismitteln liefern, wollen wir sie getrennt behandeln. Wenden wir uns zunächst den spontanen Erinnerungen zu.

Spontane Erinnerungen

In allen Kulturen gibt es Kinder, die, sobald sie sprechen können, wie selbstverständlich ihr «anderes Leben» an einem anderen Ort, bei anderen Leuten, in einem anderen Körper erwähnen. Diese spontan auftauchenden und – zumindest für die Kinder selbst – unproblematischen Erinnerungen vermischen sich mit dem Fluß ihrer Erinnerungen und Erfahrungen aus dem gegenwärtigen Leben. Der Wissenschaftler, der sich mit solchen Kindern am intensivsten beschäftigt hat, ist Dr. Ian Stevenson. Die Forschungsergebnisse, die er in mühevoller Kleinarbeit zusammengetragen hat, präsentieren sich heute als das bislang stärkste Beweismaterial für die Reinkarnation, und seine zahlreichen Bücher sind Pflichtlektüre für jeden, der sich ernsthaft mit dem Thema beschäftigt (z. B. *Reinkarnation, Cases of the Reincarnation Type* [6 Bände], *Unlearned Languages* und *Wiederge-*

burt. Kinder erinnern sich an frühere Erdenleben). Stevenson hat den Carlson-Lehrstuhl für Psychiatrie an der Medizinischen Fakultät der Univerity of Virginia inne.

Die von Stevenson publizierten Fälle lassen sich wegen der Gründlichkeit, mit der sie recherchiert und präsentiert werden, schlecht zusammenfassen, und eigentlich sollte man das auch gar nicht versuchen. Sie gewinnen ihre Überzeugungskraft aus der Anhäufung der vielen hundert Details, die jeden Einzelfall ausmachen, und man sollte sich daher mit jedem Fall in der Form beschäftigen, in der er ursprünglich dargestellt wurde. Dennoch wollen wir als erstes einen Fall aus Stevensons Buch *Reinkarnation* betrachten.

Parmod Sharma wurde am 11. Oktober 1944 in Bisauli in Indien geboren.[1] Sein Vater, Professor Bankeybehary Lal Sharma, lehrte Sanskrit an einem College. Als Parmod ungefähr zweieinhalb Jahre alt war, bat er seine Mutter, nicht mehr für ihn zu kochen, denn er habe in Moradabad – einer etwa 150 Kilometer nordöstlich von Bisauli entfernt gelegenen Stadt – eine Frau, die für sein Essen sorgen würde. Als er zwischen drei und vier war, fing er an, sein Leben dort genau zu schildern. Er beschrieb mehrere Geschäfte, die er besessen und zusammen mit anderen Familienmitgliedern betrieben hatte. Insbesondere sprach er von einem Laden, in dem Kekse und Sodawasser verkauft wurden. Er nannte ihn «Mohan Brothers». Er behauptete, er sei einer der Brüder Mohan, und er habe auch einen Laden in Saharanpur, einer etwa 160 Kilometer nördlich von Moradabad gelegenen Stadt. Parmod spielte nicht viel mit den anderen Kindern in Bisauli. Er beschäftigte sich lieber allein und baute dann Modelle von Läden, die er sogar mit elektrischen Leitungen ausstattete. Besonders gern machte er Kekse aus Schlamm und servierte sie der Familie mit Tee oder Sodawasser. In dieser Zeit fügte er der Beschreibung seines Ladens viele Einzelheiten hinzu: Er nannte seine Größe und Lage in Moradabad, erzählte, was dort verkauft wurde und welche Arbeit er dort zu verrichten hatte; er erwähnte zum Beispiel auch Geschäftsreisen nach Delhi. Er beklagte sich sogar bei seinen Eltern, weil sie im Vergleich zu dem, was er als erfolgreicher Kaufmann gewöhnt war, in relativ bescheidenen wirtschaftlichen Verhältnissen lebten.

Parmod hatte eine starke Abneigung gegen Quark – sehr ungewöhnlich für ein indisches Kind – und riet sogar einmal seinem Vater, keinen Quark zu essen, weil das gefährlich sei. Parmod behauptete, in seinem anderen Leben einmal schwer erkrankt zu sein, weil er zuviel Quark gegessen habe. Ebensowenig mochte er es, untergetaucht zu werden, was damit zu tun haben konnte, daß er angeblich früher in der Badewanne umgekommen war. Parmod sagte, er sei verheiratet gewesen und habe fünf Kinder gehabt – vier Söhne und eine Tochter. Er wollte unbedingt seine Familie wiedersehen und bat seine Eltern oft, mit ihm nach Moradabad zu fahren, um sie zu besuchen. Diese Bitte wurde ihm immer wieder abgeschlagen, aber um Parmod die Schule schmackhaft zu machen, versprach seine Mutter ihm schließlich, mit ihm nach Moradabad zu fahren, sobald er lesen könnte.

Wenn Parmods Eltern seinen Behauptungen nie nachgingen, dann vielleicht deshalb, weil nach einem alten indischen Volksglauben Kindern, die sich an ein früheres Leben erinnern, ein früher Tod bestimmt ist. Trotzdem kamen Parmods Erzählungen schließlich der Familie Mehra in Moradabad zu Ohren, die viele Einzelheiten seiner Geschichte wiederzuerkennen glaubte. Zwei Brüder dieser Familie besaßen mehrere Geschäfte in Moradabad, darunter auch einen Laden, in dem Kekse und Sodawasser verkauft wurden. Er hieß Mohan Brothers.[2] Der Laden war von Parmanand Mehra gegründet und bis zu seinem Tod am 9. Mai 1943, achtzehn Monate vor Parmods Geburt, von ihm selbst geführt worden. Parmanand hatte bei einer Hochzeit kräftig der Quarkspeise – eines seiner Lieblingsgerichte – zugesprochen und daraufhin eine chronische Magen-Darmerkrankung entwickelt, der später die Blinddarmreizung und die Bauchfellentzündung folgten, an denen er starb. Zwei oder drei

Tage vor seinem Tod hatte er gegen den Rat seiner Angehörigen darauf bestanden, noch einmal Quark zu essen, mit der Begründung, daß er vielleicht nie mehr die Gelegenheit dazu haben würde. Seine Blinddarmreizung hatte Parmanand auch mit einer Reihe naturheilkundlicher Badekuren zu behandeln versucht. Er war zwar nicht direkt in der Badewanne gestorben, hatte aber unmittelbar vor seinem Tod ein Bad genommen. Parmanand hinterließ eine Frau und fünf Kinder: vier Söhne und eine Tochter.

Im Sommer 1949 beschloß die Familie Mehra, nach Bisauli zu fahren, um Parmod zu besuchen, der damals knapp fünf Jahre alt war. Als sie eintrafen, war Parmod aber gerade mit der Familie unterwegs, und es kam zu keiner Begegnung. Kurz darauf nahm Parmods Vater eine Einladung der Mehras an und fuhr mit ihm nach Moradabad, um den frappierenden Erinnerungen seines Sohnes an Ort und Stelle nachzugehen.

Unter denen, die Parmod vom Bahnhof abholten, befand sich auch Parmanands Vetter, Shrī Karam Chand Mehra. Parmod fiel ihm weinend um den Hals, nannte ihn seinen «älteren Bruder» und sagte: «Ich bin Parmanand.»[3] (Wenn sie sich gut miteinander verstehen, wie es bei Parmanand und Karam der Fall war, nennen sich Vettern in Indien oft «Brüder».) Als nächstes fand Parmod ganz allein den Weg zum Laden der Mohan Brothers, das heißt, er gab dem Fahrer des Wagens, der sie vom Bahnhof abgeholt hatte, entsprechende Anweisungen. Als sie den Laden betraten, beschwerte er sich, weil «sein Stuhl» nicht mehr an seinem Platz stünde. In Indien sitzt der Inhaber eines Ladens gewöhnlich auf einem eigens hervorgehobenen Stuhl – dem *gaddi* – in der Nähe des Eingangs, von dem aus er die Kunden begrüßen und die Geschäfte beaufsichtigen kann. Tatsächlich war Parmanands Gaddi kurz nach seinem Tod woanders hingestellt worden. Dann erkundigte Parmod sich: «Wer kümmert sich denn jetzt um die Backstube und die Sodawasserfabrikation?» (Das war Parmanands Aufgabe gewesen.) Die komplizierte Maschine zur Herstellung des Sodawassers war vorher extra unbrauchbar gemacht worden, um Parmod auf die Probe zu stellen. Als man sie ihm zeigte, wußte er über die Funktionsweise bestens Bescheid, fand ohne Hilfe den losgetrennten Schlauch und gab Anweisungen, wie die Sache zu reparieren sei.

Später identifizierte er in Parmanands Haus das Zimmer, in dem dieser geschlafen hatte, und machte eine zutreffende Bemerkung über einen Wandschirm, der zu Parmanands Lebzeiten noch nicht da gewesen war. Er identifizierte auch richtig jenen Schrank, in dem Parmanand seine persönlichen Gegenstände aufbewahrt hatte, sowie einen bestimmten niedrigen Tisch, der ihm gehört hatte. «An dem habe ich immer gesessen», sagte er. Als Parmanands Mutter den Raum betrat, sprach er sie sofort als «Mutter» an, noch bevor einer der Anwesenden irgend etwas sagen konnte. Er erkannte auch Parmanands Frau, wirkte ihr gegenüber aber leicht verlegen. Schließlich war sie eine erwachsene Frau und er erst fünf Jahre alt. Doch als sie miteinander allein waren, sagte er zu ihr: «Ich bin gekommen, aber du hast dir kein Bindi gemalt.» Damit meinte er den roten Punkt, den Hindufrauen auf der Stirn tragen. Er warf ihr auch vor, daß sie statt des bunten Sari der verheirateten Hindufrauen einen weißen Sari trug – die passende Kleidung für eine Hinduwitwe.

Parmod identifizierte Parmanands Tochter und einen der Söhne, der bei seiner Ankunft im Haus war. Als später Parmanands jüngster Sohn auftauchte, der in der Schule gewesen war, erkannte Parmod auch ihn wieder und redete ihn mit seinem vertrauten Namen Gordhan an. Als sie miteinander sprachen, erlaubte Parmod dem älteren Gordhan nicht, ihn beim Vornamen zu nennen, sondern bestand auf der Anrede «Vater». «Ich bin nur klein geworden», sagte er. Während des Besuches identifizierte er außerdem noch einen von Parmanands Brüdern und einen Neffen.

Auch sonst war Parmod über Einzelheiten von Parmanands Welt erstaunlich gut im Bilde. Als sie das Hotel der Brüder

Mehra, das Victory Hotel, besichtigten, machte Parmod eine Bemerkung über die neuen Schuppen, die auf dem Gelände errichtet worden waren. Die Mehras bestätigten, daß diese tatsächlich erst nach Parmanands Tod gebaut worden waren. Als sie das Hotel betraten, deutete Parmod auf einige Schränke und sagte: «Das sind die Almirahs, die ich fürs Churchill House habe anfertigen lassen.» Churchill House war der Name eines zweiten Hotels, das die Brüder Mehra in Saharanpur hatten. Tatsächlich hatte Parmanand zu seinen Lebzeiten diese Schränke fürs Churchill House machen lassen, die Familie hatte sie aber kurz nach seinem Tod ins Victory Hotel bringen lassen.[4]

Bei einem späteren Besuch in Saharanpur im Herbst desselben Jahres identifizierte Parmod spontan einen Arzt, den Parmanand in dieser Stadt kannte. «Er ist Arzt und ein alter Freund», sagte er. Bei diesem Besuch erkannte er auch einen Mann mit Namen Yasmin, der ihm, wie Parmod betonte, Geld schulde. «Ich bekomme noch Geld von Ihnen», insistierte er. Zunächst wollte Yasmin nicht zugeben, daß er das Geld geliehen hatte; erst als die Mehras ihm versicherten, daß sie nicht auf Zahlung bestehen würden, räumte er ein, tatsächlich bei Parmanand Schulden zu haben, wie Parmod behauptete.

Stevenson berichtet, daß er über dreitausend derartige Fälle gesammelt, aber nur einen geringen Prozentsatz der recherchierten Fälle veröffentlicht habe. Die meisten hätten seinem hohen Anspruch an Glaubwürdigkeit nicht genügt. So berücksichtigt er zum Beispiel keine Fälle, bei denen die Familie der zweiten Persönlichkeit in irgendeiner Weise durch den Kontakt mit der Familie der ersten Persönlichkeit profitiert, entweder finanziell oder in bezug auf Sozialprestige (Stevenson selbst bezahlt seine Informanten nie). Er verwirft auch jene Fälle, wo zwischen den beiden Familien eine Verbindung besteht, so daß ungewollt Informationen von der einen in die andere Familie getragen werden könnten. Außerdem zeigt sich, daß manche Fälle durch Kryptomnesie («verborgenes Gedächtnis») zu erklären sind. Hierbei erhält jemand auf ganz natürliche Weise – zum Beispiel, indem er Zeuge einer Unterhaltung wird oder einen Roman liest – gewisse Informationen und vergißt dann die Umstände, unter denen er diese erlangt hat. Später löst irgend etwas die Erinnerung an diese Informationen aus, und diese scheinen plötzlich «aus dem Nichts» aufzutauchen. Vielleicht, wie wir meinen, aus einem früheren Leben. Aber durch hypnotische Regression wird ihre wahre Quelle aufgedeckt – und der Fall geht zu den Akten. Auch Fälle, bei denen die Zeugenaussagen widersprüchlich oder die Zeugen von zweifelhaftem Charakter sind, oder wo auch nur der geringste Verdacht eines möglichen Betrugs besteht, werden sofort aufgegeben.

Stevenson hat nur die überzeugendsten Fälle veröffentlicht, das heißt solche, bei denen kein Profit im Spiel war, kein anderes vordergründiges Motiv, keine frühere Verbindung zwischen den Familien, wo reichlich Einzelheiten erinnert werden, die Kontaktpersonen der früheren Persönlichkeit bestätigen können, und wo möglichst die Chance besteht, die zweite Persönlichkeit mit Menschen zu konfrontieren, die der ersten bekannt waren. Sein Skeptizismus und seine kritischen Methoden haben ihm die Aufmerksamkeit selbst ausgesprochen konservativer Fachzeitschriften eingebracht. Das angesehene *Journal of Nervous and Mental Disease* hat seinen Forschungen im Mai 1977 fast eine ganze Nummer gewidmet. In einem Leitartikel rechtfertigte Dr. Eugene Brody die dem Thema gewidmete Beachtung mit den Worten: «Unsere Entscheidung, dieses Material zu veröffentlichen, bedeutet, daß wir die wissenschaftliche und persönliche Glaubwürdigkeit der Autoren anerkennen, daß wir ihre Forschungsmethoden für korrekt halten und uns davon überzeugt haben, daß ihre Beweisführung den bekannten Regeln rationalen Denkens folgt.» Zwei Jahre zuvor hatte Dr. Lester S. King in einer Besprechung des ersten Bandes von *Cases of the Reincarnation Type* im *Journal of the American Medical Association* den Schluß gezogen, daß Stevenson «gewissenhaft und ohne Emotionen eine Serie von detaillierten Fällen in Indien zusammengetragen hat, Fälle, in denen die für die Reinkarnation sprechenden Fakten schwerlich auf andere Weise zu erklären sind ... Er hat eine solche Fülle an Daten präsentiert, daß sie sich nicht ignorieren lassen.»[5]

Angesichts des Gewichts, das ich auf Stevensons Forschungen lege, ist es vielleicht angebracht, noch einen zweiten Fall anzuführen, der ebenfalls dem Buch *Reinkarnation* entnommen ist.

Swarnlata Mishra wurde am 2. März 1948 in Shahpur in Indien geboren.[6] Sie war ein aufgewecktes, nettes Kind, und ihre Eltern liebten sie sehr. Als Swarnlata etwa dreieinhalb Jahre alt war, nahm ihr Vater, ein Rechtsanwalt, sie auf eine Reise mit, bei der sie auch durch die Stadt Katni kamen, die von ihrem damaligen Wohnort Panna etwa 150 Kilometer entfernt liegt. Mitten in der Fahrt forderte Swarnlata plötzlich den Fahrer auf, in eine Straße einzubiegen, die, wie sie sagte, zu «ihrem Haus» führte. Als sie später eine Teepause machten – sie waren noch in Katni –, meinte Swarnlata, sie würden in «ihrem» Haus in der Nähe einen viel besseren Tee bekommen. Ihren Vater verblüfften diese seltsamen Bemerkungen zwar, doch nahm er weiter keine Notiz davon.

Während der nächsten Jahre sprach Swarnlata – wenn auch meist ihren Geschwistern und nicht ihren Eltern gegenüber – gelegentlich von einem früheren Leben, das sie angeblich in Katni geführt hatte. Sie sagte, ihr Name sei Biya gewesen, sie sei in einer Familie namens Pathak geboren, habe später geheiratet und zwei Söhne bekommen. Sie behauptete, ihr Haus in Katni sei weiß und habe schwarze, mit Eisengittern versehene Türen. Innen gebe es vier Zimmer mit Stuckarbeiten und weitere, weniger gut ausgestattete Räume; der Vorderflur sei mit Steinplatten ausgelegt. Von ihrem Haus aus könne man eine Eisenbahnlinie und Kalköfen sehen. Hinter dem Haus liege eine Mädchenschule. Sie sagte auch, die Pathaks hätten ein Auto besessen, was in Indien, zumal vor 1948, sehr selten war. Swarnlatas Vater bezweifelte die Echtheit der angeblichen Erinnerungen seiner Tochter und bemühte sich gut sechs Jahre lang in keiner Weise, ihnen nachzugehen.

Im Jahre 1958 wohnte die Familie Mishra in Chhatarpur, wo Herr Mishra als Assistent im Büro des Bezirksschulinspektors arbeitete. Swarnlata war mittlerweile fast zehn Jahre alt. Ein Professor in Chhatarpur, Herr Agnihotri, hatte gehört, daß Swarnlata behauptete, sie erinnere sich an ein früheres Leben und lud sie mit ihrem Vater zu sich nach Hause ein, damit sie ihm und ein paar Bekannten von ihren Erinnerungen erzählte. Während sie dort waren, hörte Swarnlata, daß die Frau des Professors aus der Gegend von Katni kam, und wollte sie kennenlernen. Als sie sich zu ihnen gesellte, erkannte Swarnlata in ihr sofort eine frühere Bekannte. Dann erinnerte Swarnlata sie an die Hochzeit, auf der sie und Biya in einem Dorf namens Tilora gemeinsam gefeiert hatten, und wie schwierig es gewesen sei, dort ein Badezimmer zu finden. Die erstaunte Frau Agnihotri bestätigte das ebenso wie vieles andere, was Swarnlata über Biyas Leben in Katni erzählte. Bald nach dieser Begegnung hielt Herr Mishra die Behauptungen seiner Tochter schriftlich fest, damit sie später überprüft werden könnten.

Neun Monate danach, im März 1959, traf Hemendra Banerjee ein, um Swarnlatas Fall zu untersuchen. Er blieb zwei Tage bei der Familie Mishra und fuhr dann nach Katni, wo es ihm gelang, nach Swarnlatas Beschreibung das Haus der Pathaks zu finden. Sie hatten nie von Swarnlata oder ihrer Familie gehört, konnten aber viele ihrer Aussagen bestätigen. Swarnlatas Erinnerungen paßten zum Leben ihrer Tochter, Biya Pathak. Biya war in Katni aufgewachsen, hatte dann einen Mann namens Chintamini Pandey geheiratet und war nach Maihar, einer Stadt nördlich von Katni, gezogen. Biya war 1939 an einer Herzkrankheit gestorben, fast zehn Jahre, bevor Swarnlata geboren wurde. (Es ist vielleicht erwähnenswert, daß die Familie Pathak für indische Verhältnisse ziemlich westlich orientiert war.)

Noch im gleichen Sommer fuhren einige von den Pathaks und den Pandeys nach Chhatarpur, um Swarnlata zu treffen.

Bei dieser Gelegenheit machte Swarnlata zahlreiche zutreffende Beobachtungen, auf die ich gleich zu sprechen kommen werde. Kurz danach besuchten Swarnlata und ihre Familie Katni und Maihar, wo Biya während ihrer Ehe zumeist gelebt hatte. Auf diesen Reisen erkannte Swarnlata weitere Orte und Gebäude.

Bevor ich mich diesen Wiedererkennensszenen zuwende, möchte ich noch erwähnen, daß die Familie Mishra immer mindestens 150 Kilometer von Katni oder Maihar entfernt gelebt hatte. Stevenson (der den Fall im Jahre 1961 untersuchte) sah keinen Grund, die Versicherung der beiden Familien, einander nicht gekannt zu haben, bevor Swarnlatas Erinnerungen sie zusammenbrachten, anzuzweifeln.

Swarnlatas Erinnerung an Biyas Leben erwies sich als gründlich und genau. Alle schon erwähnten Angaben (das Haus, das Auto, die Familiennamen) wurden bestätigt. Darüber hinaus entfaltete sich Swarnlatas Kenntnis von Biyas Leben weiter, als sie die Orte besuchte, wo Biya gelebt hatte. Bei ihrem ersten Besuch in Katni erkundigte sie sich zum Beispiel nach dem Nim-Baum, der früher auf dem Grundstück der Familie gestanden hatte. Sie fragte auch nach einem bestimmten, im rückwärtigen Teil des Hauses gelegenen Geländer. Bei einem Besuch in Maihar identifizierte sie Biyas Zimmer und eine Straße, die zu einem Fluß führte, in dem man baden konnte. Bei einem Besuch in Tilora erkannte sie das Zimmer, in dem Biya gestorben war, und bemerkte, daß eine Veranda, die sich früher an das Haus, in dem sie wohnte, anschloß, jetzt fehlte.

Auffällig war auch Swarnlatas Fähigkeit, Menschen aus Biyas Leben wiederzuerkennen. Insgesamt identifizierte sie zwanzig Personen. Die Bedingungen, unter denen dieses Wiedererkennen geschah, waren, da die Familie die Treffen arrangierte, oft ein wenig förmlich. Swarnlata sah sich dabei einer ganzen Reihe von Menschen konfrontiert – meist zwischen elf und vierzig Personen und sollte nun sagen, ob sie irgend jemanden davon wiedererkannte –, Angestellte, Freunde, Verwandte Biyas, bunt gemischt mit Fremden. Und oft versuchten die Familienmitglieder auch noch, Swarnlata irrezuführen oder zu verunsichern. Trotzdem erkannte Swarnlata unter anderen Biyas vier Brüder (wobei sie einen bei seinem Kosenamen Babu nannte und die anderen richtig dem Alter nach einordnete), vier Schwägerinnen, Biyas Mann, zwei Söhne und einen Vetter von Biyas Mann sowie verschiedene Freunde und Bekannte, darunter eine Dienerin («das ist meine Dienerin»), eine Hebamme, den Kuhhirten der Familie, einen Betelnußverkäufer und ein mit der Familie Pathak befreundetes Ehepaar.

Das Wiedererkennen war oft von interessanten Umständen begleitet. Als zum Beispiel Biyas Mann und ein Sohn namens Morli nach Chhatarpur kamen, um Swarnlata zu treffen, sagten sie niemandem in Chhatarpur, wer sie waren. Dennoch erkannte Swarnlata sie aus einer Gruppe von elf Männern heraus. Morli wollte damals nichts von Reinkarnation wissen und weigerte sich zunächst zuzugeben, daß er ihr Sohn sei. Aber Swarnlata blieb fest bei ihrer Identifizierung, und schließlich gab er nach. Morli hatte auch einen Fremden mitgebracht, den er als seinen Bruder ausgab. Aber auch hier ließ Swarnlata sich nicht täuschen, sondern konnte ihren zweiten Sohn später bei einem Besuch in Maihar identifizieren. (Schließlich ließ Morli sich davon überzeugen, daß Swarnlata die Reinkarnation seiner Mutter war.) Bei dem Kuhhirten handelte es sich nach Ansicht der Familie Pathak um einen besonders überzeugenden Wiedererkennungstest, denn Biyas Brüder wollten Swarnlata weismachen, der Kuhhirte sei schon gestorben. Schließlich, als sie das Ehepaar identifizierte, kommentierte sie spontan die Tatsache, daß der Mann jetzt eine Brille trug, was zu Biyas Lebzeiten noch nicht der Fall gewesen war.

Und noch ein Täuschungsversuch: Biyas vierter Bruder versuchte Swarnlata einzureden, Biya habe die Vorderzähne verloren, worauf sie antwortete, das treffe nicht zu, aber sie habe in den Vorderzähnen Goldplomben gehabt. Die Brüder Pathak konnten sich nicht daran erinnern, aber als sie ihre Frauen fragten, stellte sich heraus, daß es wirklich stimmte.

Noch ein paar weitere Einzelheiten: Swarnlata bemerkte ganz richtig, daß ihr Vater einen Turban getragen hatte, was für diese Gegend Indiens recht ungewöhnlich war. Als man ihr in Katni eine bestimmte Süßspeise vorsetzte, sagte sie: «Das habe ich in meinem früheren Leben immer gegessen.» Diese Süßspeise, Bara, kannten die Mishras nicht und so hatte Swarnlata sie noch nie gegessen. Aber es war wirklich Biyas Lieblingssüßspeise gewesen. Und schließlich erinnerte Swarnlata Biyas Mann, daß er einmal 1200 Rupien aus einer Schachtel genommen hatte, in der sie Geld aufzubewahren pflegte. Ihr Mann gab zu, daß nur Biya und er von dem Vorfall gewußt hatten.

Swarnlata unterliefen auch ein paar Irrtümer, obwohl man bei einigen davon vielleicht besser von Fast-Irrtümern sprechen sollte. So konnte sie den Namen des Bezirks, in dem ihre Familie gelebt hatte, nicht korrekt angeben und bei zwei von Biyas Söhnen stimmten die von ihr genannten Namen nur ungefähr. Sie sagte, Biya habe Halsschmerzen gehabt und sei an einer Halskrankheit gestorben. Tatsächlich hatte Biya drei Monate vor ihrem Tod Probleme mit dem Hals gehabt und war deswegen in Behandlung gewesen. Für ihren Tod war allerdings eine Herzkrankheit verantwortlich. Auch in einem anderen Punkt waren ihre Angaben nicht ganz korrekt: Den Namen des Familienoberhaupts ihrer ersten Familie gab sie mit Hira Lal Pathak an. Das scheint eine Kombination aus den Namen zweier aufeinanderfolgender Familienvorstände der Pathaks gewesen zu sein. Ihr Vater hatte Chhikori *Lal Pathak* geheißen; ihr ältester Bruder, der den Platz später einnahm, hieß *Hari* Prasad Pathak. Insgesamt kein schlechtes Ergebnis für jemanden, der schon zwanzig Jahre tot war.

Ein weiterer Umstand macht Swarnlatas Fall besonders interessant. Sie behauptete nämlich, sie könne sich bruchstückhaft an eine zweite Inkarnation erinnern – zwischen ihrem Leben als Biya und ihrem jetzigen Leben als Swarnlata. Sie nannte auch einen Namen, Kamlesh, den Bezirk, in dem sie gelebt hatte, Sylhet, und einige geographische Details, die allerdings nicht ausreichten, um dieses Leben zu identifizieren. Eine bemerkenswerte Eigenschaft schien ihr allerdings aus dieser «Zwischen-Existenz» geblieben zu sein: Seit ihrem fünften oder sechsten Lebensjahr beherrschte sie drei sehr komplizierte Tänze mit den dazugehörigen Liedern. Sie hatte die Tänze über die Jahre verschiedentlich gezeigt und sich dabei immer an die gleiche Figurenfolge gehalten. Nie hatte sie etwas weggelassen oder hinzugefügt. Ihren Eltern, die ihr diese Tänze nicht beigebracht hatten und die auch sicher waren, daß sie sie von niemandem in ihrer Umgebung hatte lernen können, war diese Fähigkeit immer ein Rätsel gewesen. Indische Kinder, besonders Mädchen, wachsen sehr behütet auf, und es ist höchst unwahrscheinlich, daß die fünfjährige Swarnlata ohne Wissen ihrer Eltern mit einem Lehrer hätte Kontakt aufnehmen können. Noch dazu waren die Lieder, die die Tänze begleiteten, in bengalischer Sprache, die niemand in der Familie Mishra sprach. Über das Rezitieren der Lieder hinaus konnte auch Swarnlata kein Bengali – und diese Texte verstand sie nicht. Sie behauptete, sie habe sie in ihrem Leben als Kamlesh von einer Freundin gelernt.

Ich will hier auf die Einzelheiten der Untersuchung, die Stevenson im Hinblick auf diese Tänze angestellt hat, nicht weiter eingehen. Es sei nur erwähnt, daß ein Inder, mit dem er zusammengearbeitet hat, Professor Pal, die Texte der Lieder und die Tänze schließlich identifizieren konnte. Zwei der Lieder gingen auf Gedichte Rabindranath Tagores und das dritte auf ein Gedicht eines unbekannten Poeten zurück. In zweien wurde der Frühling besungen, das dritte war ein Erntelied. Die Tänze waren im Stil von Santinektan, den Professor Pal von öffentlichen Vorführungen her kannte. In der Gegend von Sylhet, wo Swarnlata als Kamlesh gelebt haben wollte, wird hauptsächlich Bengali gesprochen, so daß ihr Bericht über den Ursprung der Tänze zumindest mit den historischen Gegebenheiten übereinstimmt. Nach einer gründlichen Untersuchung kam Stevenson zu dem Schluß, daß es äußerst unwahrscheinlich sei, daß Swarnlata die Tänze auf alltägliche, nichtparanormale Weise hätte lernen können.[7]

Warum erinnern sich manche Kinder an ihr früheres Leben, die meisten aber nicht? Genau wissen wir das nicht, aber es könnte etwas mit den Umständen ihres Todes zu tun haben. Stevenson berichtet, daß die Ereignisse, an die diese Kinder sich am lebhaftesten erinnern, jene sind, die zum Tod der früheren Persönlichkeit geführt haben oder damit zusammenhängen. Außerdem hat er festgestellt, daß die frühere Persönlichkeit in sehr vielen dieser Fälle eines gewaltsamen Todes gestorben ist, viel häufiger als im Durchschnitt üblich. Auch kommt es oft zu Phobien gegenüber Gegenständen oder Umständen, die den Tod herbeigeführt haben.[8] Trägt der durch einen solchen Tod verursachte Schock dazu bei, den üblichen Gedächtnisverlust zu verhindern, so daß Erinnerungen an die frühere Persönlichkeit im Bewußtsein der nächsten Persönlichkeit auftauchen können? Möglich wär's, aber wissen tun wir es nicht. Stevenson hat außerdem herausgefunden, daß in Fällen spontaner Erinnerung an ein früheres Leben der zeitliche Abstand zwischen dem Tod der ersten und der Geburt der zweiten Persönlichkeit gewöhnlich weniger als drei Jahre beträgt und damit rascher als üblich erfolgt.[9]

Es wäre ein Irrtum zu glauben, die von Stevenson untersuchten Fälle kämen alle aus Kulturen mit reinkarnationistischer Weltanschauung. Seine Fälle rekrutieren sich aus östlichen wie westlichen Ländern, darunter auch Großbritannien und die Vereinigten Staaten. Es ist allerdings so, daß die überzeugendsten und am vollständigsten dokumentierten Fälle bisher immer noch aus Ländern kommen, in denen die Wiedergeburt eine selbstverständliche Prämisse ist.[10] Wir müssen uns daher die Frage stellen: Bringt der Glaube an die Reinkarnationslehre die berichteten Fälle erst hervor, oder sorgt die kulturbedingte Akzeptanz der Wiedergeburt in diesen Ländern dafür, daß die Forscher hier von mehr Rückerinnerungen Wind bekommen?

Wenn man die bekanntgewordenen Fälle untersucht, stellt

man fest, daß auch die Eltern dort den Erinnerungen ihrer Kinder an ein früheres Leben höchst ablehnend gegenüberstehen. Wir haben schon erwähnt, daß es laut einem indischen Volksglauben unter Umständen höchst fatal sein kann, wenn Kinder sich an ein früheres Leben erinnern. Außerdem gefällt den Eltern oft gar nicht, was ihre Kinder da erinnern. Ein Kind armer Eltern, das sich an ein Luxusleben in der Behaglichkeit der Oberschicht erinnert, weckt oft bei seiner jetzigen Familie Minderwertigkeitsgefühle und Groll. (Andererseits kommt es vor, daß die Familie der früheren Persönlichkeit befürchtet, die Angehörigen des Kindes könnten die Absicht haben, sie finanziell auszubeuten und sich deshalb dagegen sträubt, bei der Untersuchung der angeblichen Erinnerungen mitzuwirken.) Manchmal identifizieren sich die Kinder so stark mit ihren Erinnerungen, daß sie ihre gegenwärtige Familie rundheraus ablehnen, was selbst für die liebevollsten Eltern eine erhebliche Belastung bedeutet. Und wenn ein Kind sich erinnert, in einem früheren Leben ein Mörder oder ein sonstwie unerfreulicher Zeitgenosse gewesen zu sein, sind seine Eltern nur selten bereit, der Sache nachzugehen.

Der springende Punkt ist, daß selbst in Kulturen, die im Prinzip an die Reinkarnation glauben, die Menschen im Einzelfall oft viele Gründe haben können, sich einer näheren Untersuchung dieser oder jener Rückerinnerung zu widersetzen und sogar alles mögliche – bis hin zur Gewaltanwendung – tun, um die Kinder zum Schweigen zu bringen.[11]

Diese Überlegungen sprechen dafür, die östlichen Fälle ernst zu nehmen – und warum in westlichen Ländern bisher so wenige überzeugende Fälle von Wiedergeburt bekannt geworden sind, ist wohl leicht zu erklären. In einer Kultur, in der der Glaube an die Reinkarnation weder durch religiöse noch durch akademische Institutionen sanktioniert ist, haben die Eltern eines kleinen Kindes, das auf einmal von einem «anderen Leben» spricht, keinen brauchbaren Bezugsrahmen, der ihnen gestatten würde, diese Aussagen ernst zu nehmen. Solche Erinnerungen werden deshalb bestenfalls als Kuriosität oder gleich als Krankheitssymptom betrachtet. Beide Einstellungen sind nicht geeignet, die Eltern dazu zu bringen, sich um eine objektive Einschätzung der Erinnerungen ihres Kindes zu bemühen, besonders wenn es relativ einfach ist, diese einfach zu unterdrücken.[12]

Kinder, die sich spontan an frühere Leben erinnern, verlieren diese Erinnerungen wieder im Alter zwischen fünf und acht Jahren, wenn sie mehr und mehr Kontakte außerhalb der Familie knüpfen. Stevenson hat diese Kinder in Langzeitstudien untersucht und festgestellt, daß es ihnen nicht besser oder schlechter ergeht als «normalen» Kindern, was ihre sozialen Beziehungen, ihre Schulleistungen, den beruflichen Erfolg oder das allgemeine Lebensglück angeht. Im großen und ganzen scheint die Erinnerung an ein früheres Leben das Lebenskonto weder aktiv noch passiv zu belasten. Dennoch kann es in seltenen Fällen vorkommen, daß das Wissen um ein früheres Leben für das nächste Leben Komplikationen mit sich bringt. Kinderpsychotherapeuten berichten neuerdings über Fälle von entwicklungsbedingten oder pathologischen Störungen bei Kindern, die sich aus der Übertragung eines erwachsenen Bewußtseins in die Welt des Kindes erklären lassen könnten.

In ihrem Buch *Seelenwanderung* berichtet die klinische Psychologin Dr. Helen Wambach kurz über zwei derartige Fälle. In dem einen Fall hatte die fünfjährige Linda plötzlich jeden menschlichen Kontakt verweigert und sich tiefer und tiefer in eine Form von kindlichem Autismus zurückgezogen, wobei sie jedoch außerordentliche Fertigkeiten im Lesen und in der Mathematik an den Tag legte, die niemand ihr beigebracht hatte. Im Laufe der Therapie zeigte Linda schließlich, wie sehr ihr die Passivität und Hilflosigkeit der Kindheit verhaßt war, indem sie Dr. Wambach mehrfach mit einer Babyflasche «zwangsernährte». In diesem Spiel übernahm sie die Rolle des Erwachsenen, während Dr. Wambach das hilflose Kleinkind war. Erst als sie ihre Therapeutin gezwungen hatte, ihre Frustration über ihre Lage als Kind am eigenen Leib zu erfahren, war sie bereit, überhaupt in Kontakt mit ihr zu treten.

Kurz nach diesem Durchbruch machte die Therapie rapide Fortschritte. Schon bald war Linda in der Lage, einen normalen Kindergarten zu besuchen. Sie verlor ihre Lese- und Rechenkenntnisse und mußte wie die anderen Kinder lernen, ihren Namen zu schreiben. Dr. Wambach vermutet, daß Linda sich aus unbekannten Gründen an eine frühere Identität als Erwachsene geklammert und ihre Wiedergeburt im Körper eines Babys abgelehnt hatte. Irgendwie gelang es ihr durch die Therapie, ihre neue Lage zu akzeptieren, die Fixierung an das frühere Leben wurde aufgehoben, die damit verbundenen Fertigkeiten verschwanden und sie wurde ein Kind unter vielen – ohne Erinnerung an eine andere Existenz.

Im zweiten Fall ging es um ein Kind namens Peter, das wegen seines hyperaktiven Verhaltens zu Dr. Wambach gebracht wurde. Als Peter sicher war, daß sie ihn deswegen nicht ausschimpfen würde, erzählte er ihr ausführlich von seinem früheren Leben als Polizist. Er beschrieb, wie ärgerlich er sei, weil er viele von den Dingen nicht tun dürfe, die er früher gern getan hätte, wie Rauchen und Basketballspielen. Offenbar hatten seine bestürzten Eltern ihm eingeschärft, den Polizisten nicht zu erwähnen. Bei Peter lief die Therapie allerdings nicht so gut wie bei Linda, und als nach drei Monaten noch kein Anzeichen für eine Besserung in seinem Verhalten zu bemerken war, brachen seine Eltern die Therapie ab, und Dr. Wambach verlor ihn aus den Augen.

Derartige Fälle tauchen erst seit kurzem in der psychologischen Literatur auf, und es bleibt abzuwarten, ob sie sich zu einem irgendwie bedeutungsvollen Typ von Beweisen für die Reinkarnation entwickeln werden.[13]

Evozierte Erinnerungen

Während sich nur selten Menschen spontan an frühere Leben erinnern, gibt es heute nicht wenige, die solche Erinnerungen durch die Anwendung irgendeiner Methode zur Bewußtseinserweiterung gezielt hervorrufen. Das Spektrum der modernen Psychotherapien umfaßt auch eine Reihe von Techniken, die offenbar in der Lage sind, Erinnerungen an frühere Leben ins Bewußtsein zu heben. Die traditionelle Psychologie hält natürlich wenig von diesen Praktiken, weil es nach den ihr zugrunde liegenden Voraussetzungen in der Psyche Erinnerungen an frühere Leben *nicht geben kann.* Die meisten Persönlichkeitstheorien basieren auf der Nur-einmal-Weltanschauung und betrachten es daher als erwiesen, daß in der Psyche nichts sein kann, was auf Erfahrungen vor der Existenz dieses ihres spezifischen Körpers zurückzuführen wäre. Würde man diese Erinnerungen als legitim akzeptieren, so zöge das unweigerlich eine grundsätzliche Überprüfung der psychologisch-philosophischen Maximen nach sich, und davor schreckt die Mehrzahl der Theoretiker zurück. Die meisten Psychologen sind viel zu sehr damit beschäftigt zu beweisen, daß sie echte Wissenschaftler sind, als daß sie es wagen würden, die «wissenschaftliche» Prämisse des metaphysischen Naturalismus aufzugeben.

Die wahrscheinlich am häufigsten verwendete Methode zur Aufdeckung von Erinnerungen an frühere Leben ist die Hypnose, eine Technik zur selektiven Bündelung der Aufmerksamkeit. Worauf diese Aufmerksamkeit gerichtet wird und zu welchem Zweck, hängt weitgehend davon ab, welches Modell des Bewußtseins Therapeut und Klient sich zu eigen gemacht haben. Infolgedessen hat sich die therapeutische Verwendung der Hypnose in dem gleichen Maße entwickelt wie unser Verständnis des Bewußtseins. So wie die Hypnose heute eingesetzt wird, erreicht sie tiefere Schichten der Psyche als noch vor ein paar Jahrzehnten denkbar gewesen wäre.[14]

Der gegen die Hypnose als Quelle von Beweisen für die

Reinkarnation am häufigsten vorgebrachte Einwand ist der Hinweis auf die große Beeinflußbarkeit des Klienten durch den Therapeuten, der diesem alles mögliche suggerieren könnte.

Aller berechtigten Skepsis zum Trotz glaube ich jedoch, daß sowohl die Beeinflußbarkeit der Hypnotisierten als auch die Naivität der Therapeuten oft übertrieben dargestellt wird. Außerdem erklären die Kritiker nicht, wie es kommt, daß in hypnotischen Sitzungen manchmal verifizierbare Informationen über andere Leben zutage treten. Wenn alles nur auf Suggestion beruht, wie schafft es dann die Suggestion, zutreffende Informationen freizusetzen, die vorher weder dem Therapeuten noch dem Klienten bekannt waren?[15]

Wir brauchen uns mit dem Für und Wider der Hypnose hier aber nicht ausführlich auseinanderzusetzen, denn Erinnerungen an frühere Leben kommen außer in der Hypnotherapie auch in vielen anderen therapeutischen Zusammenhängen vor. Bei den meisten dieser evozierten Erinnerungen ist eine Nachprüfung nicht in dem Maße möglich wie bei den Fällen von Stevenson, dessen Kinder sich an ihre nächstliegende frühere Inkarnation erinnerten, während die Erinnerungen, die im Rahmen einer Psychotherapie hochkommen, sich oft auf in der fernen Vergangenheit liegende Leben beziehen, was die Verifizierung historischer Details außerordentlich erschwert oder ganz unmöglich macht: Schon aus diesem Grund kann man den evozierten nicht die gleiche Beweiskraft wie den spontanen Erinnerungen beimessen.[16] Dennoch leisten auch diese Fälle durchaus einen Beitrag zur Unterstützung der Reinkarnationslehre. Der Beweiswert evozierter Erinnerungen liegt hauptsächlich in ihrer «inneren Verifizierbarkeit», das heißt in der Art, wie sie sich als psychische Ereignisse verhalten. Ein Überblick über die psychotherapeutische Literatur zur Rückführung in frühere Leben zeigt, daß es vier Gründe gibt, zumindest manche der dabei zutage tretenden Erinnerungen als echt anzuerkennen.

Zunächst sollten wir festhalten, daß wir heute nicht nur über eine, sondern über eine ganze Reihe therapeutischer Techniken verfügen, durch die sich diese Erinnerungen wachrufen lassen. Dazu gehören Rebirthing, Sensorische Isolation, Holonomische Integration und der psychotherapeutisch bedingte Einsatz gewisser bewußtseinserweiternder Drogen.[17] Außerdem tauchen Erinnerungen an frühere Leben manchmal im Zuge verschiedener «Körpertherapien» sowie im Rahmen traditioneller Meditationsformen auf.[18] Das weist darauf hin, daß diese Ergebnisse nicht an eine bestimmte Untersuchungstechnik gebunden sind. Wenn es wirklich einen Gedächtnisspeicher tief in der Psyche gibt, dann ist das Auftauchen dieser Erinnerungen unter verschiedenen klinischen Bedingungen alles andere als überraschend. Früher oder später müssen unterschiedliche Sondierungsmethoden, sofern sie in der Lage sind, in diese tiefen Schichten vorzudringen, auf den Fundus dieser Erinnerungen stoßen.[19]

Zweitens muß beachtet werden, daß diese Erinnerungen gern «ungefragt» in Therapien auftauchen, die in keiner Weise auf die Erinnerung an frühere Leben abzielen, so daß der Therapeut davon oft völlig überrumpelt wird. Mehrere Therapeuten haben gesagt, daß sie in dem Moment, da diese Erinnerungen bei einem ihrer Patienten zum ersten Mal auftauchten, sich für Reinkarnation entweder nicht interessierten oder dieser Möglichkeit sogar ablehnend gegenüberstanden.

So schreibt beispielsweise Dr. Alexander Cannon in seinem Buch *The Power Within*:

> Die Reinkarnationstherorie war jahrelang ein Alptraum für mich, und ich bemühte mich nach Kräften, sie zu widerlegen. Den Klienten, die ich in Trance versetzte, versuchte ich sogar weiszumachen, sie redeten Unsinn. Doch im Laufe der Jahre stieß ich bei meinen Patienten immer wieder auf solche Rückerinnerungen, obwohl sie den verschiedensten Glaubensrichtungen angehörten. Inzwischen habe ich mehr als tausend Fälle untersucht und muß zugeben, daß es so etwas wie Reinkarnation wohl doch gibt.

Nach den Regeln der Forschung ist es ein ermutigendes Zeichen für Verläßlichkeit, wenn Daten auftauchen, die angesichts der theoretischen Einstellung der Untersuchungsteilnehmer unerwartet, ja sogar unerwünscht sind – kein Beweis natürlich, aber doch ein wichtiges Indiz.

Ein dritter Hinweis auf die Echtheit dieser Erinnerungen ist die Gesellschaft, in der sie auftauchen. Das heißt, daß Erinnerungen an frühere Leben zusammen mit Erinnerungen aus dem gegenwärtigen Leben auftreten. Wenn wir mit einer therapeutischen Technik arbeiten, die zunächst verdrängte Erinnerungen aus der jüngsten Vergangenheit heraufholt, dann aus Jugend, Kindheit, Säuglingsalter und der Zeit im Mutterleib – so überrascht diese Abfolge uns nicht. Wir haben uns daran gewöhnt, uns die Psyche, zumindest in mancher Hinsicht, als eine Art «Schichttorte» vorzustellen, die ihre Geheimnisse zuweilen nur nach und nach preisgibt. Wenn wir aber mit der Anwendung derselben Technik fortfahren, werden wir als nächstes oft mit Erinnerungen an ein früheres Leben konfrontiert. Sollen wir diese nun aus grundsätzlichen Erwägungen heraus als trügerisch zurückweisen? Sollen wir sie ignorieren, bloß weil es sie laut unserer Theorie von der Natur des Menschen nicht geben dürfte? Wenn wir eine therapeutische Technik haben, die heilend in vertrauten Schichten der Psyche zu wirken weiß, wäre es dann nicht nur konsequent, ihrer Heilwirkung zu folgen, wohin sie uns auch immer führen mag, und unsere Theorie von der Natur des Menschen entsprechend zu ändern?

Die Verbindung zwischen Erinnerungen an frühere Leben und solchen aus dem gegenwärtigen Leben sind aber noch enger. Nicht nur ruft die wiederholte Verwendung derselben therapeutischen Technik oft im Anschluß an Erinnerungen aus dem gegenwärtigen Leben solche an frühere Leben hervor. In sehr wirkungsvollen erfahrungsorientierten Therapien wie der Holonomen Integration oder der LSD-unterstützten Psychotherapie tauchen Erinnerungen sowohl aus dem gegenwärtigen wie aus früheren Leben oft *gleichzeitig und ineinander verflochten* auf. Stanislav Grof nennt diese psychischen Amalgame «Systeme kondensierter Erfahrung» oder COEX-Systeme. Die oberflächlicheren Schichten eines COEX-Systems stammen gewöhnlich aus dem gegenwärtigen Leben, aber seine tieferen Schichten leiten sich von Ereignissen in früheren Inkarnationen her. Die zwei Erfahrungsgruppen sind in der Psyche durch beiden gemeinsame Emotionen miteinander verknüpft. Wenn diese emotional geladenen Erinnerungen während der therapeutischen Arbeit auftauchen, so tun sie das oft gleichzeitig, als Teil einer mehrschichtigen Erfahrungsmasse. Das wird der weiter unten in diesem Kapitel untersuchte Fall von Tanya deutlich machen.[20]

Ein letzter und wichtiger Hinweis darauf, daß es sich bei diesen Phänomenen um Erinnerungen handelt, sind diese selbst. Nicht nur sehen sie aus und fühlen sich an wie persönliche Erinnerungen – die sich subjektiv von psychischen Eindrücken unterscheiden lassen, die nicht den Charakter einer Erinnerung tragen –, sondern sie haben auch eine *therapeutische Wirkung*, die jener von konventionellen Erinnerungen ähnelt, wie sie sonst in der Therapie ans Licht kommen. Es gilt, sich den Mikro- oder Makro-Traumata aus der Vergangenheit zu stellen, sie vom gegenwärtigen Erleben abzugrenzen und in die gegenwärtige Persönlichkeit zu integrieren. Ob die problematischen Erinnerungen, die in der Therapie hochkommen, nun aus einem früheren oder aus dem gegenwärtigen Leben stammen, ist dabei unwichtig. Beide üben sie eine therapeutische Wirkung auf das Individuum aus und befreien es von verborgenen Programmierungen, indem sie die zentralen traumatischen Erfahrungen reaktivieren, damit sie bewußt bearbeitet werden können. Offenbar macht es für die Psyche keinen Unterschied, ob die Kräfte, die in unserem Leben zum Konflikt führen, in der Kindheit oder in einem Leben vor Jahrhunderten wurzeln.

Im Gegenteil: Nach den Erfahrungen mit der Reinkarnationstherapie scheint die Begegnung mit Erinnerungen aus früheren Leben sogar die tieferen Wunden des Lebens zu heilen – vom

Standpunkt der Reinkarnationslehre aus betrachtet absolut logisch. Denn einer der Gründe für die Fortführung unserer Existenz in diesem Leben ist ja das Bedürfnis, das zu vollenden, was in jenen Leben nicht abgeschlossen werden konnte – unerfüllte Wünsche, ungelöste Konflikte, unvollständig verarbeitete Traumata, unverwirklichte Ambitionen. Sie bestimmen unsere Mission – unsere Beziehungen, unsere Krankheiten und die Probleme, die uns das ganze Leben lang verfolgen, bis wir sie gelöst haben. Und so wendet sich eine Therapie, die sich darauf konzentriert, an die wahren Wurzeln unserer gegenwärtigen Konflikte.

Fassen wir den Gedankengang zusammen: Die psychischen Phänomene, die in erfahrungsorientierten Therapien auftauchen, weisen gewisse Merkmale auf, die dafür sprechen, daß es sich um echte Erinnerungen handelt. Sie tauchen im Zusammenhang mit anderen Erinnerungen auf, mit deren therapeutischer Wirkung sie vergleichbar sind, obwohl sie oft als tiefgreifender und umfassender erlebt werden. Durch eine Reihe unterschiedlicher Techniken hervorgerufen, tauchen sie häufig unerwartet und – von Therapeut wie Klient – ungebeten auf.

Wenden wir uns nun von der Theorie der Praxis zu. Die folgenden drei Fälle sollen einige der hier erwähnten Punkte veranschaulichen.

Heather Whiteholme ist der Deckname, unter dem Dr. Joel Whitton die Geschichte einer vierundvierzigjährigen Frau in seinem Buch *Das Leben zwischen den Leben* erzählt. Heather kam im Frühjahr 1979 mit einer Reihe quälender körperlicher und seelischer Probleme zu Dr. Whitton, der in Toronto eine Privatpraxis als Psychiater hatte. Sie war allergisch gegen eine Reihe ganz alltäglicher Substanzen, die bei ihr Ohrensausen, quälende Kopfschmerzen sowie Hautausschläge hervorriefen. Außerhalb ihrer vier Wände fiel ihr das Atmen so schwer, daß sie den Eindruck hatte, sie sei praktisch «allergisch gegen das Leben als solches». Ihre Atmungsprobleme wurden immer wieder durch Lungenentzündungen und Bronchitis kompliziert, die sie im Winter, Frühjahr und Herbst die meiste Zeit ans Bett fesselten. Heather hatte im Laufe der Jahre viele Spezialisten konsultiert, aber ihr Zustand wurde immer schlimmer. Alle Medikamente und Therapien hatten versagt. Die umfangreichen medizinischen Tests, die Dr. Whitton durchführen ließ, bestätigten erneut, daß Heather an «schweren, behandlungsresistenten Allergien litt, die durch eine ungewöhnlich schlechte Abwehr gegen Bronchitis und Lungenentzündung noch verschlimmert wurden».

Psychologisch gesehen litt Heather unter mangelndem Selbstbewußtsein und einem starken Gefühl persönlicher Unzulänglichkeit. Sie war außergewöhnlich empfindlich gegenüber Kritik, und ihre Versagensangst blockierte eine vielversprechende Karriere als Schmuckdesignerin. Außerdem litt sie periodisch unter schweren Depressionen, die immer dann einsetzten, wenn sie sich besonders glücklich fühlte. Dabei war Heather intelligent und begabt und fand Rückhalt in einer stabilen Ehe.

Es stellte sich heraus, daß Heather ein sehr gutes Medium war, so daß sie schnell lernte, sich selbst zu hypnotisieren. Gemeinsam mit Dr. Whitton beschloß sie, die Wurzeln ihres Dilemmas zu Hause per Selbsthypnose zu erkunden und die Ergebnisse in wöchentlichen Therapiesitzungen zu besprechen. Sechs Wochen lang brachte Heather umfangreiche Notizen mit, die einen reichen Strom unbewußten Materials bezeugten, aber nichts davon schien den Kern ihres Problems zu berühren. Dann entdeckte sie Isobel Drummond.

Heather lernte Isobel – die sie sofort als frühere Inkarnation identifizierte – nicht auf einmal kennen, sondern ganz allmählich, indem sich deren Leben über viele Wochen hinweg Stück für Stück vor ihr entfaltete. Sie sah Isobel zum ersten Mal, wie diese sich in einem hübsch möblierten englischen Haus ans Klavier setzte. Sie spielte eine Etüde von Chopin, und sie spielte sie wundervoll. Ohne zu begreifen warum, versetzte Isobels Anblick Heather in große Erregung, und sie erwachte bitterlich weinend aus der Trance. Den ganzen Tag über konnte sie den Gedanken an Isobel nicht loswerden, und noch in der gleichen Nacht erlebte sie plötzlich einen schrecklichen Autounfall wieder. Sie war in Isobels Körper, lag auf dem Boden neben einem brennenden Auto, das eben über eine Klippe gestürzt war. Ihre rechte Seite brannte. Es war das Jahr 1931, vier Jahre bevor Heather geboren wurde.

Obwohl der traumatische Rückblick nur wenige Sekunden dauerte, löste er bei Heather einen Nervenzusammenbruch aus. Sie weinte und zitterte die ganze Nacht und konnte sich von den Bildern, die sie gesehen hatte, nicht lösen. Der Schock hielt sie drei Tage lang wach. Sie weinte ununterbrochen, ihr war übel, und sie wurde von einem schmerzhaften Bronchialhusten gequält. Endlich stellte sich der erlösende Schlaf ein. Als sie zwölf Stunden später erwachte, wurde ihr schlagartig klar, daß sie ruhig atmete, *obwohl sie ihre Allergiemittel nicht genommen hatte.* Auch die üblichen Kopfschmerzen und das Ohrensausen waren verschwunden, und ihre Haut war reiner. Zwei Tage später wagte sie sich hinaus in die Welt und stellte fest, daß ihre Allergien tatsächlich zu verschwinden schienen.

Trotz dieser vielversprechenden Ansätze litt Heather noch drei Wochen lang unter Alpträumen, Depressionen und Weinkrämpfen. Ihr innerer Kampf war so intensiv, daß sie nicht einmal zu einem Besuch bei ihrem Therapeuten fähig war. Als sie Dr. Whitton schließlich doch aufsuchte, kehrte sie noch einmal in Trance zum Schauplatz des Unfalls zurück. Diesmal nahm sie mehr von den Einzelheiten der Umgebung wahr. Dr. Whitton faßt ihr Erlebnis zusammen:

> Isobel und ein Mann namens Robert fahren im Auto an einem Spätnachmittag direkt auf die niedrig über dem Horizont einer Mittelmeerlandschaft stehende, strahlend leuchtende Sonne zu. Sie haben beide zuviel Alkohol getrunken, leiden noch unter dem Kater und führen ein leidenschaftliches Streitgespräch. Isobel erwartet von Robert ein Kind und will

ihn heiraten, doch Robert will nichts davon wissen. In seiner Wut übersieht er die Gefahr in den scharfen Haarnadelkurven der unterhalb der Seealpen bei Juan-les-Pins entlangführenden Küstenstraße. In einer dieser Kurven biegt die Straße scharf nach Nordosten, aber sein Bugatti Cabriolet ist zu schnell. Der Wagen durchbricht eine niedrige Leitplanke, fliegt durch die Luft, schlägt auf dem steilen Hang auf und reißt kleine Bäume und Büsche mit. Als das Fahrzeug auf einem Felsvorsprung landet, explodiert es mit lautem Krachen. Robert wird vom Lenkrad eingeklemmt und ist sofort tot. Isobel wird aus dem Wagen auf eine sandige Stelle geschleudert und bleibt bewußtlos liegen. Es folgen weitere Explosionen. Isobel wird auf der rechten Seite in Rauch und Flammen eingehüllt. Ihr Kleid und ihr Haar fangen Feuer, und die Flammen erfassen die rechte Seite ihres Gesichts.

Heather hustet laut, als der von dem Feuer ausgehende heiße Rauch Isobels Lungen versengt. Sie beobachtet, wie die französische Feuerwehr den Unfallort erreicht und Isobel in ein nahe gelegenes Krankenhaus bringt. Ihr Zustand ist kritisch:

Weißgekleidete Krankenschwestern befeuchten große Kompressen aus Verbandsstoff und legen sie über Teile ihrer geröteten und mit Brandblasen bedeckten Haut... Sie stöhnt vor Schmerzen. Die ganze rechte Seite ihres Körpers ist schwer verbrannt. Ihr rechtes Auge und die Augenbraue sind unförmig geschwollen und scheiden eine rote Flüssigkeit aus. Immer wieder legen die Schwestern die tropfnassen Kompressen auf, lassen sie ein paar Minuten liegen und nehmen sie vorsichtig wieder ab. Sie sagen, die Patientin solle soviel Morphium bekommen, wie sie braucht. Sie glauben, die junge Frau, die bei dem Unfall eine Fehlgeburt gehabt hat, werde innerhalb der nächsten vierundzwanzig Stunden sterben.

Heathers Allergien schienen von den giftigen Rauchschwaden herzurühren, die Isobel bei dem Unfall einatmen mußte, denn nachdem Heather das Erlebnis neu durchlebt hatte, waren sie verschwunden. Dagegen vertieften sich ihre Depressionen in den folgenden Wochen. In mehreren Sitzungen erfuhr Heather weitere Einzelheiten aus Isobels Leben. Isobel war eine schöne, charmante und begabte, aber von großen Sorgen gequälte Frau gewesen. Das Kind wohlhabender englischer Eltern verliert früh Vater und Mutter. Es wird von einer mißgünstigen Haushälterin aufgezogen, die es um seine Schönheit und seinen Reichtum beneidet. In einem Leben ohne jede echte Zuneigung wächst das Mädchen zu einer selbstsüchtigen, selbstzerstörerischen jungen Frau heran, unfähig, tiefe Gefühle zu empfinden, von wirklicher Liebe ganz zu schweigen. Mit neunzehn geht sie nach New York, um Klavier zu studieren. Ihr Manager, ein russischer Jude namens Nikolaus, hat in Amerika mehrere Konzerte für sie arrangiert. Aber sie läßt sich vom Glanz der New Yorker Gesellschaft blenden, die eine so begabte Schönheit mit offenen Armen aufnimmt, und fängt schon bald an zu trinken. Über den häufigen Parties und den vielen Liebhabern, mit denen sie sich jetzt schmückt, vernachlässigt sie die Musik.

Um ihr Leben zu stabilisieren, beschließt sie nach England zurückzugehen und Nikolaus zu heiraten, in dem sie mehr den Vater als den Mann sieht. Aber die Ehe kann sie nicht befriedigen, sie stürzt sich in neue Affären. Bei einer Party auf einer Yacht am Mittelmeer lernt sie Robert kennen, wird schwanger und will bei ihm bleiben. Als sie wieder in London ist, kommt es wegen Robert zu einem heftigen Streit mit Nikolaus. Isobel stürzt aus dem Haus und fährt mit Robert in dem Bugatti davon. Später hört sie, daß Nikolaus an einem schweren Herzanfall gestorben ist, der durch ihren hitzigen Streit ausgelöst wurde.

Isobel überlebt den Unfall – körperlich und emotional schwer geschädigt. In dem folgenden Bericht sind mehrere Tagebucheinträge von Heather zusammengefaßt:

Im Winter 1933 lebt Isobel mit einer Pflegerin und zwei Dienstmädchen in einem Ferienhaus an der Küste unweit der Stadt Rye in Sussex, England. Sie bewegt sich nur ganz langsam und unter großen Schmerzen. Sprechen kann sie nur im Flüsterton. Ich zwinge mich dazu, sie genau anzusehen – welch fürchterlicher Anblick! Ihr Gesicht ist voller Narben und bis zur Unkenntlichkeit entstellt. Das rechte Auge und der Mund sind verzerrt. Ein langer pfirsichfarbener Seidenschal ist um Kopf und Hals geschlungen. Ihre rechte Hand ist von Blasen bedeckt und krampfhaft zusammengezogen. Sie kann die Finger nicht mehr bewegen. Mit der Linken malt sie Blumenaquarelle in einem halbrealistischen Stil.

Isobel hatte schon mehrmals daran gedacht, ihrem elenden Leben ein Ende zu machen. Jetzt werden diese Gedanken durch einen Besuch der nach der neuesten Mode gekleideten «Freundin» Eleanor aus London neu belebt. Eleanor sitzt auf der Couch bei einer Tasse Tee und streut mit ihrem törichten Geschwätz Salz in die offenen Wunden Isobels: «Ganz London spricht davon, wie deine Schönheit und deine Hände durch diesen gräßlichen Unfall verunstaltet worden sind, meine liebe Isobel. Wenn man häßlich über dich spricht, verteidige ich dich natürlich. Ich glaube, ich könnte so nicht weiterleben. Wie kannst du das nur aushalten, meine Liebe? Ich meine, wie kannst du deinen Anblick im Spiegel noch ertragen?» Und so weiter ...

Nicht lange danach verläßt Isobel ihr Haus und geht hinaus in die stürmische Winternacht. Der nasse Schnee peitscht ihr ins Gesicht. Sie überquert den Acker zwischen dem Haus und dem Strand und geht ein Stück oberhalb der aufgewühlten See die Steilküste entlang. Dann steigt sie ein paar glitschige Holzstufen hinunter zum kiesigen Strand. Langsam und zielbewußt geht sie in das kalte schäumende Wasser ... weiter ... und weiter ...

Heathers Depressionen hingen direkt mit Isobels Verzweiflungstat zusammen. Nachdem sie Isobels grausamen Tod noch einmal durchlebt hatte, kehrten die depressiven Schübe nie wieder. Nach dieser Sitzung erinnerte sie sich auch, daß sie bereits vor Jahren in einem Schulaufsatz Isobels Tod in allen Einzelheiten beschrieben hatte. (Ich sollte noch erwähnen, daß Heather als Kind eine bemerkenswerte Begabung für das Klavierspiel gezeigt und am besten Konservatorium in Mexiko studiert hatte, wo sie damals lebte.)

In den folgenden Monaten identifizierte Heather neunzehn weitere frühere Inkarnationen. In vielen davon hatte sie, wie auch in ihrem gegenwärtigen Leben, mit künstlerischen oder handwerklichen Dingen zu tun. Aber außer Isobel schien nur eine dieser Inkarnationen, der wir hier nicht näher nachgehen wollen, einen nachhaltigeren Einfluß auf ihren jetzigen Kampf zu haben. Aus diesen beiden Leben hatte Heather das körperliche und seelische Leiden geerbt, das sie dazu bringen sollte, nach mehr Gesundheit und Ganzheit zu streben.

In den nächsten drei Jahren machte Heather bei Dr. Whitton eine konventionelle Therapie (d. h. ohne Hypnose), um die psychischen Schäden zu verarbeiten, die sie in ihrer frühen Kindheit erlitten hatte. Allmählich stärkte sich ihr Selbst-Bild, und auch ihre künstlerische Ausdruckskraft erhielt neue Energie. Sie beendete die Therapie 1983, als es gelungen war, die dunklen Einflüsse aus ihrer Vergangenheit aufzulösen. Dr. Whitton berichtet, daß sie weiterhin frei von Allergien ist und ihre Ausstellungen gut besucht sind.[21]

Unser zweiter Fall ist Stanislav Grofs Buch *Geburt, Tod und Transzendenz* entnommen. Die therapeutischen Methoden, die Dr. Grof anwendet, sind recht komplex, und es ist nicht ganz einfach, sie auf knappem Raum darzustellen. Es mag für unsere Zwecke genügen zu sagen, daß in ihrem Mittelpunkt sehr wirkungsvolle, kathartische, auf direktes Erleben abzielende Übungen stehen, die zu einem plötzlichen Vorstoß in tiefere seelische Schichten führen. Hypnose spielt dabei keine Rolle.

Grofs Hauptinteresse als Forscher gilt nicht der Reinkarnation, und auch bei seiner therapeutischen Methode steht die Aufdekkung von Traumata aus früheren Leben nicht im Zentrum. Er führt diesen Fall lediglich als Beispiel für einen Typ von Erfahrungen an, die in der Therapie regelmäßig hochkommen, sobald ein gewisses fortgeschrittenes Stadium erreicht ist.

Seine Klientin, Tanya, eine vierunddreißigjährige Lehrerin, geschieden, zwei Kinder, war wegen Depressionen, Angstzuständen und chronischer Müdigkeit in psychotherapeutischer Behandlung. Eine ihrer Sitzungen führte zu einer überraschenden Lösung für ein schweres körperliches Problem, das bis dahin als ein rein organisches gegolten hatte. Grof schreibt:

> In den letzten zwölf Jahren hatte sie an chronischer Sinusitis [Nebenhöhlenentzündung] mit gelegentlichen akuten Anfällen aufgrund von Erkältungen oder Allergien gelitten. Die Nebenhöhlenprobleme waren kurz nach ihrer Hochzeit aufgetreten und brachten eine erhebliche Beeinträchtigung ihres Wohlbefindens mit sich. Sie äußerten sich hauptsächlich in Form von Kopfschmerzen und starken Schmerzen in der Backe und den Zähnen, in erhöhter Temperatur, starker Schleimabsonderung aus der Nase und heftigen Nies- und Keuchanfällen. Sie wachte oft von ihren Hustenanfällen auf; manchmal dauerten die morgendlichen Anfälle drei oder vier Stunden. Tanya unterzog sich zahlreichen Allergietests und wurde von vielen Spezialisten mit Antihistaminika, Antibiotika und Nebenhöhlenspülungen mit Desinfektionslösungen behandelt. Als sich herausstellte, daß alle diese Behandlungen ergebnislos blieben, rieten die Ärzte zu einer Nebenhöhlenoperation, aber das lehnte Tanya ab.
>
> Als Tanya [in einer ihrer Sitzungen] im Zusammenhang mit ihrem Geburtserlebnis eine Phase mit Erstickungsanfällen, Blutandrang und Druck im Kopf durchmachte, merkte sie, daß einige dieser Gefühle sehr den Symptomen ähnelten, die sie von ihren Nebenhöhlenerkrankungen her kannte. Nach

vielen Sequenzen, die deutlich perinatalen Ursprungs waren, weitete sich die Erfahrung ganz zum Wiedererleben einer Erinnerung an eine vergangene Inkarnation aus, und in diesem Zusammenhang wurden aus der Erfahrung von Bedrükkung, Ersticken und Blutandrang, die früher einen Teil des Geburtstraumas ausgemacht hatten, Symptome des Ertrinkens. Tanya fühlte sich so, als ob sie auf einem Brett festgebunden sei und von einer Gruppe von Menschen langsam unter Wasser gedrückt würde. Nachdem sie ihre Gefühle in dramatischen Ausbrüchen unter Schreien, schweren Erstikkungsanfällen, Husten und reichlicher Absonderung riesiger Mengen dicken, grünlichen Nasenschleims abreagiert hatte, konnte sie den Ort, die Umstände und die Mitwirkenden erkennen.

Sie war ein junges Mädchen in einem Dorf in Neuengland, das von seinen Nachbarn der Hexerei bezichtigt worden war, weil es ungewöhnliche spirituelle Erlebnisse gehabt hatte. Eine Gruppe von Dorfbewohnern zerrte sie eines Nachts in ein nahe gelegenes Birkenwäldchen, band sie auf einem Brett fest und tauchte sie kopfüber in einen kalten Teich. Im hellen Mondschein konnte sie unter ihren Henkern die Gesichter ihres Vaters und ihres Mannes in ihrem gegenwärtigen Leben ausmachen. Zu diesem Zeitpunkt erkannte Tanya, daß viele Elemente ihrer gegenwärtigen Existenz in etwa der ursprünglichen karmischen Szene nachempfunden waren. Plötzlich erschienen ihr gewisse Aspekte ihres Lebens, darunter auch bestimmte Verhaltensmuster, die sich im Umgang mit ihrem Mann und ihrem Vater zeigten, bis ins Detail als sinnvoll.

Grof erklärt dazu, daß Tanyas Erfahrungen, so überzeugend sie auch für sie selbst gewesen sein mögen, an sich noch keinen Beweis für Reinkarnation oder für eine ursächliche Beziehung zwischen dem Erlebnis des Ertränktwerdens und ihren Nebenhöhlenproblemen darstellen. Er fährt fort: «Dennoch heilte dieses Erlebnis zur Überraschung aller Beteiligten ihre chronische Nebenhöhlenerkrankung, die Tanya zwölf Jahre lang gequält hatte und die auf konventionelle medizinische Behandlungsmethoden nicht ansprechen wollte.»

Der Fall von Tanya veranschaulicht ein Muster, das bei Reinkarnationstherapien häufig auftaucht: daß nämlich die Probleme dazu neigen, als Ganzes von einem Leben in das andere überzugehen. Das heißt, daß körperliche und seelische Traumata, bestimmte Menschen und sogar bestimmte Orte ein Problemknäuel bilden, das oft von einem Leben in das nächste mitgenommen wird. Infolgedessen wird in dem Moment, da die tiefsten Schichten angesprochen werden, die ganze Person geheilt – ihr Körper, ihre Psyche und ihre Beziehungen.

Während die meisten Fälle von evozierten Erinnerungen kaum so liegen, daß sie verifiziert werden können, wäre es doch ein Fehler zu glauben, daß dies nie geschieht. Grof berichtet in seinem Buch *Das Abenteuer der Selbstentdeckung* über einen Fall von evozierter Erinnerung, bei dem viele Einzelheiten später durch ungewöhnliche Umstände bestätigt wurden. Dieser Fall verdient es, vollständig zitiert zu werden:

> Damals, als Karl in seiner Primärtherapie verschiedene Aspekte seines Geburtstraumas wiedererlebte, tauchten in seinem Bewußtsein erstmals Bruchstücke von dramatischen Szenen auf, die sich offenbar in einem anderen Jahrhundert und in einem fremden Land abspielten. Sie waren mit heftigen Emotionen und intensiven Körperempfindungen verknüpft und schienen in einem tiefen und engen Zusammenhang mit seinem Leben zu stehen, doch gaben sie in bezug auf seine gegenwärtige Existenz überhaupt keinen Sinn.
>
> Er hatte Visionen von Tunnels, unterirdischen Lagerräumen, Militärbaracken, dicken Wänden und Schutzwällen, die alle Teile einer auf einem Küstenfelsen gelegenen Festung zu sein schienen. Immer wieder tauchten Bilder von Soldaten in verschiedenen Situationen auf. Er war völlig verwirrt, da

diese Soldaten offenbar Spanier waren, die Landschaft aber an Schottland oder Irland erinnerte.
Mit der Zeit wurden die Szenen immer dramatischer. Viele handelten von wilden und blutigen Schlachten. Karl war zwar von Soldaten umgeben, erfuhr sich aber als Priester und hatte an einem bestimmten Punkt auch eine sehr bewegende Vision, in der eine Bibel und ein Kreuz vorkamen. Dabei erblickte er an seiner Hand einen Siegelring und konnte deutlich die Initialen erkennen, die dieser trug. Da er ein begabter Maler war, beschloß er, diesen seltsamen Vorgang festzuhalten, obwohl er zu diesem Zeitpunkt noch nichts mit ihm anzufangen wußte. Er entwarf eine Reihe von Zeichnungen, Aquarellen und sehr eindringlichen, impulsiven Fingermalereien. Manche stellten Teile der Festung dar, andere Szenen aus Schlachten, und einige seine eigenen Erfahrungen, darunter auch, wie er, von einem Schwert durchbohrt, über die Wälle der Festung geworfen wurde und am Strand starb. Unter diesen Zeichnungen befand sich auch eine von dem Siegelring mit den Initialen.
Karl fand immer mehr sinnvolle Verbindungen mit seinem gegenwärtigen Leben, je mehr Bruchstücke dieser Geschichte sich zusammenfügten. Er entdeckte, daß viele emotionale und psychosomatische sowie zwischenmenschliche Probleme, die ihn in seinem Alltag belasteten, zu seinem inneren Prozeß – auch zu dem mysteriösen Ereignis, das in der Vergangenheit spielte – einen klaren Bezug hatten.
Ein Wendepunkt kam, als Karl aus einem plötzlichen inneren Impuls heraus beschloß, seinen Urlaub in Irland zu verbringen. Nach seiner Rückkehr zeigte er zum ersten Mal die Dias, die er an der Westküste Irlands aufgenommen hatte. Er erkannte, daß er elf Bilder hintereinander von ein- und derselben Szenerie gemacht hatte, die nicht besonders interessant erschien. Er nahm die Landkarte und rekonstruierte, wo er zum Zeitpunkt der Aufnahmen gestanden und in welche Richtung er photographiert hatte. Dabei wurde ihm bewußt,

daß der Ort, der seine Aufmerksamkeit erregt hatte, die Ruine einer alten Festung war, die den Namen Dunanoir oder Forte de Oro (goldene Festung) trug.
Da er eine Verbindung mit seinen Erlebnissen in der Primärtherapie vermutete, beschloß Karl, sich eingehender mit der Geschichte von Dunanoir zu befassen. Zu seiner großen Überraschung entdeckte er, daß zur Zeit Walter Raleighs die Festung von Spaniern eingenommen und dann von den Briten belagert worden war. Walter Raleigh führte die Verhandlungen mit den Spaniern und versprach ihnen freien Abzug, wenn sie die Tore der Festung öffneten und sich den Briten ergaben. Die Spanier stimmten diesen Bedingungen zu, doch die Briten hielten sich nicht an ihr Versprechen. Als sie in der Festung waren, metzelten sie erbarmungslos alle Spanier nieder und warfen sie dann über die Festungswälle hinunter auf den Strand.
Trotz dieser absolut erstaunlichen Bestätigung für die Geschichte, die er bei seiner inneren Selbsterforschung so mühsam rekonstruiert hatte, gab Karl sich noch nicht zufrieden. Er forschte in den Bibliotheken weiter, bis er ein spezielles Dokument über die Schlacht von Dunanoir entdeckte. Darin entdeckte er, daß ein Priester die spanischen Soldaten begleitet hatte und mit ihnen gestorben war. Die Initialen dieses Priesters waren identisch mit denen, die Karl in seiner Vision vom Siegelring erblickte und die er in einer Zeichnung festgehalten hatte.[22]

Wir sollten unsere Darstellung evozierter Erinnerungen nicht abschließen, ohne wenigstens einen kurzen Blick auf die Forschungen von Dr. Helen Wambach zu werfen, weil ihre Arbeit einen aufschlußreichen Gegenpol zu den sonst meist üblichen Untersuchungen klinischer Einzelfälle bildet. In ihrem Buch *Seelenwanderung* berichtet Helen Wambach über zwei von ihr durchgeführte große Forschungsprojekte, in deren Rahmen sie im Laufe mehrerer Jahre insgesamt 750 Versuchspersonen mehrmals per Hypnose zurückführte. Dabei interessierte sie nicht die Untersuchung der kausalen Verbindungen zwischen den einzelnen Leben zu verschiedenen Zeiten, ihr kam es vielmehr darauf an, durch die Rückführungen möglichst viele Detailinformationen über bestimmte historische Perioden zusammenzutragen. Sie ging gewöhnlich so vor, daß sie eine Gruppe von zehn bis zwölf Versuchspersonen in ein früheres Leben ihrer Wahl zurückführte, ohne dabei das Jahrhundert oder den Ort genauer zu spezifizieren. Nach jeder Sitzung mußten die Teilnehmer sofort einen detaillierten soziologischen Fragebogen ausfüllen – Fragen zur Person und über die Zeit, in der sie gelebt hatten. Waren sie männlich oder weiblich; welcher Beschäftigung gingen sie nach; welche Position nahmen sie in der sozialen Hierarchie jener Zeit ein? In welchem Land lebten sie, und welches Jahr (Monat, Tag) schrieb man gerade? Wie waren sie angezogen, aus welchem Material bestand ihre Kleidung? Was aßen sie? Welche Geräte benutzten sie? Welche Währung war im Umlauf? Wie sah die Regierungsform aus und wie der Klerus? Womit verdienten die Leute ihren Lebensunterhalt, wie gestaltete sich der Gottesdienst, und so weiter und so fort? Nachdem sie Zehntausende solcher Einzelbeobachtungen gesammelt hatte, nahm sie sich die Geschichtsbücher vor, um festzustellen, inwieweit die von ihren Versuchspersonen gelieferten Angaben mit dem übereinstimmten, was die Historiker über die verschiedenen Orte und Epochen zu sagen hatten. Paßten die «Erinnerungen» ihrer Probanden zu der Vergangenheit, wie sie von den Geschichtswissenschaftlern rekonstruiert worden war? Wurde der subjektive Eindruck der Versuchspersonen, in der von ihnen jeweils geschilderten historischen Epoche wirklich gelebt zu haben, durch diesen Vergleich bestätigt oder widerlegt?

Wieder und wieder, Kategorie für Kategorie, bestätigten die Historiker die von Wambachs Versuchspersonen gelieferten Daten. Ob es sich nun um nebensächliche Details bei Kleidern, Münzen, Geschirr, Eßgewohnheiten, sozialen Beziehungen usw., oder um wichtigere Bereiche wie die prozentuale Verteilung der Bevölkerung auf Ober-, Mittel- und Unterschicht handelte, Wambachs Probanden erwiesen sich als genaue Beobachter ihrer Zeit, die sogar zuweilen die gesicherten historischen Erkenntnisse durch interessante Nuancen zu bereichern wußten.

Unter den vielen faszinierenden Ergebnissen, die Helen Wambach in ihrem Buch aufgezeichnet hat, scheint mir eine Gesetzmäßigkeit besonders aufschlußreich zu sein – die ausgeglichene Bilanz zwischen Männern und Frauen in jeder historischen Epoche. Es stellte sich nämlich heraus, daß Dr. Wambachs Versuchspersonen sich stets gleichmäßig auf das männliche bzw. weibliche Geschlecht verteilten – im Verhältnis 50:50 +/– 1 Prozent. Das heißt, daß sich das Geschlecht der von den Versuchspersonen angenommenen Persönlichkeit in einem bestimmten vergangenen Jahrhundert unabhängig von dem Prozentsatz der jeweils zurückgeführten männlichen oder weiblichen Versuchspersonen gleichmäßig auf Männer und Frauen verteilte – so wie die Natur in jeder Generation das Verhältnis zwischen den Geschlechtern ausbalanciert. Selbst wenn das Verhältnis in der Gegenwart Unterschiede bis zu 70:30 aufwies, reduzierten diese sich für die Vergangenheit regelmäßig auf 50:50 +/– 1 Prozent. Ausnahmen von dieser Regel gab es nur bei Ländern, die in einem bestimmten Jahrhundert Krieg führten – hier schlug sich der Frauenüberschuß historisch korrekt nieder. Wir müssen uns also fragen, welcher Umstand ein so auffälliges Ergebnis zustande bringen könnte, wenn wir es nicht im Rahmen der Reinkarnationlehre erklären.

Wambachs Forschungen widerlegen auch die weitverbreitete Ansicht, hypnotisch zurückgeführte Menschen würden sich oft ein Leben als Napoleon, als Kleopatra oder sonst eine berühmte Persönlichkeit aussuchen. Da ja nur *eine* jetzt lebende Person früher Napoleon gewesen sein kann, würde seine «Vervielfältigung» darauf schließen lassen, daß hypnotische Rückführungen lediglich als Auslöser für unsere Lieblingsphantasien fungieren, nicht aber echte Erinnerungen wachrufen. Viele Leute glauben auch, hypnotisierte Versuchspersonen entnähmen ihre Vorstellungen über «frühere Leben» Romanen oder dem Fernsehen und sähen sich deshalb in allerlei romantischen Rollen – als Ritter oder Prinzessin, General oder Revolutionär usw. Wambach dagegen berichtet, daß es sich bei weitaus den meisten der von ihren Versuchspersonen erinnerten Leben um ein eintöniges, graues und beschwerliches Dasein in Armut handelt. Kein einziges Mal kam es vor, daß eine ihrer Versuchspersonen sich als historisch bedeutsame Persönlichkeit gesehen hätte.

Ziel dieses Kapitels war weniger, den Skeptiker zu überzeugen, als vielmehr den Leser anzuregen, sich selbst mit dem reichhaltigen Material pro Reinkarnation zu beschäftigen. Die in diesem Buch erwähnten Beispiele machen nur einen Bruchteil der zahlreichen Fälle aus, über die jedermann zugängliche Berichte vorliegen. Ich persönlich halte die Beweise, die mittlerweile für die Reinkarnationslehre vorliegen, für zwingend. Zumindest sind sie so überzeugend, daß man sich heute, wie Stevenson sagt, nicht mehr im Geiste dafür zu entschuldigen braucht, wenn man an Reinkarnation glaubt.[23]

Fragen und Antworten

F: Sprechen die Erlebnisse, die wir aus der Forschung über Nah-Todeserfahrungen (NTE) kennen, nicht gegen die Annahme der Reinkarnation? Die Menschen, die bei vollem Bewußtsein eine NTE haben, berichten oft, sie hätten eine himmlische Existenz erlebt, in die sie eingegangen wären, wenn sie sich nicht aus freien Stücken oder einem Befehl gehorchend für die Rückkehr zur Erde entschieden hätten. Widerspricht eine solche himmlische Existenz nicht der Vorstellung der Wiedergeburt hier auf der Erde?

A: Keineswegs. Die NTE-Forschung beschreibt die Umstände, unter denen sich der Übergang von der physikalischen zur nichtphysikalischen Existenzebene abspielt. Sie vermittelt uns dagegen keine detaillierten Kenntnisse darüber, was wir nach diesem Übergang vorfinden werden. Dr. Kenneth Ring (der früher Präsident der Internationalen Gesellschaft für Nah-Todesforschung war und zwei Bücher über das Thema geschrieben hat) berichtet sogar, daß es gar nicht selten geschieht, daß Menschen, die eine NTE gehabt haben, später die Vorstellung der Reinkarnation in ihr Weltbild integrieren. Sie empfinden offenbar keinen Widerspruch zwischen der Art, wie sie die Transzendenz in der NTE erleben und der Vorstellung der Wiedergeburt.[24] An dieser Stelle mag der Hinweis angebracht sein, daß die Beschreibung des Todes, wie sie im *Tibetischen Buch der Toten* (8. Jhd.) erscheint, genau den Schilderungen vom Sterben entspricht, die wir aus der Nah-Todesforschung kennen. Es beschreibt auch in ähnlich detaillierter Form die Phasen des Zustandes zwischen dem Tod des einen Körpers und der Reinkarnation sowie den Vorgang des Wiedergeborenwerdens selbst.

F.: Spricht die ständig wachsende Bevölkerung der Erde nicht gegen die Reinkarnation?

A.: Nur wenn man von einer Reihe zusätzlicher Annahmen ausgeht, die aber alle unbegründet sind. Zum Beispiel ließe sich die Annahme, daß die Anzahl der Seelen begrenzt ist und daß sie zu der Zeit, als der Homo sapiens auftauchte, alle auf der Erde anwesend waren, nicht mit dem Reinkarnationsgedanken vereinbaren. Für eine solche Hypothese besteht jedoch kein Grund.

In den Kulturen, die traditionsgemäß an die Reinkarnation glauben, herrscht im allgemeinen die Ansicht, daß unser Leben auf der Erde als langwierige, aber doch vorübergehende Schule zur Vervollkommnung der Seele zu betrachten ist. Schließlich werden wir diese Schule mit dem Reifezeugnis verlassen, um in eine befriedigendere spirituelle Daseinsform einzutreten. So betrachten sie die Menschheit als einen Strom, von dem (ständig) manche Individuen abzweigen, während andere eben erst in ihn einmünden und die meisten ihren Platz irgendwo in der Mitte haben. Woher diese Wesen kommen und wohin sie anschließend gehen, das sind Fragen, die die Grenzen dessen überschreiten, was wir erkennen können. Vielfach wird angenommen, daß die «neuen» Seelen von höheren Tieren stammen, die endlich reif sind für den Quantensprung hin zur nächsten Bewußtseinsebene. Dieser Gedanke stellt die Reinkarnation in den größeren Rahmen der Evolution, ist nicht ohne Eleganz, und erklärt auch den steten Zuwachs an Menschen.

Robert Monroe beschreibt in seinem Buch *Der zweite Körper* ein anderes Szenario. Monroes Erfahrungen im außerkörperlichen Zustand haben ihn davon überzeugt, daß ständig Wesen aus uns Erdbewohnern gänzlich unbekannten nichtphysischen Energiesystemen in die irdische Schule eintreten, um in den Genuß des hiesigen Lehrplans zu kommen. Während die Anzahl der Körper, die hierfür zur Verfügung stehen, wächst, steht eine noch größere Menge von Geistwesen bereit, um sich in diesen zu inkarnieren. (Monroe teilt auch die traditionelle Ansicht, daß zumindest manche Menschen von höheren Tieren abstammen.)

Auf jeden Fall gibt es im Rahmen der Reinkarnationslehre eine ganze Reihe von Erklärungsmöglichkeiten für die steigende Anzahl von Menschen auf der Erde.

F.: Ist der Glaube an die Reinkarnation immer mit der Vorstellung verknüpft, daß der Mensch als Tier wiedergeboren werden kann?

A.: Nein, im Gegenteil. Differenziertere Theorien der Wiedergeburt lehnen die Möglichkeit, daß der Mensch als Tier wiedergeboren werden könnte, gewöhnlich ab. Diese Vorstellung ist eher der Kategorie «Volksglauben» zuzurechnen und wohl vor allem als «disziplinarische» Maßnahme zu verstehen – als Strafe bzw. Belohnung für seine Taten wird man als «niederes» bzw. «edles Tier» wiedergeboren. Mit einer angemessenen philosophischen Vorstellung von Reinkarnation hat das nichts zu tun. Selbst in Indien, wo der Gedanke von der Wiedergeburt in einem Tierkörper im Volksglauben fest verankert ist, haben sich die Philosophen oft gegen diese Vorstellung ausgesprochen – so zum Beispiel Shrī Aurobindo.

Im Laufe der Entwicklung des Bewußtseins durch viele Leben hindurch sind mehrere Schwellen zu überschreiten. Wenn eine dieser Schwellen einmal überwunden ist, kann man nie in den vorhergehenden Zustand zurückfallen. Der Übergang vom tierischen zum menschlichen Bewußtsein gilt als eine dieser Schwellen. Sobald man einmal die Ebene des menschlichen Bewußtseins mit allen seinen Möglichkeiten erreicht hat, findet der gesamte Unterricht im Rahmen dieser Ebene statt. Ein Physikstudent, der kurz vor dem Examen steht, hätte keinen Nutzen von einer Rechenstunde für Erstkläßler; ganz ähnlich kann ein Mensch nichts mehr von den niederen Tieren lernen. Wenn man philosophisch differenziert denkt, gilt daher die Regel: Einmal ein Mensch – immer ein Mensch ... oder etwas Besseres. (Das bedeutet jedoch nicht, daß alle Menschen einmal Tiere waren.)

F.: Gehören wir in jeder Inkarnation wieder dem gleichen Geschlecht an?

A.: Offensichtlich nicht. Den vielen vorliegenden Quellen ist zu entnehmen, daß zwar eine gewisse Tendenz besteht, in der einmal gelegten Spur als Mann oder Frau zu bleiben; ein Wechsel des Geschlechts ist jedoch nicht ungewöhnlich. Wir können aber nicht nur das Geschlecht wechseln, sondern auch die Religion, die Rasse und die Nationalität.

F.: Wenn die Menschen immer Erinnerungen an frühere Leben gehabt haben, warum waren diese so viele hundert Jahre lang nur latent vorhanden und kommen erst jetzt ans Tageslicht?

A.: Dafür scheinen verschiedene Faktoren verantwortlich zu sein. Am wichtigsten ist vielleicht die Tatsache, daß mit den in diesem Kapitel erwähnten Therapien viel stärkere Methoden zur Erkundung der Psyche zur Verfügung stehen als früher.

In den letzten Jahrzehnten hat die Entwicklung der Psychotherapie von den reinen «Sprechtherapien» weg – und zu stärker «erfahrungsorientierten» Therapien hingeführt, die das sich verbal artikulierende, kognitive Ego bewußt umgehen. Gemäß dem Rat von Fritz Perls, «den Verstand zu verlieren, um zur Be-

Sinn-ung zu kommen», haben diese äußerst wirkungsvollen Therapien die Anregung des Gründers der Gestaltpsychologie viel radikaler verwirklicht, als dieser es je für möglich gehalten hätte. Gemeinsam dringen sie in Bereiche der Psyche vor, die im Westen bisher nie systematisch untersucht worden sind. Je mehr man sich mit diesen innovativen Methoden beschäftigt, desto zwingender erscheint die Schlußfolgerung, daß die klinischen Lehrbücher der Zukunft sich von den heutigen radikal unterscheiden werden.

Skeptiker haben natürlich eine andere Erklärung für das gehäufte Auftreten von «Erinnerungen an frühere Leben» anzubieten. Für sie ist die Reinkarnation lediglich ein modischer Trend, eine kollektive Faszination durch die Vorstellung, die menschliche Existenz durch Lebens-Recycling bis in alle Ewigkeit zu perpetuieren – angeheizt durch entsprechende Schlagzeilen auf den Titelseiten der Boulevardpresse. So besänftigten wir unsere Angst vor endgültiger Vernichtung und steigerten unseren Stellenwert im Kosmos. Da sei es nicht verwunderlich, wenn heutzutage solche sogenannten Rückerinnerungen im therapeutischen Umfeld auftauchen, gehören doch auch diese Patienten unserer Gesellschaft an und sind ihren Einflüssen ausgesetzt. So drückten sie einfach die in diesem Leben erworbenen psychodynamischen Probleme in einer aktuell akzeptierten Form aus.

Zweifellos eine interessante Hypothese, doch ich glaube, wenn der Leser die einzelnen Fälle sorgfältig prüft, wird er diese Interpretation wenig überzeugend finden. Jedenfalls kann diese Argumentation weder erklären, warum die von Dr. Stevensons Gewährsleuten gelieferten Informationen so genau zutreffen, noch warum Dr. Wambachs Probanden so genau über die Verhältnisse in früheren Jahrhunderten Bescheid wußten.

Allerdings macht all das auch klar, daß wir in einer Zeit leben, in der immer mehr Menschen anfangen, die Reinkarnation ernst zu nehmen, und daß schon allein diese Tatsache einen Einfluß auf die größere Verfügbarkeit von Daten hat. Laut einer in *Begegnungen mit der Unsterblichkeit* veröffentlichten Gallup-Umfrage glaubten fast ein Viertel (23 Prozent) der im Jahre 1981 in den Vereinigten Staaten Befragten an die Wiedergeburt. Die Menschen fangen an, sich über sich selbst Fragen zu stellen, die sie früher nicht gestellt haben, und Antworten für möglich zu halten, die sie früher nie in Erwägung gezogen hätten.

Die entscheidende Frage ist: Schafft das gestiegene Interesse an der Reinkarnation falsche Daten, oder sorgt es einfach dafür, daß gewisse Aspekte der Wirklichkeit in unserem Bewußtsein auftauchen? Führt der Glaube an die Reinkarnation dazu, daß wir uns «Erinnerungen» an frühere Leben aus den Fingern saugen, oder bewirkt er, daß echte Rückerinnerungen leichter ins Bewußtsein aufsteigen können? Vermutlich beides, aber das zweite Phänomen ist das interessantere.

Ich glaube nicht, daß unsere gestiegene Akzeptanz der Reinkarnation als solche in der Lage ist, das ganze Spektrum der Daten, die in der seriösen Literatur zu dem Thema laufend dokumentiert werden, hervorzubringen. Vielmehr scheint mir der Hauptgrund dafür in einer Senkung des Widerstandsniveaus gegen solche Erinnerungen zu liegen.

In dem Maße, in dem immer mehr Menschen sich davon überzeugen, welchen hohen kritischen Anforderungen die vorliegenden Beweise standhalten, wird der Glaube an die Reinkarnation sich weiter ausbreiten und der Zugang zu diesen Bewußtseinsdimensionen noch leichter werden[25] – was interessante Perspektiven für die Zukunft eröffnet.

3 Karma und Wiedergeburt

Die Tatsache, daß wir uns viele Male auf der Erde inkarnieren, bedeutet an sich noch nicht, daß diese Leben in einer sinnvollen Verbindung miteinander stehen. Vielleicht ist die Reinkarnation ja ein vollkommen zufälliger Vorgang, eine kosmische Lotterie, bei der wir auf das Glück angewiesen sind. Oder wir wählen unsere Leben selbst aus und verhalten uns dabei wie ein Kind, das vor einem Schaufenster voller bunter Süßigkeiten steht, nehmen ein paar hiervon und ein paar davon und stecken sie alle zusammen in unseren Sack. Keines dieser Szenarien ist logisch unmöglich; dennoch haben die meisten spirituellen Traditionen, die dem Reinkarnationsgedanken anhängen, andere Vorstellungen von den Lebensabläufen. Sie behaupten, daß die verschiedenen Leben nicht zufällig oder willkürlich aneinandergereiht werden, sondern daß deren Abfolge durch bestimmte Gesetze geregelt ist. Die sie verbindende Kontinuität ist kausaler Art. In Indien hat man dieser Kausalität den Namen *Karma* gegeben – das «Gesetz des Ausgleichs», die Lehre von Ursache und Wirkung.

In diesem Kapitel stütze ich mich vor allem auf zwei Quellen zum Thema Karma. Wenn sie auch verschiedenen geschichtlichen Epochen und verschiedenen Kulturen angehören, so greifen ihre Ansichten über Karma und Wiedergeburt doch ineinander und ergänzen sich gegenseitig. Die eine Quelle sind die esoterischen spirituellen Traditionen der Welt. Hier nehmen natürlich die östlichen Religionen den größten Raum ein, aber auch die westlichen sind vertreten. Reinkarnation und Karma gehören zur Lehre sowohl des chassidischen Judentums, als auch des islamischen Sufismus und des gnostischen Christentums. Darüber hinaus hat die amerikanische theosophische Bewegung in den beiden letzten Jahrhunderten viele neue Erkenntnisse auf diesem Gebiet gewonnen.

Die zweite Quelle sind die Fallgeschichten aus der Reinkarnationstherapie. Diese werden hier nicht als Argumentationshilfe für die Reinkarnation verwendet, sondern um einige der kausalen Prozesse zu erläutern, die sich zwischen den Leben abspielen. Es wird sich zeigen, daß die esoterischen Traditionen die Karma-Idee in einen größeren theoretischen Rahmen stellen, während die Fallgeschichten Einblicke in spezifische karmische Muster erlauben.

Schließlich werde ich mich noch mit Joel Whittons und Joe Fishers faszinierendem Buch *Das Leben zwischen den Leben* beschäftigen, weil es einen neuartigen Versuch darstellt, das «Leben» zwischen Tod und Wiedergeburt zu erforschen, jene Phase also, in der das Karma des einen Lebens konkret in die Bedingungen des nächsten umgesetzt wird.

Die esoterischen Lehren

Karma bezieht sich ganz allgemein auf die vielfältigen Prinzipien von Ursache und Wirkung, die die Entwicklung des menschlichen Bewußtseins bestimmen. Karma bedeutet wörtlich übersetzt «Tat» oder «Handlung». Seit in den Upanischaden (ca. 6. Jh. v. Chr.) der Begriff des Karma mit der Reinkarnation verknüpft wurde, bedeutet er «eine Handlung, die [die Wiedergeburt] verursacht». Laut Karma-Lehre wird unsere Entwicklung durch viele Lebenszyklen hindurch von der Wechselwirkung zwischen unseren Entscheidungen und den daraus resultierenden Folgen bestimmt. Auf diesem Mechanismus beruht alles Lernen. Wir treffen eine Entscheidung, sehen, was dabei herauskommt, treffen wieder eine Entscheidung, die wieder neue Gegebenheiten hervorruft, und so weiter. Es ist kein deterministisches System, weil sein Anfang und seine ständig neubeginnenden Zyklen durch unsere eigene Entscheidung bestimmt werden.

Im Laufe der verschiedenen Inkarnationen werden unsere Entscheidungen jedoch immer stärker von früheren Entscheidungen bedingt (konditioniert). Unsere Wahrnehmung der Ereignisse verliert ihre Objektivität und wird immer mehr durch unsere Erfahrungen auf der Erde geprägt. Jedes Leben fügt unserer Konditionierung eine neue Dimension hinzu und schwächt unsere Fähigkeit, wirklich freie Entscheidungen zu treffen, so daß wir schließlich in einem Netz der Eigenprogrammierung gefangen sind, das uns hindert zu bemerken, wer und was wir außerhalb dieser Programmierung eigentlich sind. Wir können so tief in den Strudel dieser Konditionierung hinabgezogen werden, daß wir uns ihrer Wirkung selbst im Tod, nach der Trennung von unserem physischen Körper, nicht mehr entziehen können.

Karma und Vipaka. Ursache und Wirkung. Entscheidungen treffen und die Konsequenzen aus diesen Entscheidungen erben. Wir haben uns Schritt für Schritt für den Weg in dieses Labyrinth der Konditionierungen entschieden, und wir können uns für den Ausweg aus dem Labyrinth entscheiden. Entscheidungen, die die Konditionierung schwächen oder neutralisieren, bringen der Überlieferung nach «günstiges» Karma hervor, während solche, die unsere Konditionierung verstärken oder vertiefen, «ungünstiges» Karma schaffen.

Die esoterischen spirituellen Traditionen betrachten den Menschen als einen «verkörperten Geist», der, gefangen im Zyklus wiederholter menschlicher Existenzen, darum ringt, sich aus der selbstgeschaffenen Konditionierung zu befreien. Die Religionen der Welt sind Leuchtfeuer, die die Seelen von der Erde in ihre geistige Heimat und in die Freiheit der geistigen Existenz zurückführen. Dabei ist es nicht so, daß das irdische

Dasein als von Natur aus böse betrachtet würde, aber es ist ein in jeder Hinsicht begrenztes und sollte nicht zum Dauerzustand werden. So geht es der esoterischen Lehre vom Karma vor allem um die Rückkehr, um unsere Befreiung aus den irdischen Verstrickungen, die nicht unsere tiefste Natur widerspiegeln. Es ist eine Lehre, die uns wieder auf unser höchstes Ziel hin ausrichtet.

Am häufigsten wird Karma als das Prinzip der moralischen Wechselseitigkeit beschrieben: «Du bekommst genau das zurück, was du gegeben hast.» Das Universum behandelt dich genau so, wie du die anderen behandelst. Wenn du andere bestiehlst, wirst du früher oder später feststellen, daß das Universum dich bestiehlt. Wenn du großzügig zu anderen bist, wirst du bald merken, daß das Universum großzügig ist zu dir. Die ethische Maxime, die aus diesem Prinzip folgt, kennen alle Religionen: «Behandle deinen Mitmenschen so, wie du von ihm behandelt sein willst.»

Jede religiöse Überlieferung hat für dieses Prinzip, das man einen spirituell motivierten Egalitarismus nennen könnte, ihren eigenen Ausdruck. Die Christen nennen es *Agape*, die Taoisten *Tz'u*, die Juden *Hesed*. Mit einem Wort: Es ist die höchste Form der Liebe; es ist das Erbarmen, das «Mitgefühl» mit dem Nächsten, die Fähigkeit, eine Situation von innen heraus so zu erleben wie der andere, und so zu handeln, daß beider Interessen berücksichtigt werden. Die Taoisten nennen ein solches «absichtsloses Tun» oder «nichtegoistisches Handeln» *Wu-wei*.

Wie wir später sehen werden, umfaßt Karma in Wirklichkeit ein viel breiteres Spektrum von Ursache-Wirkung-Beziehungen als nur die moralische Wechselseitigkeit. Dennoch ist deren Betonung vielleicht berechtigt, weil dieses Prinzip im Rahmen unserer Bemühungen, zu unserem geistigen Kern zurückzukehren, an zentraler Stelle steht.

Die esoterischen Traditionen lehren nämlich, daß das innerste Wesen jedes Menschen nichts Geringeres ist als das Göttliche selbst. Unter der oberflächlich sichtbaren Identität, die sich von Mensch zu Mensch unterscheidet, haben wir alle teil an der einzigen göttlichen Identität. Wir alle sind nicht nur von Gott. sondern aus Gott geschaffen. Wir alle sind Kristallisationen des göttlichen Feldes. Die nur scheinbare Getrenntheit gilt als eine durch die Bedingungen von Raum und Zeit geschaffene Täuschung.

In diesem Zusammenhang erhält die moralische Wechselseitigkeit einen neuen Sinn. Wir werden dazu angehalten, andere Menschen so zu behandeln, wie wir selbst behandelt werden möchten, weil sie und wir in Wirklichkeit verschiedene Manifestationen einer essentiell einzigen Realität sind. Indem wir andere so behandeln, wie wir selbst behandelt werden möchten, lockern wir ganz allmählich die Fesseln, die uns in dieser Illusion des Geschiedenseins festhalten, und stärken unser Bewußtsein von der zugrundeliegenden Einheit. Wir werden daher nicht aus idealistischen Gründen angehalten, der Goldenen Regel zu folgen, sondern weil wir durch sie die Grundwahrheit unserer Existenz entdecken können.

Nun ist vom physikalischen Gesichtspunkt aus betrachtet die Behauptung, wir seien alle eins, offenbar falsch. In der physikalischen Welt existieren wir als einzelne, getrennte Entitäten. Wir werden getrennt geboren, kämpfen getrennt um unser täglich Brot und sterben getrennt. Nichts ist offenkundiger als die Tatsache, daß wir nicht alle eins sind, so sehr wir auch dazu aufgefordert werden, uns so zu benehmen, als wären wir es. Aufgrund dieser Getrenntheit kann ich mein persönliches Wohlbefinden auf Ihre Kosten fördern. Ich kann Ihre Karriere untergraben, um meine eigene voranzubringen – mit dem unmittelbaren Ergebnis, daß mein Einkommen und meine berufliche Position sich verbessern. Ein Leben, bei dem ich auf Kosten anderer auf meinen eigenen Vorteil aus bin, scheint also durchaus zu funktionieren.

Vom spirituellen Gesichtspunkt aus ist dieses Gefühl der Getrenntheit dagegen eine Täuschung und spiegelt nicht die letzte Wirklichkeit wider. Nicht nur steht alles Leben miteinander in Verbindung, es ist auch alles Manifestation einer einzigen Wirklichkeit. In jenen Augenblicken, in denen das Leben seine tiefsten Wahrheiten offenbart, entdecken wir dieses Einssein aller Geschöpfe und wissen plötzlich, daß egoistische Handlungen dem Wesen der Wirklichkeit zuwiderlaufen. Diese Wahrheit kann man allerdings nicht von jemand anderem lernen, die muß jeder von uns für sich selbst entdecken – durch Karma und Wiedergeburt.

Eine Analogie zu diesem paradoxen Sachverhalt, getrennt und zugleich eins zu sein, ist das Meer. Stellen Sie sich eine Reihe von Wellen vor, die über die Meeresoberfläche gleiten. Die Wellen sind nur scheinbar, in Wirklichkeit aber nicht voneinander getrennt. Denken Sie sich außerdem eine horizontale Linie, die die Wellen auf halber Höhe teilt und die obere Hälfte vom Meer darunter trennt. Es ergibt sich ein Bild, das ungefähr so aussieht wie in Abbildung 3.1 dargestellt. Oberhalb der Linie ist

Abbildung 3.1

die Wirklichkeit zu sehen, wie sie sich auf der physikalischen Ebene manifestiert, während darunter die Wirklichkeit liegt, wie sie sich auf der spirituellen Ebene zeigt. Die Wahrnehmung getrennter, voneinander unabhängiger Wellen beruht auf einem Trick der physikalischen Sinneswahrnehmung und straft die tiefere Wahrheit der Einheit Lügen. Keine Welle ist wirklich vom Meer getrennt, weil das Meer jede Welle in jedem Moment aus sich entläßt und wieder in sich aufnimmt. Da alle Wellen ihre Substanz, ihre Form und Energie aus derselben Quelle beziehen, sind sie lediglich verschiedene Manifestationen derselben Realität.

Obwohl das Christentum den Reinkarnationsglauben nicht offiziell anerkannt hat, spielt diese Vorstellung von einer zu grundeliegenden oder allumfassenden Realität, die uns zu einem größeren Ganzen zusammenschließt, im christlichen Denken eine wichtige Rolle: Wir alle haben unseren Ursprung in Gott und sind als Christen Glieder am Leib Christi (1. Kor. 12,1 2-30). Losgelöst von der Gesundheit des Ganzen kann es für einzelne Glieder keine Gesundheit geben.

Den esoterischen Traditionen zufolge wird die Illusion des Getrenntseins durch die Bedingungen der materiellen Existenz erst hervorgebracht. Das Dasein auf der Erde ist gleichbedeutend mit einem Dasein in Getrenntheit, das ist die Bedingung, unter der wir hier angetreten sind. Und doch lernen wir mitten in der irdischen Existenz als getrennte Wesen, wieder zur Einheit zurückzufinden. Indem wir systematisch die Folgen der Entscheidungen erben, die wir aufgund der scheinbaren Getrenntheit treffen, werden wir Schritt für Schritt dazu geführt, die Illusion zu durchdringen und die Göttliche Einheit zu entdecken, die uns alle zu einem einzigen Sein zusammenschließt. Die Art, wie wir die anderen behandeln, fällt als unser Erbe auf uns zurück, weil wir in dem Moment, wo wir aus Eigennutz jemanden verletzen, in Wirklichkeit uns selbst verletzen. Ebenso helfen wir uns selbst, wenn wir jemand anderem helfen. Das Leben zeigt uns auf diese Weise, daß wir, wenn auch physisch voneinander getrennt, essentiell eins sind.

Das Drama, das aus diesem Rückkoppelungsprozeß resultiert, entfaltet sich über viele Jahrhunderte hinweg. Das Prinzip des Karma zeigt uns, daß unsere Gegenwart kein unabhängiger Zeitabschnitt ist, sondern als Teil einer Kausalkette seine Wurzeln tief in der Vergangenheit und seine Vollendung im Morgen hat. Karma als eine durch zahllose von uns getroffene Entscheidungen in Gang gesetzte Konditionierung ist zugleich die Triebkraft für unser Leben. Geschichte ist die ineinander verwobene Energie von Individuen, Familien, Gemeinschaften, Nationen, Rassen, und Planeten, die alle in einer sinnvollen kausalen Beziehung zueinander stehen. Entscheidungen wie deren Folgen – alles hat ein Ziel: uns die Augen zu öffnen.

So allgemein gesehen, mag das vielen einleuchten. Sobald wir jedoch genauer hinschauen, um im Detail zu betrachten, wie ein Leben das nächste beeinflußt, stellen wir fest, daß wir mehr Fragen als Antworten haben. Die Kausalitätsstränge sind so vielfältig und komplex, daß unsere Versuche, sie zu katalogisieren, bisher kaum die Oberfläche des Problems angekratzt haben. Die Upanischaden lehrten die Reinkarnation als eine empirische Lebenstatsache, aber sie stellten gleichzeitig fest, daß es eine eitle Hoffnung sei, sie je ganz verstehen zu wollen:

Was einer denkt, dazu wird er;
Das ist das ewige Geheimnis.

Trotzdem haben wir, seit Karma zum ersten Mal als Naturgesetz gesehen wurde, versucht zu begreifen, wie es wirkt, und unser Verständnis hat verschiedene Entwicklungsphasen durchgemacht.

So wurde Karma anfangs gewöhnlich als eine Art *ausgleichende Gerechtigkeit* beschrieben: Auge um Auge, Zahn um Zahn. Wer einen anderen tötete, wurde in einem späteren Leben von seinem Opfer getötet; wer einen anderen bestahl, betrog, geringschätzig behandelte oder erniedrigte, erfuhr zwangsläufig irgendwann von diesem die gleiche Behandlung. Später kam zu diesem Prinzip das Prinzip der *Entschädigung* hinzu. Man mußte nun nicht unbedingt mit dem eigenen Leben bezahlen, sondern das Opfer irgendwie für seinen Verlust entschädigen.

Mit der Zeit trat die Auffassung des Karma als strikter Ausgleich der Lebenskonten in den Hintergrund und machte der Vorstellung vom *Lernprozeß* Platz, bei dem das Prinzip der Entschädigung in einem weiteren Sinn Anwendung fand. Wenn man nicht das ursprüngliche Opfer entschädigt, kommt die Entschädigung vielleicht anderen Opfern ähnlicher Verbrechen zugute. Wer einen Menschen getötet hat, kümmert sich vielleicht in einem späteren Leben um die Angehörigen von Mordopfern und wird so indirekt mit den Folgen seiner Handlung konfrontiert. Das Entscheidende ist, aus seinen Fehlern zu lernen, egal ob im Kontakt mit den ursprünglichen Partnern oder vergleichbaren Personen.

Manchmal ist auch gar kein anderer Mensch für einen karmischen Lernprozeß erforderlich. Manchmal wirkt Karma auch dadurch, daß eine bestimmte Haltung, eine Emotion oder eine Gewohnheit unverändert von einem Lebenszyklus auf den nächsten übertragen wird. Und während sie den Umständen des ersten Lebens durchaus angemessen gewesen sein mochte, verursacht sie im zweiten nichts als Schmerzen. Ein berechtigtes Schuldgefühl, das in einem Leben unterdrückt wurde, kann zum Beispiel unverändert in ein späteres Leben übertragen werden, wo es das gesunde Selbstwertgefühl untergräbt und allen möglichen psychischen Schaden anrichtet, bis es endlich aufgelöst wird.

Die heutigen Darstellungen des Karma unterstreichen gewöhnlich die Notwendigkeit, aus unseren früheren Erfahrungen zu lernen, und räumen ein, daß dieses Lernen ganz verschiedene Formen annehmen kann. Wir sollten uns daher abgewöhnen, Karma lediglich als ein System der ausgleichenden Gerechtigkeit zu sehen. Die Fäden, die unsere Leben miteinander verknüpfen, sind viel zu subtil, um von einem so einfachen Modell erfaßt zu werden. Alle Formen des Lernens, die ich eben erwähnt habe, tauchen in den Fallgeschichten aus der Reinkarnationstherapie auf, und es gibt gewiß noch viele andere Arten der kausalen Verknüpfung zu entdecken.

So wichtig das Prinzip der moralischen Wechselseitigkeit für unsere spirituelle Entwicklung auch sein mag, unsere Leben sind außerdem durch viele andere Kausalverknüpfungen miteinander verbunden, und sie alle sind Karma. Chronischer Hunger in einem Leben kann zu zwanghaftem Essen in einem späteren Leben, Tod durch einen Sturz zu Höhenangst führen, jahrelanges Klavierüben mag in einem anderen Jahrhundert als «natürliche Begabung» für dieses Instrument wieder auftauchen. Karma umfaßt das ganze Spektrum der Ursache-Wirkung-Beziehungen, die die menschliche Erfahrung ausmachen – wahrlich ein breites Spektrum. Genau genommen hat *alles*, was wir gemeinhin als von Natur aus zu «unserem Wesen» gehörig betrachten, Wurzeln irgendwo in unserer Vergangenheit.

Bei den heutigen Diskussionen des Karma-Begriffs spielen auch die vielen Fallgeschichten eine Rolle, die in zunehmendem Maße in der psychotherapeutischen Literatur auftauchen. Es gibt Hunderte von Fällen, in denen Patienten sich an frühere Leben erinnern. Durch das Studium dieser Fälle können wir mehr über die Muster der karmischen Erbschaft erfahren und langsam unser Verständnis der Mechanismen vertiefen, durch die die Wirkungen über die Leben hinweg mit den Ursachen verbunden sind. Die drei folgenden Fallgeschichten sollen einige dieser Muster illustrieren, und zwar, da die meisten von uns Karma als ein System der moralischen Wechselwirkung betrachten, anhand von Beispielen nichtmoralischer karmischer Vererbung.

Fallgeschichten aus der Reinkarnationstherapie

Bei der Verwendung von Fallgeschichten taucht natürlich das Problem der Authentizität dieser Erinnerungen an vergangene Leben auf. Aber selbst wenn nicht jeder Fall als echte Rückerinnerung gelten kann, läßt doch die große Anzahl von Fällen mit einem vergleichbaren Vererbungsmuster vermuten, daß wir wirklich echten karmischen Mustern auf der Spur sind und nicht trügerischen psychologischen Artefakten nachjagen. Die drei folgenden Fallbeispiele können von daher als exemplarisch betrachtet werden.

In *You Have Been Here Before* schildert Dr. Edith Fiore den Fall von Joe, einem Mittdreißiger, der sie wegen schwerer Schlafstörungen aufsuchte. In hypnotische Trance versetzt, kehrte Joe in ein Leben als Dale zurück. Man schreibt die Zeit des sogenannten Wilden Westens. Als Dale siebzehn ist, wird sein Vater,

Polizeichef im amerikanischen Grenzgebiet, während einer Schießerei getötet. Drei Tage später schließt Dale (der selbst recht geschickt mit der Waffe umzugehen versteht) sich einer Wagenkolonne in Richtung Kalifornien an, um sein Glück zu machen. Eines Tages wird die Wagenkolonne von Crow-Indianern überfallen, und die Siedler suchen in einem nahe gelegenen Wald Schutz. Dale ist der einzige, der ordentlich schießen kann. Viele werden getötet. Sie verbringen die mondlose Nacht in völliger Dunkelheit, wachend, wartend und hoffend, sich vor Morgengrauen davonschleichen zu können. Die Indianer liegen die ganze Nacht auf der Lauer; mehrere Siedler sterben schreiend. Dale tötet zwei Indianer im Nahkampf. Da er der Gruppe nicht mehr helfen kann, schleicht er sich noch vor Tagesanbruch davon, wird aber verfolgt. Drei Tage lang rennt er um sein Leben, nachts bleibt er wach, nur tagsüber schläft er hin und wieder ein wenig, wenn er sicher ist, daß der Feind ihm nicht zu dicht auf den Fersen ist.

Dale ist schnell und wendig, und schließlich gelingt es ihm, seine Verfolger abzuschütteln. Nach einem kurzen Zwischenspiel als Outlaw bekommt er aufgrund seiner Schießkünste eine Stellung als Wächter. Schließlich tritt er in die Fußstapfen seines Vaters und wird Sheriff in Kansas. Die chaotischen Zeiten und sein Ruf als Gunman bringen es mit sich, daß er im Laufe der Jahre viele Menschen tötet. Er tut es nicht gern, aber er hat sich damit abgefunden. Später zieht er in eine größere Stadt in Colorado, wo er Polizeichef wird. Wie schon vorher spielt sich seine Arbeit auch hier vor allem nachts ab, wenn die meisten Verbrechen begangen werden und die meisten Betrunkenen randalieren. So ist er gezwungen, seine Nächte wach und in gespannter Aufmerksamkeit zu verbringen. Wenn er durch die Stadt geht, hält er sich im Schatten und späht vorsichtig um die Ecke, bevor er die Straße betritt. Immer liegt jemand auf der Lauer, um sich auf seine Kosten einen Namen zu machen.

Schließlich wird Dale beim Spiel mit Freunden im örtlichen Billardsalon niedergeschossen. Als ihn überraschend eine Salve aus einer Schrotflinte trifft, weiß er sofort, daß er im Sterben liegt. Er ist wütend, weil er sich in einem erleuchteten Raum mit hochgezogenen Jalousien hat erwischen lassen. Jahrelang hatte er überlebt, weil er stets auf dergleichen Dinge geachtet hatte. Bis heute. Einmal nicht aufgepaßt, und schon war's passiert.

Als Joe Dales Leben bis ins einzelne rückerinnert hatte, verschwand seine Schlaflosigkeit. War sie wirklich durch all die Jahre lebensbedrohender nächtlicher Spannung vor so langer Zeit verursacht worden, oder war Dale lediglich eine Projektion, die Joes Phantasie hervorbrachte, um ihn (irgendwie) von seinem Problem zu erlösen? Nicht unerwähnt sollte in diesem Zusammenhang bleiben, daß Joe nach seiner Rückführung noch einige andere Züge erkannte, die er mit Dale gemeinsam hatte. Wie Dale war Joe im Prinzip ein Einzelkämpfer, der die Menschen nicht an sich heranließ und sich ausgezeichnet darauf verstand, die Schwachstellen der anderen zu entdecken. Außerdem war Schießen seit seiner Kindheit sein liebstes Hobby. «Und da bin ich echt gut!» meinte er.

In diesem Fall scheint die karmische Erbschaft aus Dales Leben moralisch neutral zu sein, Joes Schlaflosigkeit also nicht auf irgendwelche Schuldgefühle zurückzugehen. Dale hat sich offensichtlich weder wegen der Siedler schuldig gefühlt, die er nicht retten konnte, noch wegen der Männer, die er im Laufe seines Lebens getötet hat. Bei dem übertragenen Problem scheint es um die erzwungene ständige Wachsamkeit zu gehen, vor allem um die Überzeugung, die während der letzten Minuten sein Bewußtsein beherrschten.[1] Joes Schlaflosigkeit spiegelt die Tatsache wider, daß Dale es offenbar nicht geschafft hatte, mit dem Streß fertig zu werden, den der von ihm gewählte Lebensstil mit sich brachte. Es gelang ihm einfach nicht, sich wirklich zu entspannen. Statt dessen blieb er immer «auf dem Sprung», immer wachsam. Eine solche Art zu leben ist ungesund und kontraproduktiv. Sie scheint ein Ungleichgewicht geschaffen zu haben, das in einem späteren Leben ausgeglichen werden mußte.

Joes Geschicklichkeit im Umgang mit Schußwaffen zeigt ein anderes verbreitetes karmisches Muster. Talente, die sich in einem Leben entwickelt haben, tauchen oft als «natürliche Begabungen» in einem anderen wieder auf. Manchmal wird eine Fähigkeit durch viele Leben weitergegeben und weiterentwikkelt. Es leuchtet ja auch irgendwie ein, daß ein großer Staatsmann, Philosoph, Militärstratege oder Künstler nicht einfach aus dem Nichts auftaucht, sondern die erforderlichen Fähigkeiten langsam und mit erheblichem Aufwand an praktischer Erfahrung nach und nach entwickelt hat. Tatsächlich berichten manche Fallgeschichten von Menschen, die sich in einem bestimmten Leben an die Erfüllung großer Aufgaben heranwagten, aber scheiterten, weil sie nicht genügend vorbereitet waren.[2]

Der zweite unserer «Präzedenzfälle» stammt aus dem Buch von Morris Netherton und Nancy Shiffrin, *Bericht vom Leben vor dem Leben*. Dr. Netherton arbeitet im Prinzip nicht mit Hypnose, obwohl seine Patienten im Zuge ihrer Rückerinnerungen oft in vergleichbare Trancezustände fallen. Er achtet vielmehr auf bestimmte Schlüsselsätze, die sie bei der Darstellung ihres Problems verwenden; anschließend fordert er sie auf, sich hinzulegen, die Augen zu schließen und diese Sätze zu wiederholen, bis irgendein Bild vor ihrem inneren Auge auftaucht. Wenn die so entstehenden Szenenfolgen einmal in Gang gesetzt sind, entwickeln sie sich entsprechend ihrer eigenen inneren Logik und widersetzen sich jedem Versuch, ihren Inhalt auf irgendeine Weise zu verändern.

Carl Parson war Mitte Dreißig, als er wegen eines beginnenden Magengeschwürs zu Dr. Netherton in Behandlung kam. Er leitete einen schlechtgehenden Elektrobetrieb und wurde von dem Gedanken verfolgt, er würde alles verlieren. Seit mehreren Monaten litt er unter Schlafstörungen, chronischer Magenverstimmung und einem Schmerz direkt unter dem Sonnengeflecht – so, «als würde er von einem heißen Schürhaken durchbohrt». Außerdem war er häufig impotent, ein Symptom, das nicht zu seinem sonstigen Krankheitsbild paßte.

Ausgehend von der Vorstellung «heißer Schürhaken», fand Carl sich plötzlich in einem primitiven Dorf wieder, möglicherweise irgendwo in Afrika oder Südamerika:

Ich hatte versucht, dieses Mädchen zu gewinnen, ein dreizehn oder vierzehn Jahre altes Mädchen ... zur Frau, aber mein ... Rivale, mein geschworener Feind, er bekam sie ... Die Stammesältesten hatten so entschieden. Er nahm sie, und sie haben eine Hütte in meiner Nähe. Ich höre sie in der Nacht stöhnen, wimmern, sie beleidigen mich mit ihrem ... Lärm. Aber jetzt ist er weg ... auf Jagd? In den Krieg? Ich weiß es nicht. Er ist nicht da, ich habe das Tuch vor dem Hütteneingang hochgehoben, und sie ist drin ... Ich glaube, wir tragen keine Kleidung, jedenfalls tragen wir im Moment keine. Sie ist nicht ... Ich glaube, sie weiß nicht, wie sie sich wehren soll ... Frauen tun das hier einfach nicht. Ich, hm, lege mich auf sie drauf, und wir bewegen uns auf ein paar Fellen am Boden hin und her. Aber jetzt ... Licht! Jemand hat die Tür geöffnet – den Vorhang–, und ich werde weggezogen. Er ist zurückgekommen! Mit seinem Speer, seinem Jagdspeer. Er schreit: «Du Hundesohn» auf ... in einer anderen Sprache, aber das sind genau die Worte! «Du Hundesohn, du wirst nie mehr die Frau eines anderen besteigen!» Und er .. stößt mich quer durch den Raum; er schwingt seinen Speer genau –!
Er hat mich getroffen, genau hier in die Eingeweide, genau hier, und ich bin ... er stieß ganz durch, und ich bin an einen Pfahl genagelt, der die Hütte trägt. Jetzt faßt er hinunter und, oh, mein Gott, er schneidet ihn ab. Meinen Penis, er ... aber ich kann es nicht fühlen, ich bin ... ich glaube, ich stehe unter einem Schock. Oh, ich bin gelähmt. Der ganze Schmerz sitzt in den Eingeweiden, weiter unten fühle ich nichts. Ich falle jetzt zusammen und fühle nichts, ich ... ich glaube ... der Tod kommt jetzt. Es ist ... ich bin so überrascht von allem. Ich spüre keinen Schmerz mehr.

Diese Sitzung stellte die Verbindung her zwischen Carls Impotenz und den bohrenden Leibschmerzen; sie wurde später bestätigt, als ein Leben mit erstaunlich ähnlichen Themen zum Vorschein kam. In jenem Leben war Carl ein Fötus. Von seinem Platz im Mutterleib aus erlebte er, wie seine Mutter von seinem Vater in flagranti mit einem anderen ertappt wurde. Wutentbrannt zerrte sein Vater den Mann von der Frau, erstach ihn und durchbohrte dann Mutter und Fötus mit einem Schwert. Noch im Sterben hörte sie, wie ihr Mann brüllte. «Das wirst du mir nie wieder antun!»[3]

Aber das Bild war noch unvollständig. Es fehlte die Verbindung zwischen diesen beiden Symptomen und Carls geschäftlichen und finanziellen Problemen. Dieses Puzzleteilchen wurde in einer weiteren Sitzung ergänzt, als Carl sich in einem englischen Herrenhaus wiederfand. Er stahl sich gerade über die Hintertreppe, um mit der Frau eines anderen Mannes zu schlafen.

> Jetzt sind wir in meinem Schlafzimmer, und sie will, daß ich ihr beim Ausziehen zuschaue, Ohrring für Ohrring, es dauert so lang... Die Frauen hatten so... soviel an, soviel wallendes Unterzeug unter dem Kleid. Jetzt sind wir im Bett, und ich liege auf ihr; ich bin auch nackt... und sie sagt mir etwas ins Ohr...: «Wie ist das, wenn man die Frau eines anderen vögelt?» Und, o Gott, plötzlich bäume ich mich auf, mein Magen... ein rasender Schmerz, wie wenn ein Messer hineingestoßen worden wäre. Das ist mein erstes Gefühl – sie hat mich erstochen –, aber das ist es nicht, ich bin es selbst. Der Schmerz, der Schmerz.

Dr. Netherton vermutet, daß in diesem Fall das ehebrecherische Verhältnis die Rückerinnerung der Erfahrung aus dem Stammesleben verursachte. Die Frage seiner Geliebten beantwortete sein Unbewußtes mit einem stechenden Schmerz in der Magengrube – als wollte es sagen: «So ist das, wenn man die Frau eines anderen vögelt.» Wir haben es hier also mit einem früheren Leben zu tun, das von noch früheren Erfahrungen beherrscht wird.

Die Frau, die nicht mit Carl zusammen erwischt werden wollte, «zog sich sofort an und ging. Carl blieb mit einem stechenden Schmerz im Unterleib auf dem Bett liegen. Schließlich kam ein Arzt, den einer der Diener gerufen hatte. Die Diagnose: Magendurchbruch und ein leichter Herzanfall. Er erholte sich nie wieder ganz, und in der Zeit, wo seine Investitionen sorgfältige und erfahrene Betreuung gebraucht hätten, blieb er als Rekonvaleszent ans Bett gefesselt, und seine Angelegenheiten gerieten ihm außer Kontrolle.

Als er später den finanziellen Schaden feststellte, war er dem Ruin gefährlich nahe. Der Arzt hatte ihm Belladonna verschrieben, das Carl in immer größeren Dosen nahm. Besessen von der Vorstellung, sein Vermögen zurückzugewinnen, fing er an, überall im Haus Bargeld zu verstecken.»

Doch sein physischer und finanzieller Ruin ist nicht mehr aufzuhalten. Schließlich nimmt er eine Überdosis Belladonna...

In dem Maße, in dem Carl diese Ereignisse in der Therapie durcharbeitete, konnte er wieder besser schlafen und seine Magenschmerzen ließen nach. Aber obwohl er nun die Verbindung zwischen seinem Sexualleben, seinen geschäftlichen Angelegenheiten und den Schmerzen kannte, gelang es ihm immer noch nicht, seine Schwierigkeiten zu überwinden. Nach wie vor belastete ihn die bedrückende finanzielle Situation seines Elektrogeschäfts, und er wurde immer stärker von dem Gefühl gequält, daß «sie mich holen kommen». Dieser Satz löste schließlich eine Geschichte aus, die laut Dr. Netherton eine der detailliertesten und vollständigsten ist, die ihm je ein Patient erzählt hat. Er faßt sie folgendermaßen zusammen:

> Er beschrieb eine mexikanische Ebene, wo er viele Jahre lang als naturalisierter Ausländer gelebt hatte. In einem Leben

voller Fleiß und Ausdauer hatte er einen riesigen Grundbesitz erworben und war sehr mächtig geworden. Er beschrieb die lang andauernde, aber eher spielerische Werbung um eine Frau, die ihn wie besessen zu lieben schien. Sie heirateten, und plötzlich wurde sie kühl, verweigerte jede sexuelle Beziehung, schloß sich lange Zeit mit ihrem Bruder ein. Carl kam das zwar ziemlich verdächtig vor, er unternahm aber nichts und suchte seine sexuelle Befriedigung woanders. Er fand sich in einem teuren Hotel mit einer Prostituierten wieder, irgendwo in einer Stadt. Mitten im Liebesakt wurde ihm klar, daß ihn seine Frau irgendwie verfolgt hatte oder anwesend war.

«Meine Frau weiß es, oder»? fragte er die Dirne. Die Antwort war Schweigen, sie drehte den Kopf weg. In diesem Moment spürte Carl einen scharfen Schmerz im Unterleib, denselben, den er in seinem früheren aristokratischen Leben in England gefühlt hatte. Als er den Vorfall in Mexiko schilderte, sah er zunächst keine Verbindung zwischen den beiden Erfahrungen, aber ich wies ihn darauf hin, daß er im Grunde denselben Vorgang beschrieb ...

Seine Untreue in Mexiko erwies sich als ebenso verhängnisvoll wie jene in England; seine Frau und ihr Bruder eilten auf seinen schmerzhaften Anfall hin ins Zimmer, und da sie Carl bei einem ehebrecherischen Akt in flagranti ertappt hatten, ließen sie ihn ins Gefängnis werfen. Schließlich bestachen sie einige Regierungsbeamte und arrangierten seine Überführung in ein Nervenkrankenhaus. Dabei gelang es ihnen, Carls gesamtes Vermögen an sich zu reißen, und er stand plötzlich völlig mittellos da.

Carl blieb jahrelang in der Anstalt, wo die Tage in sinnloser Monotonie verstrichen – bis zu seinem Tod:

Ich bin in einem Zimmer, in einer kleinen Betonzelle, der Morgen graut. Ein Mann ist da, er bringt mir Essen und

Wasser. Er öffnet die Tür wie an jedem Morgen. Er stellt das Zeug hin – er wirft mir einen schrecklichen Blick zu. Ich habe mich Gott weiß wie lange nicht mehr gesehen, es gibt keinen Spiegel oder irgend so etwas, und ich kann nicht ... ich weiß nicht einmal, wie ich aussehe ... Aber er schreit: «Oh, mein Gott ... die Pest!» und wirft die Tür zu. Ich weiß nicht, was geschehen ist, ich fühle mich gesund, aber ich überlege ... sie haben mir das angetan, sie werden mich holen kommen, um mich zu erledigen. Ich weiß, das ist noch nicht das Ende ... sie werden mich holen kommen ... das Licht blendet mich. Es ist heller Tag, und die Tür geht auf. Sie stopfen Heu in meine Zelle – trockenes, loses Heu ... ich weiß nicht was los ist, aber es kommt immer mehr, und ich weiß ... sie sind schuld daran. Meine Frau und ihr Bruder. Jemand sagt: «Wir müssen, weißt du ... es ist wegen der Pest.» Und sie stecken es in Brand und schließen die Tür.

Während er starb, konnte Carl nur an eines denken: daß er alles durch die Intrige verloren hatte, die man um seinen Seitensprung gesponnen hatte. Dieser Gedanke im Augenblick des Todes hatte die Umstände seines gegenwärtigen Lebens zutiefst geprägt. Während Carl diese und andere ähnliche Ereignisse durcharbeitete und integrierte, wurde ihm allmählich klar, daß er überhaupt keine Firma haben wollte. Ihm dämmerte, daß er das spannungsgeladene Leben, das sich für ihn durch den Besitz eines eigenen Geschäfts ergab, nur gewählt hatte, um das Muster von Angst und Verlust erneut durchzuspielen, in der Hoffnung, diesmal eine bessere Lösung zu finden. Als er seine Therapie beendet hatte, verkaufte Carl seinen Besitz und nahm eine weniger belastende Stellung in einer großen Firma an. Bald ging es ihm gesundheitlich besser, sein Lebensrhythmus entspannte sich, und das drohende Magengeschwür kam nie zum Ausbruch. Endlich hatte er es geschafft. Die aneinandergekoppelten Erfahrungen aus früheren Leben – unerlaubter Sex, Magenschmerzen und finanzieller Ruin – die als unbewußtes Skript sein Leben bestimmt hatten, waren nun endlich im wahrsten Sinne des Wortes «gelöst» worden.

In den beiden Fällen, die wir gerade geschildert haben, wirkten sich die nach ihrer Auflösung verlangenden karmischen Probleme im wesentlichen nur auf die betroffene Person aus. Wie der folgende Fall zeigt, können viele karmische Übertragungen aber auch Beziehungen in Mitleidenschaft ziehen. Der nun folgende Fall ist dem Buch *Das Leben zwischen den Leben* von Joel Whitton und Joe Fisher entnommen.

Gary Pennington arbeitete erfolgreich als Gerichtspsychologe, war stolzer Vater zweier Kinder, und seine Ehe galt als außerordentlich glücklich. Er kannte seine Frau Elizabeth bereits seit Teenagertagen, und ihre Beziehung war während sechzehn Ehejahren immer tiefer und intensiver geworden. Viele Freunde beneideten die beiden um ihr glückliches Familienleben, und Gary war nie in Versuchung geraten, sich auf irgendwelche außereheliche Abenteuer einzulassen. Das heißt, bis zu dem Moment, als er 1982 auf einer Weihnachtsfeier Caroline kennenlernte. Gary und Caroline fühlten sich sofort unwiderstehlich zueinander hingezogen. «Es war, als käme ich nach langer Zeit endlich nach Hause», sagte Gary.

Gary erzählte seiner Frau sofort von Caroline. Er hoffte, sie würde sich mit seiner Verliebtheit abfinden. Drei Monate lang gab sie sich auch redlich Mühe, aber schließlich konnte sie es nicht mehr ertragen und machte einen Selbstmordversuch. Zutiefst erschüttert beendete Gary die Affäre mit Caroline sofort. Verzweifelt stürzte diese sich Hals über Kopf in eine neue Beziehung. Als die nicht so lief, wie sie es sich erhofft hatte, versuchte sie nun ihrerseits sich das Leben zu nehmen. Alle, die sie kannten, wußten, daß der wahre Grund für ihre Verzweiflung ihre gescheiterte Beziehung zu Gary war.

Inzwischen ging es mit Garys Ehe trotz allem wieder bergauf. Er war wirklich zu Elizabeth zurückgekehrt und konnte gar nicht mehr verstehen, wie er es überhaupt soweit hatte kommen lassen können. Warum war Caroline so unwiderstehlich für ihn gewesen, daß er bereit war, alles aufs Spiel zu setzen, was ihm im Leben lieb und wert war, nur um mit ihr zusammenzusein? Um die Antwort auf diese Fragen zu finden, kam er schließlich zu Dr. Whitton.

In hypnotischer Trance kehrte Gary in das Leben des Fliegerleutnants Peter Hargreaves zurück, der 1944 in Salerno stationiert war. Hargreaves ist Nachrichtenoffizier bei der Royal Air Force. Heute soll er mit einer unbewaffneten Mustang P-51 im Tiefflug feindliches Gelände überqueren. Luftaufnahmen haben den Verdacht aufkommen lassen, daß die Deutschen sich auf einen Gegenangriff in der Nähe des Stützpunktes vorbereiten, und er will das in Frage kommende Gelände persönlich inspizieren. Ein paar Kameraden versuchen, ihm die ihrer Ansicht nach leichtsinnige und tollkühne Mission auszureden. Das sei schließlich Sache der Luftaufklärung. Aber Hargreaves schlägt ihre Warnungen in den Wind und startet. Sein Flugzeug wird hinter den feindlichen Linien von deutschen Kampffliegern beschossen, er verliert die Kontrolle über seine Maschine, stürzt ab, wird gefangengenommen und zum Verhör in ein Gebäude der SS gebracht. Dort schlägt man ihn mehrmals zusammen, um ihm kriegswichtige Informationen zu entlocken. Trotz Essens- und Schlafentzug und fehlender ärztlicher Versorgung – sein linkes Bein wurde beim Absturz verletzt – hält er durch. In einem letzten Versuch, seinen Willen zu brechen, reißen ihm seine Peiniger die Fingernägel aus. Er stirbt einen schrecklichen, wenn auch heldenhaften Tod.

Durch die Erinnerung an sein Leben als Peter Hargreaves werden Gary verschiedene Dinge klar. Er ist zwar in Kanada geboren und aufgewachsen, aber als Kind sprach er mit einem so ausgeprägten britischen Akzent, daß er mehreren Lehrern weismachen konnte, er sei adoptiert. Er hatte auch stets Angst gehabt, sich ein Bein zu brechen und deshalb nie Ski laufen gelernt. Ebensosehr fürchtete er sich vor dem Fliegen. Er hatte einmal mit dem Gedanken gespielt, Flugunterricht zu nehmen, um seine Angst zu überwinden, hatte es sich dann jedoch wieder anders überlegt. Obwohl er instinktiv fühlte, daß er bereits wußte, wie man ein kleines Flugzeug fliegt, hatte er sich das Experiment aus Angst, zu leichtsinnig zu sein, verboten – eine merkwürdige Reaktion, die er bis zu diesem Augenblick nie verstanden hatte. Außerdem schien ihm Hargreaves' Aufgabe seiner Arbeit als Gerichtspsychologe vergleichbar. Und vielleicht hatte er jetzt auch eine Erklärung dafür, warum er auf fast perverse Weise vom Foltern fasziniert war.

In einer späteren hypnotischen Sitzung tauchte auch Caroline auf. Da Hargreaves fließend Italienisch spricht, fungiert er als Kontaktperson zwischen den Alliierten und der örtlichen Widerstandsbewegung. In Salerno, wo er stationiert ist, arbeitet er vor allem mit einer jungen Widerstandskämpferin namens Elena Bocchi zusammen – Carolines letzte Inkarnation. Über der gemeinsamen Arbeit unter höchst gefährlichen Bedingungen verlieben sie sich ineinander. Elenas Vater ist kürzlich gefallen, und Hargreaves bemüht sich nach Kräften, für die Familie zu sorgen. Ihre Liebe ist tief, und er verspricht, sie zu heiraten, sobald der Krieg vorüber ist – ein Versprechen, das er ja nicht halten kann. Kurz nachdem sie von Hargreaves' Tod gehört hat, begeht Elena Selbstmord: Sie stürzt sich von einer Klippe. Gary erfährt, daß Hargreaves selbst nach seinem Tod noch unter starken Schuldgefühlen litt, weil er sein Versprechen gegenüber Elena nicht halten und ihren Selbstmord nicht hatte verhindern können (dessen Zeuge er als Geistwesen gewesen war).

Garys und Carolines Liebe reichte jedoch sogar noch weiter zurück als bis zum Zweiten Weltkrieg. In einer weiteren Sitzung entdeckte Gary sein Leben als Sewastjan Umnow, Spion der Zarin am Hofe Ludwigs XV. Caroline ist Sewastjans jüngere Schwester Lisenka, zu der er eine inzestuöse Beziehung unterhält. Wenn Sewastjan auf Reisen ist, befürchtet sie stets, er könnte sich mit anderen Frauen einlassen – grundlos, denn seine Liebe zu ihr ist ebenso tief wie die ihre zu ihm. Trotzdem heiratet sie, durch ein Gerücht über ihren Bruder irregeleitet, kurz entschlossen einen Verehrer. Ein paar Wochen später bereut sie diesen Schritt zutiefst und erhängt sich. Als Sewastjan von ihrem Tod erfährt, ist er untröstlich. Er wird nie nach Rußland zurückkehren und stirbt schließlich eines natürlichen Todes, einsam und unglücklich.

Diese Sitzung deckte nicht nur eine tiefere Schicht in der Beziehung zwischen Gary und Caroline auf, sie brachte auch zwei weitere interessante Details ans Licht: Zum einen hatte Sewastjan ganz ähnliche berufliche Interessen wie Gary, und zum anderen hatte Caroline schon einmal versucht, ihre Probleme durch Selbstmord zu lösen.

Wenn es also eine Vorgeschichte zwischen Gary und Caroline gab, die ihre Zuneigung zueinander plausibel macht, wie steht es dann mit seiner Liebe zu Elizabeth, an die ihn in diesem Leben noch stärkere Bande fesseln? Spätere Sitzungen zeigten, daß auch sie sich schon mehrere Leben lang kannten, ihre Liebe aber stets eine verbotene war. In ihrem letzten gemeinsamen Leben war Gary Jeremy gewesen, ein Mathematikdozent im Oxford des 19. Jahrhunderts.

Jeremy führt ein Doppelleben. Am Wochenende fährt er zu seiner Frau und seinen Kindern aufs Land, aber unter der Woche ist er bei seiner Geliebten – die er in diesem Leben als Elizabeth wiedertrifft. Jeremy liebt sie und seine unehelichen Kinder aufrichtig und verspricht wiederholt, sich um eine gute Versorgung für sie zu kümmern. Unglücklicherweise stirbt er plötzlich mit Ende Dreißig an Lungenentzündung, ohne sein Versprechen eingelöst zu haben. Seine Frau ist durch sein Vermögen abgesichert, aber seine Geliebte ist mittellos und muß schwere Zeiten durchmachen. Trotz bester Absichten war Jeremy nicht vorausschauend genug. (Jetzt endlich verstand Gary, warum er sich so übertriebene Sorgen um die finanzielle Absicherung seiner Familie machte und für den Fall seines plötzlichen Todes eine hohe Lebensversicherung abgeschlossen hatte.)

Gary und Elizabeth hatten sich zwar schon in vielen Lebenszyklen geliebt, aber in ihrem gegenwärtigen Leben konnten sie ihre Liebe zum ersten Mal offen zeigen. Kein Wunder, daß sie nach so vielen Jahrhunderten der heimlichen Treffen in ihrer legalen Beziehung um so glücklicher waren. Ihr gemeinsames Leben war vor beider Geburt sorgfältig geplant worden. Gary und Carolines Leben dagegen nicht. Nun stellte sich heraus, daß es diese Planung war, die ihre Beziehung so dauerhaft werden ließ, während Garys und Carolines Leidenschaft in diesem Leben keine echte Zukunft hatte. «Es war ein Gefühl», sagte Gary, «als seien wir zwei Schauspieler, für die es einfach keinen Text mehr gab.»

Beide Beziehungen zeigen ein wiederkehrendes karmisches Muster. Tiefe Liebesbeziehungen haben in den meisten Fällen Wurzeln in gemeinsamen früheren Leben. Die Beziehung zwischen Mann und Frau ist oft so reich und so komplex, daß sie gewöhnlich viele Leben braucht, bis sie sich voll entfaltet. Wo immer zwei Menschen sich unwiderstehlich zueinander hingezogen fühlen oder in erbitterte Konflikte verstrickt sind, oder aber sich auf kreativem Gebiet optimal ergänzen, da dürfen wir vermuten, daß es Seelenpaare sind, die bereits verschiedene Stadien auf der langen Reise der Liebe hinter sich haben. Diese Reise kann an Dauer oder Reiz gewinnen, wenn das Paar sich entschließt, in manchen Leben die Geschlechterrolle zu tauschen, um auch die andere Seite der Partnerschaft kennenzulernen.

Ein persönlicher philosophischer Exkurs

Als ich begann, mich mit Karma und Wiedergeburt zu beschäftigen, fiel mir die Unpersönlichkeit der Lehre auf. Kein Richter führte Buch, um uns in späteren Leben für unsere Taten zu belohnen oder zu bestrafen. Karma war nichts weiter als ein Prinzip der Natur, um die durch unsere Entscheidungen gestörte Harmonie wiederherzustellen. In vielen Berichten spielt die Metapher vom Gleichgewicht oder Ausgleich eine große

Rolle. Damals stellte ich mir Karma immer als eine gewaltige organische Maschine vor, die die in all unseren Gedanken und Handlungen enthaltenen Energien sammelte, verarbeitete und automatisch in die Bedingungen und Umstände eines späteren Lebens umsetzte. Doch dann wurde mir im Laufe der Zeit zweierlei klar.

Zum einen erfaßte das Bild von der Maschine nicht die große Kreativität und Weisheit, mit der frühere Entscheidungen in spätere Lebenszyklen eingebracht wurden. Die Dynamik des Karma zeigte dabei eine Intelligenz, wie wir sie mit lebenden Wesen, nicht jedoch mit Maschinen verbinden, nicht einmal mit hochkomplexen Computern. Es mußte also ein lebendiger Geist dahinterstehen.

Und zweitens wurde mir klar, daß Karma und Wiedergeburt Prinzipien sind, die sich nicht aus sich selbst erklären. Auf eine einfache Formel gebracht, stehen wir vor der Frage: «Wer hat dieses wunderbare System geschaffen?» (Da das System als solches über Intelligenz verfügt, ist es auch hier eher angebracht zu fragen *wer* als *was*.)

Karma und Wiedergeburt hatten in meinen Augen viele der Aufgaben übernommen, die gewöhnlich Gott zugeschrieben werden. Durch Karma und Wiedergeburt erhielt das Leiden eine Dimension von Sinn und Erbarmen, hatte Ziel und Zweck. Also war das Universum doch nicht so willkürlich, wie es schien. Aber letztlich verlangten Karma und Reinkarnation, wenn man sie wirklich verstehen wollte, nach etwas, das noch größer war als sie selbst. Obwohl dieses «größere Etwas» begrifflich nicht zu fassen war – seine Existenz ergab sich für mich zwangsläufig aus den Tatsachen. Das war kein bloßer Zirkelschluß, kein teleologischer Gottesbeweis, sondern etwas völlig anderes. Mein Schluß beruhte teils auf logischer Überlegung, teils auf Erfahrung, war teils hypothetisch, teils evident. Ich konnte einfach nicht anders, als diese allumfassende Realität anzuerkennen.

Als ich aufhörte, das Wirken des Karmas mit dem einer

Maschine zu vergleichen, hatte ich mich zwischen zwei Möglichkeiten zu entscheiden. Entweder war das ganze karmische System von einer Über-Intelligenz, einem Über-Wesen geschaffen worden, oder es wurde von vielen intelligenten Wesen gesteuert. Ursprünglich neigte ich zu der ersten Annahme. Ich war von meiner monotheistischen Erziehung her gewöhnt, mir den spirituellen Bereich als extrem einfach, einheitlich, als Eins vorzustellen. Verschiedenheit, so hatte ich geglaubt, gibt es nur hier in unserem physikalischen Universum: auf der anderen Seite war nur Gott, allwissend und allmächtig – oder jedenfalls ein ungeteilter Geist, ein im wesentlichen homogener, spiritueller Bereich.

Doch wie waren dann die vielen, glaubwürdigen Berichte über Kontakte mit geistigen Führern einzuordnen? Mehr und mehr wurde mir klar – nicht zuletzt durch meine Beschäftigung mit der Systemtheorie, daß und wie sich das gleichzeitige Wirken vieler verschiedener Intelligenzen innerhalb einer einzigen übergeordneten Intelligenz begrifflich fassen läßt.[4] Die Vorstellung von Systemen, die in immer größere Systeme eingebettet sind, eröffnete mir neue Wege, das Eine und seine Beziehung zu den Vielen zu verstehen. Diese Theorie machte es möglich, den alten Gedanken von der Emanation mit neuem Leben zu erfüllen und das Universum als eine organische Hierarchie von Intelligenzen zu sehen. Nicht als eine Hierarchie der Werte, denn alles ist göttlich, sondern eine Hierarchie der Bewußtheit, der Aufgaben, der voneinander getrennten Wesen.

Diese neue Betrachtungsweise half mir auch, eine vorläufige Lösung für ein Problem zu finden, das sich mir im Zusammenhang mit dem Karma stellte: Glaubwürdige Quellen versicherten, daß die Zyklen von Ursache und Wirkung absolut unpersönlich seien – so beständig und unentrinnbar wie die Schwerkraft. Doch in anderen, nicht weniger glaubwürdigen Texten wurden geistige Führer erwähnt, die uns helfen, unser nächstes Leben zu strukturieren. Wie ließ sich die Vorstellung einer solchen Führung mit einer unpersönlichen Wirkungskette vereinbaren? Die Systemtheorie half mir, an diese Fragen flexibler und kreativer heranzugehen, und allmählich entdeckte ich Wege, die beiden Aspekte in einer erweiterten Vorstellung vom Karma unterzubringen.

Von dieser Vorstellung läßt sich immerhin schon so viel sagen, daß sie die Existenz von Wesen voraussetzt, die viele Aspekte des Reinkarnationsvorganges überwachen und organisieren. Zu ihren Aufgaben gehört es auch, sozusagen zwischen dem einzelnen und seinem oder ihrem Karma zu vermitteln. Das Karma selbst kann man sich tatsächlich als eine unpersönliche Triebkraft vorstellen, die unsere Leben bestimmt – im Prinzip unausweichlich und unerbittlich, aber durchaus flexibel in ihrem Ausdruck. Ihre Wirkung kann aufgeschoben, vorübergehend außer Kraft gesetzt oder beschleunigt werden. Sie kann sich in unserem Leben auf der physischen, der emotionalen oder der geistigen Ebene äußern, als Konfrontation mit einem anderen Menschen oder mit sich selbst. Es ist eine Ansammlung von Energie aus unseren früheren Entscheidungen, ein lebendes Protokoll, wenn Sie so wollen, dessen, was wir gelernt und was wir nicht gelernt haben. Das Karma selbst schreibt aber nicht das Skript für die nächste Lektion. Es *legt* vielmehr *den Rahmen fest*, an den diese sich zu halten hat. Wir entwerfen diesen Lebensplan gemeinsam mit unseren geistigen Führern, wobei die volle Verantwortung für unser Leben jedoch stets bei uns liegt, da wir jeden Vorschlag zurückweisen können.

Es ist eine alte, trostreiche Vorstellung, daß es spirituelle Führer gibt, die unsere geistige Entwicklung leiten und begleiten. Dennoch tun sich viele von uns sehr schwer damit, diese Vorstellung zu akzeptieren. Da ich selbst mich lange Zeit dagegen gewehrt habe, weiß ich, welche – philosophischen und emotionalen – Schwierigkeiten damit verbunden sind. Es gibt jedoch immer mehr Belege aus verschiedenen Bereichen für die Existenz von Geistführern.

So wird zum Beispiel von Begegnungen mit diesen Führern häufig aus Instituten berichtet, die bewußtseinserweiternde und bewußtseinssteigernde Techniken lehren, wie etwa das Monroe Institute of Applied Science in Faber, Virginia. (Das Monroe Institute hat diese Berichte veröffentlicht, ohne zu der Frage ihrer Echtheit Stellung zu nehmen.) Ein weiteres Verfahren, das mögliche Beweise liefert, ist das Channeling. Es ist zwar bekannt, daß Channeling leicht vorgetäuscht werden kann, aber manche dieser Medien liefern Daten, die nicht so ohne weiteres zu erklären sind. (Jon Klimo stellt die jüngsten Erkenntnisse auf diesem Gebiet in seinem Buch über *Channeling* dar.) Auch aus fortgeschrittenen transpersonalen Therapiesitzungen wird gelegentlich über Kontakte mit Geistführern berichtet. Dr. Stanislav Grof gibt zum Beispiel in seinem Buch *Das Abenteuer der Selbstentdeckung* folgende Beschreibung verschiedener Geistführer, die sich im Rahmen seiner Holonomischen Therapie gezeigt haben:

> Begegnungen mit Führern, Lehrern und Beschützern aus der spirituellen Welt gehören zu den wertvollsten und beglükkendsten transpersonalen Erfahrungen. Die Betreffenden nehmen sie als übermenschliche Wesen wahr, die auf höheren Bewußtseinsebenen und Energieniveaus existieren. Manchmal erscheinen sie ganz spontan in einem bestimmten Stadium der spirituellen Entwicklung, andere Male wiederum greifen sie plötzlich in einer schwierigen inneren Situation ein, in der man dringende Hilfe benötigt. In vielen Fällen erscheinen sie dem oder der Betreffenden auch weiterhin, entweder von sich aus oder auf Verlangen ihres Schützlings.

Die Reinkarnationstherapie unter Hypnose ist eine weitere mögliche Quelle von Beweisen für die Existenz von Geistführern. Mehrere Therapeuten haben bestätigt, daß manche ihrer Klienten sich im hypnotischen Zustand erinnerten, zwischen ihren Leben auf der Erde Kontakt mit ihren Geistführern gehabt zu haben. So wird in dem Buch *Das Leben zwischen den Leben* von Dr. Joel Whitton und Joe Fisher unter anderem ausführlich über die Versuche berichtet, durch Hypnotherapie zu erforschen, was zwischen Tod und Wiedergeburt geschieht. Da Dr. Whittons Erkenntnisse für unser Thema von großer Bedeutung sind, wollem wir sie uns jetzt etwas näher anschauen.

Das Leben zwischen den Leben

Dr. Whitton, Psychiater aus Toronto, hatte sich ein Forschungsziel gesetzt: Er wollte feststellen, ob sich durch Hypnose verläßliche Beweise für die Reinkarnation gewinnen lassen. Eines Tages – es war im Jahre 1974 – entdeckte er ganz zufällig, daß seine Versuchsperson im Zustand hypnotischer Trance in der Lage war, über viel mehr zu berichten als nur über frühere Leben auf der Erde. Als Dr. Whitton nämlich eine Frage unklar formulierte, ergriff der Proband diese unverhoffte Gelegenheit, um sein Leben *zwischen* den irdischen Leben zur Sprache zu bringen. Dr. Whitton, der an eine solche Möglichkeit nie gedacht hatte, war entsprechend verblüfft. Dieser glückliche Zufall gab seinen Forschungen ein weiteres Ziel und führte schließlich auch zu einer neuen Form der therapeutischen Intervention, deren Ergebnisse aus über zehn Jahren Praxis er schließlich zusammen mit Joe Fisher (einem Journalisten und Autor von *Die ewige Wiederkehr. Vom Sinn der Reinkarnation*) in dem Buch *Das Leben zwischen den Leben* publizierte. Inzwischen hatte er mehr als dreißig Menschen über die Grenze geführt, die die physische von der nichtphysischen Existenz trennt, und dabei bis ins kleinste eruiert, was ihnen in der Zeit zwischen den Inkarnationen zugestoßen war. Vielleicht können wir durch seine Arbeit wertvolle Einsichten darüber gewinnen, wie ein neues Leben sich aus seinem alten Karma herausbildet.

Beim Tod in einer ihrer früheren Inkarnationen hatten Whittons Klienten die gleichen Erlebnisse, wie wir sie aus Berichten über Nah-Todeserfahrungen kennen – die Trennung vom Körper, das bewußte Erleben von Geschehnissen in der näheren

Umgebung, den Tunnel, die Begegnung mit dem weißen Licht, den Lebensrückblick usw. Aber während diese Menschen angewiesen wurden zurückzukehren, um ihr gegenwärtiges Leben abzuschließen, fahren seine Klienten mit der Erkundung des *Bardo* fort, wie diese Dimension im *Tibetischen Buch der Toten* genannt wird. Whitton hat für diesen Zustand zwischen den verschiedenen irdischen Leben den Begriff Überbewußtsein *(metaconsciousness)* geprägt.[5] Es ist ein Zustand erhöhter Bewußtheit, der mit nichts vergleichbar ist, was wir normalerweise auf der Erde erleben, vor allem nicht mit dem uns vertrauten Zeit-Erleben, denn die lineare Zeit ist offenbar nur im Rahmen der physikalischen Realität oder in ihrer Nähe gültig, wozu auch die Phasen unmittelbar nach dem Tod und vor der Geburt gehören. Jenseits davon geschieht alles gleichzeitig, und an Stelle der kausalen Abfolge tritt die Simultaneität des Geschehens. Das ist zunächst recht verwirrend, und Whitton mußte seinen Klienten beibringen, einzelne Teile aus dem sie umgebenden holographischen Panorama herauszulösen.

Die Sphäre des Überbewußtseins wird gegenüber der irdischen Existenz als «realer» empfunden, ja oft als eigentliche Heimstatt bezeichnet. Nach dem Erwachen in Whittons Sprechzimmer sagte eine Versuchsperson: «Sie haben mich in einer unwirklichen Welt aufwachen lassen. Jetzt weiß ich, wo ich die wahre Realität suchen muß.» Eine andere meinte: «Es ist so hell, so schön, so heiter. Es ist, als gehe man in die Sonne ein und werde von ihr aufgesogen, ohne Hitze zu spüren. Man taucht wieder ein in die Ganzheit des Daseins. Ich wollte gar nicht zurückkommen.» Whittons Klienten fällt es immer schwer, die richtigen Worte zu finden, um den Reichtum, die Intensität und die Fülle des Bardo zu beschreiben. Ihre Schilderungen sind voll von höchst symbolischen, archetypischen Bildern, und sie versäumen nie zu betonen, daß diese Bilder der von ihnen erlebten Realität nicht gerecht werden.

Obwohl wir alle diese Verzückung nach jeder Existenz erleben, werden wir offenbar jedesmal von neuem davon überrascht. Mit dem Beginn des nächsten Lebens auf der Erde setzt das Vergessen ein. Im Tode wird das Vergessen plötzlich aufgehoben, und wir nehmen wieder den uns gebührenden Platz im großen kosmischen Drama ein. Eine Sozialarbeiterin, die sieben ihrer Leben zwischen den Inkarnationen erinnert hatte, beschrieb ihre Erfahrung mit den Worten:

> Nachdem ich in der Trance den Vorgang des Sterbens erlebt habe, ergreift mich das Gefühl einer entscheidenden physischen Veränderung. Mein Körper dehnt sich aus und erfüllt den ganzen Raum, dann werde ich von euphorischen Gefühlen überflutet, wie ich sie noch nie erlebt habe. Diese Gefühle werden begleitet von einer totalen Wahrnehmung und einem uneingeschränkten Verständnis dessen, was ich wirklich bin. Ich begreife den Grund für mein Dasein und weiß, welchen Platz im Universum ich einnehme. Alles hat einen Sinn; alles ist vollkommen gerecht. Es ist wunderbar zu wissen, daß alles von der Liebe beherrscht wird. Bei der Rückkehr in den normalen Bewußtseinszustand muß man diese allumfassende Liebe, dieses Wissen und diese Gewißheit zurücklassen. Wenn ich deprimiert bin und das Leben mir lästig wird, wünsche ich mir fast den Tod, weil ich weiß, er wäre meine Rückkehr in einen wunderbaren Zustand. Früher hatte ich Furcht vor dem Sterben. Jetzt habe ich keinerlei Furcht vor dem Tode mehr.

Wie schon das *Bardo Thödol* vor zwölfhundert Jahren zu berichten wußte, spiegelt die Umgebung, in die man im körperlosen Zustand eintritt, weitgehend die Gedankenformen und Erwartungen des einzelnen wider. Manchmal erhält der Betreffende unverhofft Antwort auf Fragen, die ihn sein Leben lang beschäftigt haben. Der je individuellen Bildsprache liegt jedoch der gemeinsame Tenor von unbeschreiblicher Schönheit, vom Wiedereintauchen in die Verzückung der Einheit und von der Wiederherstellung der Ganzheit zugrunde. «Alles hat seinen

Sinn.» Wie wunderbar muß die Erfahrung sein, die hinter dieser einfachen Beobachtung steht. Endlich zu verstehen, worum es in unserem Leben gegangen ist und worum es im Leben überhaupt geht.

Im Bardo begreift die Seele, daß der Zyklus der Wiederverkörperung letzlich dem Zweck dient, sie in einem Prozeß des Wachstums und der Läuterung auf den Weg zurück zu Gott zu führen. Eine Frau beschreibt das mit den Worten:

> Wir sind nach dem Bilde Gottes geschaffen, und es kommt darauf an, daß wir Gott ähnlich werden, um zu Ihm zurückzufinden. Es gibt viele höhere Ebenen, und um zu Gott zu gelangen und die Ebene zu erreichen, auf der wir Ihm begegnen können, müssen wir jedesmal unser Gewand ablegen, bis unser Geist wirklich frei ist. Der Lernprozeß hört niemals auf... Manchmal wird uns ein kurzer Einblick in diese höhere Ebenen gewährt – jede ist heller und leuchtender als die vorige war.

Eine andere Frau sah ihre Seele als großen Kohlkopf aus Licht, dessen Kern aus einer großen Ansammlung ursprünglicher Trauer bestand. Mit jeder Inkarnation entfaltete der Kohlkopf ein neues Blatt aus Licht, um einen Teil der Dunkelheit freizusetzen und ein Stück Schmerz abzuwerfen. Endlich, als viele Blätter auf diese Weise gewachsen waren, hatte der Kohlkopf all seine Schmerzen überwunden und war ganz von Licht durchflutet.

Die Zeit (wie wir sie verstehen), die man im Bardo verweilt, ist unterschiedlich lang. Der kürzeste Aufenthalt, von dem Whitton erfahren hat, dauerte zehn Monate, der längste etwa achthundert Jahre. Der Durchschnitt liegt seinen Angaben nach bei etwa vierzig Jahren; er scheint aber im Laufe der vergangenen drei Jahrhunderte immer kürzer geworden zu sein. Die Menschen verbringen diese Phase auf unterschiedliche Weise. Da gibt es jene, die keinerlei Ehrgeiz haben und ihrer geistigen

Entwicklung gleichgültig gegenüberstehen. Sie verharren die meiste Zeit «schlafend», in einem Zustand, in dem die Lebensfunktionen gleichsam «suspendiert» sind, bis sie für ihre nächste Inkarnation wieder geweckt werden. Jene dagegen, die sich ganz ihrem Entwicklungsprozeß verschrieben haben, betreiben die verschiedensten Studien, um sich auf ihr nächstes Leben vorzubereiten.[6]

Die Identität, die man im Bardo annimmt, scheint jene der Überseele[7] zu sein, wobei die Charakterzüge aus dem letzten Leben überwiegen. Diese Identität ist es, die kurz nach der Ankunft im Bardo vor einem Gerichtshof erscheinen und der vollen Wahrheit über das soeben gelebte Leben ins Auge sehen muß. Die meisten von Whittons Klienten berichteten, daß die Seele sich einer Gruppe weiser, älterer, archetypischer Wesen konfrontiert sieht, die die Aufgabe haben, ihr zu helfen, die geeigneten Lehren aus ihrem gegenwärtigen Leben zu ziehen und die nächste Inkarnation zu planen. Diese Wesen erinnern an Gestalten aus dem religiösen Erbe des Betroffenen, anderen dagegen erscheinen sie einfach als äußerst weise und liebevolle Wesen, denen diese Aufgabe anvertraut ist. Dann wieder sind es Wesen, die das irdische Curriculum selbst schon absolviert haben. Und manche Menschen sind sich nur der Tatsache bewußt, daß da eine richtende Instanz anwesend ist, sehen aber niemanden.

Vor diesem «Tribunal» erleben Whittons Klienten das eben vollendete Leben wieder. «Es ist so, als übernähme man in einem Film über das eigene Leben die Titelrolle. Jeder Augenblick aus jedem Lebensjahr wird in aller Vollständigkeit wiederholt. Es ist eine totale, genaue Wiederholung.» Bei diesem Überblick haben sie aber weit mehr zu tun als nur die einzelnen Geschehnisse des vergangenen Lebens wiederzuerleben: sie entdecken darüber hinaus, welche Bedeutung jeder einzelnen Person und jedem Ereignis zukommt. Sie entdecken das Potential, das in ihrem Leben gesteckt hat, und wie gut sie es verwirklicht haben. All die verborgenen Wendepunkte, Erfolge und Mißerfolge rücken voll ins Bewußtsein. Hier werden sie in einem einzigen, alle Verstandsgrenzen sprengenden Augenblick mit der ganzen Wahrheit ihrer Existenz konfrontiert. Hier sind alle die psychologischen Verteidigungsmechanismen, mit deren Hilfe wir uns auf der Erde von der Wahrheit abschirmen, unwirksam. Whitton schreibt:

> Wenn es in dem Leben zwischen Tod und Wiedergeburt eine persönliche Hölle gibt, dann ist das der Augnblick, in dem sich die körperlose Seele diesem Gericht stellen muß. Die Höllenqualen sind die Reue, das Schuldgefühl und die Selbstvorwürfe für ein Versagen in der vergangenen Inkarnation. Sie treffen den einzelnen mit solcher Schärfe, daß man seine bitteren Tränen und seine tiefe Verzweiflung kaum mit ansehen kann... Jedes emotionale Leid, das ein solcher Mensch einem anderen zugefügt hat, empfindet er jetzt so, als müsse er es selbst erdulden. Doch vielleicht am schwersten zu ertragen ist die Erkenntnis, daß die Gelegenheit, seine Haltung zu ändern und Fehler wiedergutzumachen, nie wiederkommen wird. Die Tür, die in das vergangene Leben zurückführt, ist ein für allemal verschlossen, und die Folgen für begangene Handlungen oder Unterlassungen müssen jetzt im Verlauf dieser letzten Abrechnung getragen werden, bei der wir Rechenschaft dafür ablegen müssen, wer wir sind und was wir zu verantworten haben.

Whittons Beschreibung dieser Begegnung betont ihren negativen Aspekt. Doch für alle, die sich ihren karmischen Herausforderungen gestellt haben oder darüber hinausgewachsen sind, muß dies auch eine Zeit des Glücks und der tiefen persönlichen Befriedigung sein. Daß in Whittons Fällen das Negative überwiegt, liegt daran, daß seine Klienten keinen repräsentativen Bevölkerungsquerschnitt darstellen. Wer sich an ihn wendet, tut das, weil er unter Problemen leidet, die in früheren Lebenszyklen nicht gelöst wurden. Man kann deshalb annehmen, daß vor dem Tribunal vor allem ihre Verfehlungen im Mittelpunkt standen. Es ist klar, daß wir durch psychologische Fallgeschichten eher etwas über Krankheiten als über den gesunden Normalzustand des Menschen lernen. Und so haben wir es hier naturgemäß zumeist mit spirituellen Fehlentwicklungen zu tun. Das ist ein grundsätzliches Problem, wenn wir uns zur Erforschung von Karma und Wiedergeburt mit Fallbeispielen aus der Reinkarnationstherapie beschäftigen. Wir dürfen nie vergessen, daß auf jeden Menschen, der sich bemüht, die aus einem früheren Leben ererbten Schulden abzutragen, einer kommt, der auf den Verdiensten eines optimal genutzten Lebens aufbauen kann.

Whittons Klienten berichten, daß in diesem Augenblick der Wahrheit wir selbst – nicht die Ältesten oder Gott – unser eigenes Schwurgericht und unser Richter sind. Wir verdammen uns, während sie uns Vergebung schenken.[8] Eine Frau berichtete zum Beispiel: «Meine ganze Seele windet sich vor Schmerzen, Reue, Betrübnis, Schuld und Trauer ... Ich kann aus lauter Scham nicht zu den drei Richtern aufblicken. Und doch umgibt mich die leuchtende Wärme blauer Strahlen und des Friedens, eines Friedens, den ich nicht ausloten kann ... Schließlich werden alle, die vor dem Tribunal stehen, allmählich von ihrem Schmerz weg und zu der sie umgebenden Liebe und Vergebung hingeführt. Statt sie zu verdammen, senden die Richter eine Heilenergie aus, die alle Schuld tilgt und den Weg zum Frieden hin öffnet. Oft beginnen sie ein Gespräch über Schlüsselszenen des vergangenen Lebens, geben retrospektive Ratschläge und versichern der Seele, daß selbst unangenehme Erfahrungen die persönliche Entwicklung fördern können. So und auf verschiedene andere Weisen helfen sie der Seele, ihre Handlungen objektiv zu sehen. Indem sie das gegenwärtige Leben vor dem Hintergrund ihrer vielen Leben betrachtet, gewinnt die Seele Einsichten in ihre karmischen Muster und Tendenzen und erfährt, an welchem Punkt ihrer spirituellen Entwicklung sie sich befindet.

Später nutzt die Seele dieses geschärfte Bewußtsein, um das nächste Leben zu planen. Das macht sie nicht allein, sondern unter Anleitung der Mitglieder des Tribunals. Sie überblicken das gesamte karmische Skript der Seele und können so Empfehlungen geben, deren Weisheit der Betroffene erkennt. Einer, der das erlebt hat, sagt dazu:

> Man hilft mir dabei, das nächste Leben so vorzubereiten, daß ich mit allen Schwierigkeiten, die mir begegnen können, fertig werden kann. Ich möchte nicht die Verantwortung übernehmen, denn ich habe das Gefühl, dafür nicht stark genug zu sein. Aber ich weiß, wir müssen auf Hindernisse stoßen, um diese Hindernisse zu überwinden – um stärker, wachsamer, verantwortungsbewußter zu werden und uns weiterentwickeln zu können

Da diese Empfehlungen des Tribunals sich an den Notwendigkeiten und nicht an den Wünschen der Seele orientieren, werden sie oft mit gemischten Gefühlen aufgenommen. Es kann sein, daß der Seele das Leben, zu dem man ihr rät, nicht gefällt, aber jeder Teil des Lebensplans ist sorgfältig so ausgewählt, daß Bedingungen geschaffen werden, die der Seele helfen, über ihre gegenwärtigen Grenzen hinauszuwachsen. Whitton sagt, daß wir alle, ehe wir in das neue Leben eintreten, sehen, wohin wir kommen, und daß wir alle den Sinn dieser Reinkarnation verstehen und akzeptieren. Eine Klientin meinte dazu:

> Es gibt Menschen, die ich in meinem letzten Leben nicht gerade gut behandelt habe, und deshalb muß ich auf die Erde zurückkehren und meine Schuld abtragen. Wenn ich diesmal von ihnen verletzt werden sollte, dann werde ich ihnen vergeben, weil es mir nur darauf ankommt, nach Hause zurückzukehren. Das ist mein Zuhause.

Eine andere erzählte:

> Ich entschied mich für meine Mutter, obwohl ich wußte, daß in ihrer Familie die Alzheimersche Krankheit sehr verbreitet war und ich höchstwahrscheinlich auch unter dieser Krankheit leiden würde. Aber meine karmischen Beziehungen zu meiner Mutter waren sehr viel wichtiger als jede erbliche Belastung. Es gab noch einen anderen Grund dafür, daß ich mich für diese Mutter entschied. Die Richter sagten mir, ich müsse in dem künftigen Leben die Erfahrung machen, ohne einen Vater aufzuwachsen, und ich wußte im voraus, daß sich meine Eltern schon bald scheiden lassen würden. Ich wußte auch, daß ich mich mit der Auswahl meiner Eltern für ein Leben in einer Gegend entschied, wo ich dem Mann begegnen würde, der mir als Ehemann vorausbestimmt war.[9]

Um Fortschritte zu machen, brauchen wir entsprechende Aufgaben, und diese karmischen Aufgaben treten uns in der Form jeder Angst, jeder Unordnung und jeder Frustration entgegen, die die Menschheit kennt. Wie Whitton bemerkt:

> Alle möglichen körperlichen und psychischen Störungen und persönlichen Tragödien lassen sich auf das Karma zurückführen... [Umgekehrt] wirken sich moralisches Fehlverhalten sowie nichtausgelebte und unterdrückte Emotionen in künftigen Inkarnationen in der Form von Krankheiten, Neurosen, Phobien und vielen anderen Schwierigkeiten aus.

Ein schweres Leben ist allerdings nicht unbedingt ein Zeichen dafür, daß hier frühere Verfehlungen abgebüßt werden. Es kann auch zu einem Trainingsprogramm für zukünftige Anstrengungen gehören. Seelen, die an ihrer spirituellen Entwicklung besonders interessiert sind, planen manchnmal gleich mehrere Leben auf einmal, wobei sie die Prüfungen, die ihnen in den ersten Leben auferlegt sind, nutzen, um jene Kraft und Sensibilität zu entwickeln, die ihnen in einem späteren Leben ermöglichen werden, große Dinge zu tun.

Die meisten von uns sind geneigt, Not mit Strafe gleichzusetzen, doch gibt es dafür überhaupt keinen Grund. Wenn wir in diesem Leben leiden müssen oder jemand anders leiden sehen, können wir daraus nicht auf Untaten in einem früheren Leben schließen. Erstens kann dieses Leiden, wie gesagt, als Vorbereitung auf eine zukünftige Aufgabe notwendig sein. Und zweitens versteht eine Seele, die dem letzten ihrer Aufenthalte auf der Erde näherrückt, besser worum es geht, und versucht den Vorgang vielleicht zu beschleunigen durch die Erfüllung besonders anspruchsvoller Aufgaben. Whitton hat beobachtet, daß die Leben vieler Menschen eine Tendenz haben, um so schwieriger zu werden, je weiter diese im Lehrplan fortgeschritten sind – sozusagen je größer die Schwierigkeiten, um so bedeutender das innere Wachstum. Manchmal handelt es sich auch um die Summe dessen, was sich an unaufgelöstem Karma in vielen Leben angesammelt hat und was nun zu einer intensiven Lernerfahrung gebündelt wird. Da man nie wissen kann, warum und weshalb ein Mensch in diesem Leben leidet, ist es immer das Beste, sich jeden Urteils zu enthalten.

Die *karmischen Skripts*, die die geistigen Führer vorschlagen, werden in gemeinsamen Beratungen mit all den Seelen entwikkelt, die «mitspielen» sollen. Damit diese Seelen sich auf der Erde unter programmgemäßen Umständen treffen können, ist eine Menge Organisation erforderlich. Ganz entscheidend ist vor allem die Wahl der eigenen Eltern, aber auch Ort und Zeit der Geburt eines jeden Akteurs müssen genau getimt werden.

Übrigens bestätigen Whittons Informationen über die Planung unseres nächsten Lebens in Zusammenarbeit mit Geistführern das, was Dr. Helen Wambach in ihrem Buch *Leben vor dem Leben* schildert. Von den über 750 Versuchspersonen, die Dr. Wambach auf hypnotischem Wege zurückgeführt hat, damit sie die Bedingungen erforschen, die zu ihrem gegenwärtigen Leben geführt haben, waren sich 81 Prozent der Tatsache bewußt, daß sie selbst sich für die Reinkarnation entschieden hatten, wenn auch 67 Prozent es nur widerwillig taten. Die meisten der 81 Prozent berichteten, daß sie bei der Planung ihres Lebens unterstützt wurden, wenn ihnen auch, im Gegensatz zu Whittons Klienten, ein breiteres Spektrum von Beratern zur Verfügung stand. Sie beschreiben eine Reihe von Wesen, die sie von Fall zu Fall als Führer, Lehrer, Seelenhüter oder persönliche Freunde bezeichnen. Oft findet das Ganze im Rahmen einer Art Versammlung statt: «ein vielköpfiger Kreis von Beratern», «eine Gruppe geliebter Menschen, die mich unterstützten», «ein Ausschuß oder Komitee», oder «ein Seelenrat». Vereinzelt können sich in dieser Gruppe «Menschen» befinden, zu denen der Betreffende eine besondere Beziehung hat: «ein weiser alter Mann, dem ich Respekt, Gehorsam und Liebe entgegenbrachte», «einige meiner früheren Mentoren», «ein sehr guter Freund». Etwa 10 Prozent von Wambachs Versuchspersonen berichteten, daß sie ihre Leben gemeinsam mit wichtigen Bezugspersonen ihres gegenwärtigen Lebens geplant haben – Eltern, Kindern, Ehemann oder Ehefrau, Verwandten oder Freunden. Sehr viele – 41 Prozent – erinnerten sich zwar, Anweisungen und Ratschläge bekommen zu haben, konnten aber keine einzelnen Gestalten identifizieren, sondern nur vage deren Präsenz spüren. Interessanterweise bezeichneten nur 10 Prozent die Macht, die ihnen bei ihrer Wiedergeburt zur Seite stand, als Gott.[10]

Die Schaffung eines karmischen Skripts garantiert nicht dessen programmgemäße Durchführung. Wir haben es hier mit Wahrscheinlichkeiten und Bedingtheiten zu tun, nicht mit vorherbestimmten Notwendigkeiten. Whitton vergleicht den Vorgang mit der Planung eines großen Freskos. Im Bardo wird nur eine grobe Skizze des Lebens entworfen. Das eigentliche Gemälde entsteht erst auf der Erde, wenn die Einzelheiten ergänzt und die endgültigen Entscheidungen getroffen werden. Erst nach dem Tod, wenn wir in den Bardo zurückkehren, erfahren wir, wie unser wirkliches Gemälde im Hinblick auf den ursprünglichen Entwurf ausgefallen ist. Es kann das Geplante verfehlen oder übertreffen.

Whitton berichtet, daß seinen Klienten gelegentlich gestattet wurde, ein bevorstehendes Ereignis in ihrem aktuellen karmischen Skript zu «sehen». Dabei kann es sich um etwas ganz Bestimmtes oder um einen allgemeinen Hinweis auf zukünftige Entwicklungen handeln. Interessanterweise behält die Psyche die totale Kontrolle darüber, ob etwas von dem, was vorausgesehen wurde, im Zustand des Normalbewußtseins erinnert werden darf. Manchmal erfolgt die Amnesie spontan; zuweilen wurde Whitton auch von seinen Klienten gebeten, ihnen keine Erinnerungen an die Zukunft zu gestatten, damit sie nicht der Versuchung erlägen, an ihrem Karma herumzupfuschen. Whitton berichtet, daß die Informationen über zukünftige Ereignisse sich immer dann, wenn es möglich war, sie zu überprüfen, als korrekt erwiesen haben.

Offenbar sind in unseren karmischen Skripts oft erhebliche Improvisationsmöglichkeiten vorgesehen. Ein interessantes Detail, über das Whitton berichtet, ist, daß weniger entwickelte oder «jüngere» Seelen offenbar besser mit sehr detaillierten karmischen Entwürfen fahren, während weiter fortgeschrittene oder «ältere» Seelen es vorziehen, mehr «Spielraum» zu haben, um auf schwierige Situationen kreativer reagieren zu können.

Selbst im Hinblick auf eine als Notwendigkeit erachtete Erfahrung haben wir oft noch Wahlmöglichkeiten. Eine von Whittons Klientinnen, eine siebenunddreißigjährige Frau, die vergewaltigt worden war, erfuhr in Trance, warum sie diese Tortur hatte erdulden müssen:

> Nach meinem Plan sollte ich mich für ein tragisches Ereignis entscheiden, das mich veranlassen würde, nach Erreichen des dreißigsten Lebensjahres meine ganze seelische Haltung zu ändern. Während ich mich intensiv mit diesem Ereignis beschäftigte, würde ich mit allen mir zur Verfügung stehenden Mitteln versuchen, meinem Leben einen tieferen Sinn zu geben. Genau das ist geschehen.

Ein anderer Klient, der fast an einer Krankheit gestorben wäre, entdeckte, daß diese Leidenssequenz nicht in seinem ursprünglichen karmischen Skript stand. Er erklärte sich die Sache so: «Ich wollte dieses Leiden durchmachen, um einen Plan verwirklichen zu können.»

Beide Beispiele zeigen, daß jeder von uns auch noch nach der Geburt eine starke Kontrolle über die Ereignisse in seinem Leben ausübt. Wie das geschieht, bleibt unserem Blick weitgehend verborgen. Wir wissen leider noch sehr wenig darüber, wie die im Bardo entweder vor oder nach unserer Geburt entworfenen Pläne die konkreten Geschehnisse auf der Erde wirklich beeinflussen.

In der metaphysischen Literatur wird wiederholt behauptet, daß die geistige Welt das Reich der Ursachen und die physikalische das der Wirkungen ist und daß die Ursache-Wirkung-Beziehungen, die wir in der physikalischen Welt am Werk sehen, einer höheren Kausalität gehorchen, deren Mechanismus sich der sinnlichen Wahrnehmung jedoch entzieht. Whittons Klienten stützen diese Behauptung, denn im Trancezustand erfahren sie gelegentlich in hochsymbolischer Form, wie diese höheren Kausalitäten bei der Planung ihres nächsten Lebens arbeiten. So sah ein Proband zum Beispiel:

> [Da war] eine Art Uhrwerk, in das bestimmte Einzelteile eingebaut werden konnten, um gewisse Folgeerscheinungen auszulösen. Ich hatte das Empfinden, an etwas zu arbeiten, das ich verändern wollte. Und ich setzte diese Veränderungen dadurch in Gang, daß ich mit dieser Maschine arbeitete und in dem im körperlosen Zustand gefaßten Plan die notwendigen Umstellungen vornahm, um sie in meinem zukünftigen Leben auf der Erde wirken zu lassen.

Nun mag eine derartige Vision als direkte Erfahrung für den, der sie erlebt hat, überzeugend und für uns, die wir später darüber lesen, anregend sein, sie gibt uns aber keine Hinweise auf die konkrete Funktionsweise der betreffenden Mechanismen. Immer noch bleiben sehr viele Fragen offen.

Unsere karmischen Skripts enthalten manchmal *karmische Prüfungen*, die an bestimmten Wendepunkten unseres Lebens dessen weiteren Verlauf entscheidend beeinflussen. Steve Logan hat das erfahren müssen. Steve hatte allen Grund, seinen Vater zu hassen und besuchte ihn deshalb nur sehr selten im Pflegeheim. Eines Tages spürte er jedoch den Impuls, zu ihm zu gehen: «Ich hatte das Gefühl, es würde etwas ganz Wichtiges geschehen.» Als er das Zimmer betrat, bemerkte er, daß sein Vater schwer atmete. Er sah sofort, daß ein Schlauch verrutscht war und sein Vater nicht genug Sauerstoff bekam. Steve wußte, daß er einfach weggehen und seinen Vater sterben lassen konnte ... doch er rief die Schwester. Ein paar Jahre später hatte Steve einen schweren Unfall mit dem Fahrrad. Er wurde von einem Lastwagen angefahren und kam wie durch ein Wunder mit einem gebrochenen Oberschenkel davon. Über zehn Jahre später, als Steve Anfang Vierzig war, stellte er im Zuge seiner Therapie bei Dr. Whitton fest, daß diese beiden Ereignisse in kausaler Verbindung miteinander standen:

> Mein karmisches Drehbuch sagte unmißverständlich aus, daß der Vorfall, bei dem es um das Leben meines Vaters ging, eine sehr wichtige Prüfung war, die ich mir selbst verordnet hatte. Wenn ich ihm eine Verfehlung vergeben konnte, deren er sich – augenscheinlich über mehrere Inkarnationen – mir gegenüber schuldig gemacht hatte, dann würde ich bei dem Unfall mit dem Fahrrad nicht getötet werden. Nach dem Plan mußte ich damit rechnen, daß ich meinen Vater sterben lassen würde, wenn es mir nicht gelang, meine Haltung ihm gegenüber zu ändern. Aber ich bestand die Prüfung, und nach meinem Unfall entsprach der weitere Verlauf meines Lebens nicht mehr dem vorher entworfenen Plan. Ich wußte jetzt, daß die für künftige Leben konzipierten Pläne nur Entwürfe sein können, die nicht unbedingt befolgt werden müssen.

Die letzte Beobachtung von Steve weist auf eine faszinierende Tatsache hin. Wenn wir unsere Lebensaufgaben mit Mut und Entschlossenheit anpacken, können wir das uns zugeteilte karmische Pensum durchaus bewältigen und haben dann die Möglichkeit, unser «Plansoll», das eigentlich erst für unser nächstes Leben gedacht war, bereits jetzt zu erfüllen. Wer ernst an der eigenen Weiterentwicklung interessiert ist, kann daher viele Lebenszyklen in einem einzigen Leben abschließen.[11]

Ein weiteres Beispiel für eine in das karmische Skript eingebaute Prüfung ist der Fall Ben Garonzi. Ben hatte über eine lange Reihe von Leben – als Mann wie als Frau – auf Mißhandlungen stets mit Gewalt reagiert. In diesem Leben wurde er als Kind von seinem Vater schwer mißhandelt, und es ist verständlich, daß er gegen diesen intensive Haßgefühle entwickelte. Als er achtzehn war, bekam er Gelegenheit, diesem Haß freien Lauf zu lassen. Eines Abends, als sein Vater sinnlos betrunken dalag, holte Ben aus der Küche ein Messer, um ihm die Kehle durchzuschneiden – wodurch der Zyklus der Gewalt einmal mehr verstärkt worden wäre. Doch eine innere Stimme hielt ihn zurück. Diese Entscheidung sollte Bens Leben grundlegend ändern. Ziellosigkeit machte Ehrgeiz Platz, und seine beruflichen Bemühungen waren von Erfolg gekrönt. Im Überbewußtsein erfuhr Ben, daß er diese schwierige Kindheit, mit seinem Vater, der in einer Reihe früherer Leben sein Hauptgegenspieler gewesen war, selbst gewählt hatte. Seine Lebensumstände waren darauf ausgerichtet, ihn zu lehren, extremen Provokationen gewaltlos standzuhalten. Indem er das Messer wieder weglegte, bestand er eine wichtige karmische Prüfung und durchbrach so ein altes negatives Muster. Vor seiner Geburt hatte ihm eine Stimme im Bardo gesagt: «Wenn du diesmal das Richtige tust, wird sich alles zum Guten wenden. Wenn nicht, dann wirst du unter noch schwierigeren Verhältnissen einen Lernprozeß durchmachen müssen.»

Nicht jedem gelingt, was Ben gelang: Isobel Drummond (siehe Kapitel 2) schaffte es nicht, das von ihr geplante Leben zu verwirklichen. Im Überbewußtsein erfuhr Heather, daß Isobel, wenn sie sich weiter eifrig ihrer Musik gewidmet und den Versuchungen des süßen Lebens widerstanden hätte, eine glänzende Karriere als Pianistin sicher gewesen wäre. «Im körperlosen Zustand zwischen Tod und Wiedergeburt habe ich erfahren, daß Isobel erst kürzlich als glückliche, erfolgreiche Frau und Urgroßmutter gestorben wäre. Mit mehr Geduld und Durchhaltevermögen hätte sie das alles haben können.»[12]

Auch wenn es töricht wäre – es steht uns immer frei, das vom Gerichtshof vorgeschlagene Leben abzulehnen. Die Folge ist, daß wir uns ohne «ratifizierten Plan» reinkarnieren müssen. Die einzige Strafe dafür, daß wir den Rat des Ausschusses in den Wind schlagen, ist, daß dieses Leben aller Voraussicht nach ein vergeudetes sein wird. Wenn der innere Kompaß zur Lebensorientierung fehlt, sind wir allen Einflüssen des jeweiligen Augenblicks schutzlos ausgeliefert. Wie Whitton berichtet, löst die in hypnotischer Trance gemachte Entdeckung, daß man ohne Plan zur Erde zurückgekehrt ist, ausnahmslos große Angst aus, während die Erkenntnis, ein geplantes, wenn auch schweres Leben zu führen, gewöhnlich ruhig hingenommen wird. Offenbar gibt es nichts Schlimmeres als ein Leben, dessen Bahn nicht vorgezeichnet ist. Wenn das innere Skript fehlt, müssen wir zu viel improvisieren und bekommen von innen kein Feedback, das uns sagt, ob wir auch alles richtig machen.[13]

Wenn wir nun aber einem Plan entsprechend leben, woher wissen wir dann, ob wir ihn auch wirklich erfüllen? «Wer sein Leben so einrichtet, wie es sein karmisches Drehbuch verlangt, oder sogar über die dort ausgesprochenen Erwartungen hinausgeht», meint Whitton, «hat das sichere Gefühl, daß sich sein Leben so entwickelt, wie es das sollte. Wer von seinem Entwurf abweicht, hat dagegen die Empfindung, daß alles außer Kontrolle geraten ist. Das Leben wird zum Chaos.»

Es ist sicher nicht wenig, *intellektuell* von der Reinkarnation überzeugt zu sein und zu glauben, daß es eine geistige Sphäre gibt, die unsere wahre Heimat ist. Aber diese Sphäre zu *erleben*, ist noch etwas ganz anderes. Die Begegnungen im Bardo und die dort getroffenen Entscheidungen hatten stets eine tiefgreifende Wirkung auf Whittons Klienten. Diese Menschen betonten, daß sie jetzt nicht bloß glauben, sondern *wissen*, daß das Leben ewig ist und der letzte Sinn der irdischen Existenz darin liegt, lieben zu lernen. Wie fast immer bei solchen Dingen, wird es auch in diesem Fall nur jenen, die ähnliche Erfahrungen gemacht haben, gelingen, die entschiedene epistemologische Kraft dieser Erlebnisse zu würdigen.

Alle, die die Planung ihrer Existenz im Bardo miterlebt haben, kehren mit der gleichen nachdrücklichen Botschaft an uns zurück. Wir allein sind dafür verantwortlich, wer wir sind, und wie wir leben. Wie schwierig und scheinbar unerklärlich unser Leben auch immer sein mag, alles in ihm dient dazu, die von uns geschaffene Triebkraft ihrer Auflösung näherzubringen.

Karma ist die Kausalität, die hinter Logik und Entwurf unseres Lebens steht und die mannigfachen Fäden unserer vielen Leben zu einem einzigen Gewebe verknüpft, um sie schließlich mit dem Netz der evolutionären Entwicklung zu verbinden, auf das wir in unserem irdischen Dasein nur hin und wieder einen kurzen Blick werfen können. Vielleicht sind es diese flüchtigen Eindrücke von der Größe der ungeheuer komplexen und ehrfurchtgebietenden Prozesse, an denen wir beteiligt sind, die uns mehr als alles andere über unsere Leiden hinausheben und uns immer wieder ermutigen, nicht aufzugeben.

Fragen und Antworten

F.: Es sieht so aus, als müßte das Karma-Konzept zu sozialer Passivität führen. Warum sollten wir uns die Mühe machen, den Leidenden zu helfen, wenn die Lebensbedigungen, in die sie hineingeboren wurden, zu ihrem Karma gehören? Würden wir damit nicht das Karma manipulieren?

A.: Wenn es zum Karma eines Menschen gehört zu leiden, dann ist es auch die karmische Verpflichtung derer, die Zeuge dieses Leidens sind, dieses nach Kräften zu lindern. Wer den Karma-

Gedanken als Begründung für soziale Apathie benutzt, mißbraucht ihn. Karma ist nicht fatalistisch oder deterministisch. Es definiert die Konditionen, legt aber nicht fest, wie die Dinge «sein müssen». Karma wirkt auch wechselseitig. Die karmische Last des einen ist die karmische Chance des anderen. Wenn wir helfen, mischen wir uns nicht in fremdes Karma ein, sondern handeln aus dem karmischen Zusammenhang heraus, der uns mit dem anderen konfrontiert hat.
F.: Impliziert die Vorstellung von Karma und vom karmischen Skript, daß der Zufall in unserem Leben auf der Erde überhaupt keine Rolle spielt? Und wenn der Zufall eine Rolle spielt, widerspricht das nicht der Idee, daß die Menschen und Situationen, denen wir im Leben begegnen, karmisch intendiert sind?
A.: Die Tatsache, daß *manche* Grundbedingungen und Ereignisse unseres Lebens von Anfang an geplant sein können, bedeutet nicht, daß *alles* vorherbestimmt ist. Wenn der Ertrag unseres Lebens von vornherein klar wäre, welchen Sinn hätte es dann wohl, sich überhaupt noch zu inkarnieren? Wenn der Mensch, wie die meisten spirituellen Lehren behaupten, zumindest teilweise frei entscheiden kann, dann muß das Erdenleben in mancher Hinsicht unbestimmt bleiben, wodurch dem System ein gewisser Grad an Zufälligkeit inhärent ist.

In lebenden Organismen erhöht dieses Maß an Zufälligkeit die Wahrscheinlichkeit, daß es zu neuen, unerwarteten Entwicklungen kommt, und es erscheint durchaus wünschenswert, ein solches kreatives Moment in das System einzubauen. Außerdem: Selbst wenn durch den Zufall auf einer Ebene das Prinzip der Determination streckenweise außer Kraft gesetzt wird, so fällt es doch nicht schwer, sich Möglichkeiten vorzustellen, durch die das auf höheren Ebenen wieder ausgeglichen werden könnte.

Kurz gesagt: Das Wirken des Karma schließt den Zufall nicht aus, wohl aber verhindert der Zufall ein zu simples Verständnis des Karma-Mechanismus im Leben des einzelnen. Die Vorstellung, daß wir uns darauf verlassen können, in den verschiedensten Stationen unseres Lebens einer *sinnvollen* Herausforderung zu begegnen, wird vom Zufall nicht in Frage gestellt. Eine bestimmte Situation mag insofern nicht beabsichtigt gewesen sein, als sie nicht zu unserem ursprünglichen karmischen Skript gehört hat; dennoch kann sie für uns einen karmischen Sinn haben, wenn die Art, wie wir auf die Situation reagieren, in das System integriert wird und unsere Entwicklung fördert. Vielleicht funktioniert der Zufall auf der Erde wie die Wild cards beim Pokern: Er kann Ihr Blatt nur verbessern, nicht verschlechtern. Mit ein wenig Phantasie lassen sich eine Menge Möglichkeiten ausmalen, wie Zufall und karmische Notwendigkeit miteinander vereinbar sind.

Die Frage, die sich eigentlich stellt, ist daher nicht, ob es den Zufall auf der Erde gibt oder ob sein Vorhandensein dem Karma widersprechen würde, sondern vielmehr, ob wir dem Leben zutrauen, Kausalität und Zufall so zu vereinbaren, daß unsere Interessen dabei möglichst gut gewahrt bleiben? Ist Zufall mit liebender Fürsorge vereinbar? In der nächsten Frage kommt dieses Problem noch schärfer zum Ausdruck.

F.: Das Leiden des einzelnen mag, wenn man jeden Fall für sich betrachtet, karmisch sinnvoll sein, aber wie sollen wir das Leiden ganzer Völker verstehen? Sollen wir zum Beispiel annehmen, daß der Tod von sechs Millionen Juden, die in Hitlers Konzentrationslagern starben, geplant war?

A.: Obwohl ich das Prinzip der karmischen Selbstbeherrschung akzeptiere, muß ich doch gestehen, daß ich oft ausgesprochen wütend bin, wenn ich die leichtfertigen «Erklärungen» höre, die die Reinkarnationsgläubigen zuweilen für menschliche Tragödien dieses Ausmaßes bereithalten. Angesichts der Tausende von Kindern, die infolge der Dürrekatastrophen in Afrika verhungern, ist es einfach zu billig, sich damit zu trösten, daß «sie sich ja alle ihr Leben selbst ausgesucht haben».

Ich glaube, es ist ehrlicher, wenn wir zugeben, daß Leiden dieser Größenordnung uns philosophisch in die Knie zwingt. Uns bleibt nichts übrig, als einzugestehen, daß wir die karmischen Kausalitäten, die diesen Ereignissen zugrunde liegen, nicht verstehen können. Hier müssen wir eine Entscheidung treffen, die zum gegenwärtigen Zeitpunkt von keinem zwingenden logischen Gedankengang gestützt wird. Spiegelt ein derartiges kollektives Leiden eine sinnvolle Absicht wider? Wie können wir angesichts solch unermeßlichen Leids überhaupt wagen zu behaupten, das Universum meine es gut mit uns?

Obgleich die Fakten, über die wir verfügen, unvollständig sind, neige ich auf Grund zweier Überlegungen zu der Annahme, daß das menschliche Leiden sinnvoll ist und einer eigenen Logik gehorcht, auch wenn ich diese nicht demonstrieren kann.

Da sind einmal die Fallbeispiele aus der Reinkarnationstherapie, die zeigen, welche kausalen Prinzipien über die verschiedenen Leben hinweg wirksam sind. Dürfen wir annehmen, daß dieses Prinzip von Ursache und Wirkung nicht nur für einige wenige, sondern für alle Menschen gilt? Ungeachtet des Rätsels, das uns das kollektive Leiden aufgibt, ist es durchaus vernünftig, die Allgemeingültigkeit dieser Ergebnisse zu postulieren. Wenn wir feststellen, daß wir das Geheimnis des Leidens eines einzelnen entschlüsseln können, indem wir unser Verständnis der Geschichte dieses Menschen erweitern, und wenn dieser Prozeß sich Fall für Fall wiederholen läßt und regelmäßig zu Erhellung und Heilung führt, dann ist wohl die vernünftigste Folgerung, daß sich bei jedem Menschen in jeder Situation, zumindest prinzipiell, eine ähnliche Einsicht erreichen ließe. Und so scheint es durchaus vernünftig, die Hypothese zu wagen, daß alles, auch das kollektive menschliche Leiden, sinnvoll ist. Wenn karmische Kausalität tatsächlich eine naturgesetzliche ist, dann erscheint es sinnvoll, sie wie die Gesetze der physikalischen Natur als universell bindendes Prinzip aufzufassen. Immer vorausgesetzt natürlich, daß wir davon überzeugt sind, in den Berichten der Probanden tatsächlich gesetzmäßig operierende Kausalitäten identifiziert zu haben.

Doch selbst wenn der Zufall unser Erdenleben beeinflußt,

gibt es immer noch zwei Möglichkeiten. Einmal könnten wir annehmen, daß der Zufall nur periphere Ereignisse im Leben des Menschen betrifft. Das ist die Theorie des «eingeschränkten Zufalls». Existentiell zentrale menschliche Leiden, zu denen auch das kollektive Leiden gehört, unterliegen demnach voll den karmischen Zwängen.

Die andere Möglichkeit wäre, den Zufall auch bei Leid größeren Ausmaßes am Werk zu sehen, die Sinnhaftigkeit aber durch das Prinzip der Fürsorge zu erhalten. Wir betrachten den Zufall im Grunde nur deshalb als Zumutung, weil er sich unserem Trachten und Streben gegenüber völlig gleichgültig zeigt und uns signalisiert, daß all unsere Tränen für den großen Weltenplan bedeutungslos sind. Aber wenn der Zufall Teil eines umfassenderen Systems ist, das all unsere Lebensregungen aufmerksam und wohlwollend als Stufen einer allgemeinen Evolution sieht, eines Systems, das unser Bewußtsein selbst nach dem Tod des Körpers erhält und die Leistungen eines jeden Lebens (seien sie nun auf Planung oder auf Zufall zurückzuführen) in unsere persönliche Fortentwicklung einbezieht, dann ist dem Zufall der Stachel genommen.

Ich bevorzuge die zweite Lösung. Die erste kommt mir willkürlich und gekünstelt vor. Aber auch die zweite stellt unsere Gutgläubigkeit auf eine harte Probe. Welche Veranlassung haben wir, an die Existenz dieser Fürsorge zu glauben? Warum sollten wir annehmen, daß das Leben Kausalität und Zufall so miteinander verbindet, daß unsere Interessen gewahrt bleiben? Was hindert uns zu befürchten, daß der blinde Zufall auch in einem reinkarnierenden Universum verheerende Wirkungen haben kann? Damit kommen wir zur zweiten Überlegung.

Diese zweite Überlegung beruht auf Erfahrungen, und zwar auf solchen, die zwar im höchsten Maße persönlich sind, aber unter den verschiedensten Umständen gemacht wurden und bis zu einem gewissen Grad auch wiederholt werden können. So erlebten Dr. Whittons Klienten zum Beispiel im Überbewußtsein zuweilen die tiefe Sinnhaftigkeit des Seinsflusses, eine Sinnhaftigkeit, die sie mit Staunen erfüllte und sie über den engen Horizont ihrer individuellen Lebenssaga hinausblicken ließ. Wie einer von Whittons Klienten sagte:

> Mir sind Einblicke in Bereiche der Schöpfung gewährt worden, die weit über allem liegen, was ich je werde in Worte fassen können. Ich habe erleben dürfen, daß alles, was wir tun, auf höchster Ebene eine Bedeutung hat. Unsere Leiden werden uns nicht willkürlich auferlegt; sie sind Teil eines komplexeren und ehrfurchtgebietenderen Plans, als wir ihn uns vorstellen können.

Auch Menschen, die in die Nähe des Todes gerieten, aber mit Hilfe der modernen medizinischen Technik wiederbelebt wurden, berichten oft, tiefe Einblicke in den Zweck und die Vertrauenswürdigkeit des Lebens gewonnen zu haben. Einer der Gründe, weshalb es interessant ist, sich mit den Überlebenden von Nah-Todeserfahrungen zu beschäftigen, ist die Tatsache, daß es sich dabei um ganz spontane Erlebnisse handelt. Das heißt, die Betreffenden haben ihre Erfahrungen in keiner Weise bewußt evoziert, vielmehr wurden ihnen diese durch ihre Begegnung mit dem Tod aufgezwungen. Eine solche Erfahrung zitiert Kenneth Ring in *Den Tod erfahren – das Leben gewinnen*:

> Neben mir stand ein herrliches Wesen. Ich konnte keine genauen Umrisse erkennen, nur ein Licht, dessen Strahlen alles um mich herum erleuchtete und das mit einer Stimme sprach, die so sanft war ... so sanft, wie man es sich kaum vorstellen kann ... Während dieses liebevolle, aber zugleich ehrfurchtgebietende Wesen zu mir sprach, erhielt ich einen so tiefen Einblick in die Bedeutung der Dinge, daß ich es nicht mit Worten wiederzugeben vermag. Ich begriff den Sinn von Leben und Tod und hatte plötzlich keine Angst mehr ... Während einer Zeit, die mir endlos vorkam, betrachtete ich dieses Wesen – ein Lichtwesen, rein, gewaltig, sich nach allen

Seiten erstreckend, ohne feste Form, und sein Bewußtsein flutete in großen Wellen zu mir – in mich – in mein Bewußtsein.

Während ich diese Offenbarungen in mich aufnahm, erkannte ich, daß alles so sein mußte. Es machte überhaupt keinen Unterschied, ob man lebte oder starb – alles war klar und eindeutig. Es herrschte völliges Vertrauen und größtes Verständnis für die Bedeutung seiner Worte. Es schien, als würden sich *Wahrheiten* vor mir auftun. Gedanken rollten in Wellen über mich hinweg – Ideen, größer und reiner, als ich je zu denken gewagt hätte, kamen mir jetzt wie von selbst in den Sinn. Schwierige gedankliche Inhalte enthüllten sich mir mühelos in ihrem ganzen Umfang, wenn auch nicht in logischer Folge. Ich verstand einfach alles in Gegenwart dieses herrlichen Wesens. Mir wurde klar, daß Leben Bewußtsein ist – dieses Bewußtsein, das hinter unserer Persönlichkeit steht, war immer da und wird immer da sein, ich weiß jetzt, daß der Sinn des Lebens nichts mit mir, mit meinem kleinen Ich, zu tun hat; das Leben besitzt seinen eigenen Sinn. Mir wurde klar, daß es weiterströmen wird, wie auch ich weiterbestehen werde. Und eine heitere Ruhe erfüllte mich.

Währenddessen breitete sich ein so starkes Gefühl in mir aus, als würde mich das Licht, das dieses Wesen umgab, einhüllen und zugleich in jeden Teil von mir eindringen. Als ich die Energie in mich aufnahm, spürte ich eine tiefe Wonne, anders kann ich es nicht beschreiben – dieses Gefühl war lebendig, bewegend, herrlich, anschwellend, überschwenglich – absolute Wonne. Es wirbelte um mich herum und durchdrang meine Brust, strömte durch meinen Körper, und für eine unbeschreibliche Zeit war ich eingetaucht in Liebe und Bewußtsein.

Das Erlebnis dieser Frau steht zwar nicht direkt mit dem Problem des menschlichen Leidens in Zusammenhang, aber ich bin überzeugt, daß sie Whittons Klienten zustimmen würde, daß alles menschliche Leiden Teil eines ewigen Plans ist, der «komplexer und ehrfurchtgebietender ist, als wir uns das vorstellen können». Wenn wir sie fragen würden: «Können wir dem Leben angesichts der schrecklichen Dinge, die den Menschen auf der Erde zustoßen, überhaupt trauen?» – ich bin sicher, sie würde mit Ja antworten. Und das nicht unbedingt, weil sie dem Geheimnis allen menschlichen Leids auf die Spur gekommen wäre, sondern weil sie engen Kontakt gehabt hat mit etwas, das dem Prozeß des Lebens als Wesenskern zugrunde liegt, und gespürt hat, daß daraus nur Liebe, Heiterkeit und Weisheit fließen.

Wer einmal eine solche tiefe Erfahrung gemacht hat, oder wer sieht, wie die eigenen Leben über Jahrhunderte hinweg in einer sinnvollen und beziehungsreichen Partitur geordnet sind, für den hat dieses *Erlebnis* zumindest den gleichen Erkenntniswert wie viele rationale *Argumente*. Er kommt durch dieses Erleben zu der Überzeugung, daß das *gesamte* Universum von Sinnhaftigkeit durchdrungen ist, also auch jene Teile, die uns verborgen bleiben. Wie sollte auch ein Teil des Seins so voller Sinn sein, während ein anderer Teil sinn-los bliebe? Eine solche Inkonsequenz innerhalb des Gefüges der Wirklichkeit scheint kaum vorstellbar.

Gewiß würden manche, die eine solche Erfahrung der Sinnhaftigkeit des Lebensflusses nie gemacht haben, diese als bloße Halluzination bezeichnen. Die Tausende, ja Millionen[14], die eine solche Erfahrung gehabt haben, betonen jedoch, daß ihr Bewußtseinszustand dabei viel klarer und schärfer war als gewöhnlich. Es handle sich in keinster Weise um eine Halluzination, vielmehr hätten sie alles viel präziser und tiefer gesehen und erkannt, als es in der Welt der sinnlichen Wahrnehmung je der Fall gewesen sei. Die Skeptiker bezweifeln ihre Berichte nur deshalb, weil sie nicht in der Lage sind, die Aussagen dieser Zeugen in das ihnen geläufige «aufgeklärte» Weltbild einzuordnen und ihnen daher nichts übrig bleibt, als sie – gewöhnlich als Projektionen, als Wunschdenken – zu verwerfen. Die Welt, die hier beschrieben wird, ist einfach zu schön, um wahr zu sein.

Da ich aber selbst eine derartige Erfahrung gemacht habe, weiß ich, daß es sich um keine Halluzination handelt, und spüre, wenn anderen Vergleichbares widerfährt. Man erkennt eine verwandte Seele, einen Menschen, der etwas Ähnliches gesehen hat wie man selbst, und der darum kämpft, ein Erlebnis in Worte zu fassen, das sich eigentlich nicht verbalisieren läßt. Aber gleichzeitig weiß ich auch, daß derartige Bekenntnisse auf jene, die selbst über keine entsprechenden Erfahrungen verfügen, nur wenig Eindruck machen. Zwar ist die Erfahrung im Prinzip eine hinreichende Basis für Überzeugungen, aber wohl keine, die für den Verstand all jener zwingend wäre, die nicht auf vergleichbare Erfahrungen zurückgreifen können. Im Augenblick kann man nicht viel mehr tun, als darauf hinzuweisen, unter welchen verschiedenen Umständen solche Erfahrungen auftreten, zu zeigen, welche langfristigen Wirkungen sie auf die Betroffenen haben, und es damit bewenden lassen.

4 Die Überseele

Es ist nicht besonders schwierig, sich vorzustellen, daß wir mehrere Leben leben – jedes die kausale Fortsetzung vorhergehender und die Ursache für nachfolgende Leben. Man braucht sich dazu nur das Selbst über die Geschichte hinweg vervielfältigt zu denken, und das stellt keine besondere Hürde für unser Denken dar. Schwieriger ist es schon, unser gegenwärtiges Wesen als Teil eines größeren Wesens zu sehen. Laut Reinkarnationstheorie steht hinter unserer gegenwärtigen Identität eine kollektive Identität, die ebenso einmalig ist wie unsere kleine Identität, aber diese an Fassungsvermögen in jeder Hinsicht weit übertrifft. Die größte Aufgabe, die wir beim Übergang zu einer reinkarnationistischen Weltanschauung zu leisten haben, ist vielleicht die, den Begriff eines solchen Wesens und unserer Beziehung zu ihm zu verstehen.

Wir wollen unsere Untersuchung mit ein paar grundlegenden Fragen beginnen, die sich aus dem in den vorangegangenen Kapiteln gezeichneten Bild der Reinkarnation wie von selbst ergeben. Wenn ich vor diesem Leben schon viele Male auf der Erde war, was ist dann mit all den Erfahrungen geschehen, die ich in dieser Zeit gesammelt habe? Sind sie alle irgendwie in meinem Inneren gespeichert, spiegeln sie sich vielleicht sogar in meinen gegenwärtigen Interessen und Fähigkeiten wider? Zum Teil zweifellos. Aber ist das schon alles? Wenn ich zum Beispiel vor diesem Leben schon viele Leben gelebt habe, dann habe ich wahrscheinlich schon oft den Vorgang des Alterns kennengelernt. Wenn ich schon viele Male das Nahen des Todes erfahren habe, wo sind der Mut, die Weisheit und die Einsicht geblieben, die diese Begegnungen in mir vermutlich geweckt haben?

Im Kern kreisen alle solche Überlegungen um die Frage: «In welchem Zustand befinden sich meine früheren Leben jetzt, wo ein neues ‹Ich› ihren Platz auf der Erde eingenommen hat?» Existieren sie bis heute irgendwo als aktive Lebensformen weiter, oder sind sie auf irgendeine Weise in mir und existieren daher heute nur noch als Erinnerung, als geistiges Echo eines Wesens, das früher einmal gelebt hat? Das Schicksal meiner früheren Leben fällt letztlich mit dem meiner gegenwärtigen Identität zusammen, denn à la longue unterscheiden sie sich nicht voneinander. Was wird mit mir geschehen, wenn «mein» nächstes Leben den Faden dort wieder aufnimmt, wo ich ihn habe liegenlassen? Höre ich einfach auf zu existieren, wenn ich meine karmische Erbschaft an den Nächsten weitergegeben habe? Durchlebe ich dieses nächste Leben irgendwie selbst? Ohne Körper werden wir zu Wesen aus reinem Bewußtsein, zu Zentren der Aufmerksamkeit, die all die Erfahrungen, die wir während unseres Aufenthalts auf Erden gesammelt haben, erfassen und integrieren. Werden wir auch dann noch intakte Zentren der Aufmerksamkeit sein, wenn wir uns wieder verkörpern?

Man kann oft in reinkarnationistischen Schriften lesen, der Mensch sei «die Fortsetzung von dem, was vorher war». Doch selbst wenn ich in gewisser Weise eine Fortsetzung meiner früheren Leben bin, besitze ich doch nicht die Summe ihrer Erfahrungen. Meine Weisheit ist zu gering, als daß sie die kollektive Weisheit enthalten könnte; mein Talent zur Freude entspricht nicht der zusammengenommenen Begeisterungsfähigkeit vieler Leben. Mein Leben mag sich in irgendeiner Form über die früheren Existenzen hinaus fortentwickeln, aber es wiederholt sich auch, zumindest in mancher Hinsicht, mit jeder Geburt von neuem die Erfahrung des Menschseins. Und so kehren wir zu unserer Anfangsfrage zurück. Wenn ich nicht alle

Erfahrungen aus all meinen früheren Leben sammle und integriere, wo sind dann diese Erfahrungen? Oder anders ausgedrückt: Wer hat sie?

Die Überseele

Das ist die Art von Überlegungen, die viele Anhänger der Reinkarnationslehre dazu geführt hat, die Existenz einer *Überseele* anzunehmen.[1] Während man als *Seele* das Bewußtsein bezeichnet, das die Erfahrungen einer einzigen Inkarnation sammelt und integriert, meint *Überseele* das größere Bewußtsein, das ständig damit beschäftigt ist, die Erfahrungen sowohl meines Lebens als auch all der Leben, die diesem vorausgegangen sind bzw. folgen werden, zu sammeln und zu integrieren.[2] Alle diese Leben werden als innerhalb der Überseele präsent vorgestellt, wobei jedes einzelne irgendwie seine Integrität behält, während sie sich gleichzeitig gemeinsam zu einem größeren Bewußtsein zusammenfinden. Mein gegenwärtiges Leben ist eine Ausdehnung der Überseele; es ist ein Zyklus innerhalb seines unermeßlich viel größeren Lebenszyklus. So bin ich mit der Überseele in einem tieferen Sinne identisch als mit der Identität, die ich mit dieser Geburt angenommen habe. Durch die Überseele bin ich in einem größeren Kontext verwurzelt.

Erst die Überseele hat die Form geschaffen, die ich jetzt bin. Ich habe mir meine gegenwärtigen Lebensbedingungen nicht selbt ausgesucht, denn meine Persönlichkeit existiert erst seit dem Moment, wo diese Entscheidungen darüber getroffen wurden. Auch wurden diese nicht nur von dem Leben getroffen, das dem jetzigen unmittelbar vorausging, sondern von meiner «vollständigen Identität», also von der integrierten Gesamtsumme sämtlicher Erfahrungen meines persönlichen Stammbaums, eines Stammbaums, der hinter den Horizont der Zeit selbst zurückreicht. Die Überseele hat die Komponenten meines Lebens ausgewählt, um ihr eigenes Leben zu fördern und zu bereichern. Strenggenommen bin nicht ich es, der sich viele Male inkarniert, sondern Sie.

Als mir das Wesen der Überseele zum ersten Mal aufging, war ich fasziniert, aber auch beunruhigt, ja sogar wütend. Beunruhigt, weil ich gewöhnt war, mich mit diesem Körper und dieser Persönlichkeit zu identifizieren. Egal, was vorher war und was nachher kommen würde: Das war ich. Die Vorstellung von der Überseele führte dazu, daß ich mich fühlte, als sei ich bloß ein Arm an einem vielarmigen Wesen, das sich nach mehr und mehr Leben ausstreckt. Wegen seiner unermeßlichen Größe war das Sein der Überseele dem meinen überlegen. Ihr Wissen und ihre Macht gingen weit über alles hinaus, was ich zu bieten hatte. Was konnte ich ihr schon bedeuten? Ich wollte die Vorrangstellung meines Lebens nicht aufgeben.

Aber neugierig war ich auch, und diese Neugier sorgte dafür, daß ich die Überseele weiter erforschte, sowohl begrifflich als auch erfahrungsmäßig. Ich las mehr darüber und begann mit einer Reihe von Meditationsübungen mit dem Ziel, Kanäle zu öffnen, über die ich mit der Überseele in Verbindung treten konnte. Nach und nach entdeckte ich, daß der Wert meines Lebens durch das Vorhandensein einer größeren Identität nicht geschmälert, sondern gesteigert wurde. Der Reichtum meiner besonderen Existenz fing an, sich vor dem Hintergrund der unendlichen Zeit und der unendlichen Entwicklung klarer abzuzeichnen. Schließlich konnte ich mich dem Reiz der Vorstellung, daß ich ein Teil einer so unermeßlichen Wirklichkeit war, nicht mehr verschließen.

Bevor ich allerdings so weit kam, mußte ich lange darum ringen, die Überseele und ihre Beziehung zu meinem Leben zu verstehen. Wie konnte ich dieses größere Leben so begreifen, daß es die Integrität meines eigenen, kleinen Lebens nicht beeinträchtigte? Während dieses langen Ringens träumte ich einmal von einer Schlange, deren Körper aus einer Reihe von Ringen bestand. Jeder Ring war ein einzelner Lebenszyklus, und die Schlange war das Mega-Wesen, dessen Erfahrung die einzelnen

Ringe zu einem zusammenhängenden Ganzen zusammenschloß. Jedes Atom, jedes Molekül und jede Zelle jedes Rings gehörte gleichzeitig zu diesem Ring und zu der Schlange als Ganzes. Dieses einfache Bild löste in mir eine tiefe Erfahrung der Zugehörigkeit zur Überseele aus, aber es blieben noch Fragen offen. Einerseits bin ich nur ein Teil dieses Wesens, ein einzelner Ring unter vielen, aber andererseits bin ich dieses Wesen ganz. Wie paßte das zusammen?

Als ich mich mit diesem Problem herumschlug, stieß ich durch Zufall auf etwas, was ein weiteres Aha-Erlebnis in mir auslöste. Dadurch wurde meinem begrifflichen Verständnis der Überseele eigentlich nichts Neues hinzugefügt, aber es zeigte mir doch, wie die Natur oft die Vielfalt mit der Einheit zu verbinden versteht.

In einem Laden am Meer stieß ich zufällig auf einen großen vielkammerigen Nautilus (Tintenschnecke). Man hatte ihn sorgfältig aufgeschnitten und so fixiert, daß nebeneinander die innere und die äußere Seite derselben Schnecke zu sehen waren. Auf einer Seite sah ich eine Reihe von Kammern, die nach innen zu sehr klein waren, die aber, während sie dem Bogen der sich in einer eleganten Spirale entfaltenden Schale folgten, nach außen hin immer größer wurden. Für mich stellte jede Kammer ein menschliches Leben dar, eine abgegrenzte Etappe im Rahmen einer umfassenderen Entwicklung, stets gefolgt von einer weiteren, etwas größeren Etappe. Immer im Kreis entfalteten sich die Leben und folgten dabei dem Wirbel der archetypischen Spirale einer zyklischen und doch unendlichen Entwicklung. Die Schnecke, die ich vor mir hatte, besaß neunundzwanzig Kammern, von denen jede mit der nächsten durch ein kleines, unscheinbares Loch in der Kammerwand verbunden war.

Neben dieser Spirale aus einzelnen Kammern sah man den äußeren Mantel derselben Schnecke. Diese Seite bot ein Bild der Ganzheit, denn sie zeigte ein farbiges Muster aus kräftigen braunen Linien, das die neunundzwanzig Kammern im Innern zu einer Einheit zusammenfaßte. Das Muster war so meisterhaft ausgeführt, daß es wirkte, als hätte ein Künstler eine ausgewachsene Schnecke mit ein paar kräftigen Strichen angemalt. Die braunen Streifen liefen so glatt über die inneren Kammern der Schnecke, als seien diese nicht vorhanden (vgl. Abb. 4.1).

Abbildung 4.1

Als ich die beiden Seiten der Schnecke da so nebeneinander liegen sah, fügte sich mir ganz plötzlich intuitiv zusammen, was mein diskursiver Verstand nicht hatte verbinden können. Was auf einer Seite in einzelne Segmente eingeteilt war, zeigte sich von der anderen Seite als eine einzige Lebensform, ausgerichtet auf ein einziges Ziel hin. Keine Seite existierte ohne die andere. So wurde der vielkammerige Nautilus für mich zu einem Sinnbild dafür, wie individuelle Leben sich wunderbar in ein größeres Ganzes integrieren lassen. Er überzeugte mich auch davon, daß ich mir das kleinere Ich und die Überseele als in zwei voneinander getrennten, aber sich gegenseitig durchdringenden Realitätssphären existierend vorzustellen hatte. Die natürliche Umgebung der Überseele ist die geistige Welt, die nicht an die Gesetze der Zeit und der linearen Kausalität gebunden ist, die in der physikalischen Welt gelten. Wenn ich die Überseele verstehen wollte (soweit das von dieser Seite des Daseins aus möglich ist), würde ich lernen müssen, mein Denken von den Regeln zu lösen, die das Leben auf der körperlichen Ebene beherrschen. Vor allem würde ich lernen müssen, atemporal, alinear und holographisch zu denken.[3]

Wenn unser Ego unsere natürliche Identität in der physischen Welt ist, ist die Überseele unsere natürliche Identität in der geistigen Welt. Wenn wir im «Tode» unseren physischen Leib zurücklassen und in das Reich des Geistes zurückkehren, tauschen wir unsere Ego-Identität (im Idealfall) gegen die größere Identität der Überseele ein, wie Dr. Whittons Versuchspersonen bestätigen. Diese größere Identität besteht aus allen je von uns gelebten Leben. Die Wiedervereinigung mit der Überseele ist daher gleichzeitig die Erfahrung einer ungeheuren Ausdehnung unseres Wesens und einer Heimkehr zu einer tieferen Identität mit sich selbst.

Ich kenne keine bessere Schilderung dieses Vorgangs als jene, die Robert Monroe in seinem Buch *Der zweite Körper* gegeben hat. Sein Bericht beschreibt ein tatsächliches Erlebnis, das er nicht am Ende seines Lebens, sondern während einer außerkörperlichen Erfahrung hatte. Viele Jahre bewußtseinserweiternder Arbeit waren dem hier beschriebenen außergewöhnlichen Erlebnis vorausgegangen. Monroe schreibt:

> Ich befinde mich in einem hellen, weißen Tunnel und bewege mich rasch vorwärts. Nein, es ist kein Tunnel, sondern eine Röhre, eine durchsichtige, strahlende Röhre. Ich bin eingetaucht in die Strahlung, die alles in mir durchströmt, und die Intensität und das Erkennen all dessen umfangen mein Bewußtsein, und ich lache vor übergroßer Freude ... Der Strahlungsfluß in der Röhre verläuft in zwei Richtungen. Der Strom, der an mir vorbei in die Richtung geht, aus der ich komme [die Erde], ist sanft, gleichmäßig und ungetrübt. Der Strom, der ich bin, bewegt sich in die entgegengesetzte Richtung und scheint ganz anders zu sein. Er ist auf komplexere Art aufgebaut. Er ist wie die Welle, die an mir vorbeizieht, aber er enthält eine Vielzahl kleiner Wellen, die in die Grund-

substanz eingeprägt sind. Ich bin beides, die Grundsubstanz und die kleinen Wellen, und bewege mich zurück zum Ursprung. Die Bewegung ist stetig und ohne Hast, angetrieben von einem Wunsch, den ich kenne, aber nicht ausdrücken kann. Allein das Wissen darum läßt mich in freudiger Verzückung vibrieren.

Die Röhre scheint breiter zu werden, da eine andere sich von der Seite mit ihr verbindet, und eine weitere Welle vermischt sich mit mir, und wir werden eins. Ich erkenne die andere sofort und sie mich auch, und es herrscht große Freude über die Wiedervereinigung, dieses andere Ich und ich. Wie konnte ich das vergessen! Gemeinsam bewegen wir uns weiter, erkunden überglücklich die Abenteuer, Erfahrungen und das Wissen des anderen. Die Röhre wird erneut breiter, und ein weiteres Ich stößt zu uns, und der Vorgang wiederholt sich. Die Form unserer Wellen ist bemerkenswert identisch, und unser Muster wird stärker, da sie sich phasengleich bewegen. Jede weist vielfältige Änderungen auf, die, wenn sie mit einer anderen verwandten Abweichung kombiniert werden, eine neue und bedeutsame Abwandlung des Ganzen bewirken, das wir sind.

Die Röhre erweitert sich wieder, und ich mache mir keine Gedanken mehr wegen der Wände, als noch ein weiteres Ich in den Strom der Wellen tritt. Dieses ist besonders aufregend, da es das erste ist, das ich als Rückkehrer von einem völlig nichtmenschlichen Ausflug wahrnehme. Doch das Ineinandergleiten war fast perfekt, und wir wurden soviel mehr. Jetzt wissen wir, daß irgendwo ein bewußt gesteuerter physischer Schwanz, ähnlich dem eines Affen, zu weit mehr nützlich ist als zum Halten des Gleichgewichts und zum Gebrauch als eine dritte Hand. Er kann ein sehr brauchbares Kommunikationsmittel sein, weit mehr als eine hochentwickelte Zeichensprache und ebenso beredt wie das ausgesprochene Wort.

Stetig und sicher schließt sich uns ein anderes Ich nach dem anderen an. Mit jedem werden wir bewußter und erinnern mehr vom Ganzen. Wie viele es sind, scheint nicht wichtig zu sein. Unser Wissen und Können ist so groß, daß wir uns nicht die Mühe machen, darüber nachzudenken. Es ist nicht wichtig. Wir sind eins.

Um die Reise in der Röhre fortzusetzen, um zur Quelle der Energie zu gelangen, die all die Leben, mit denen er sich eins empfand, geschaffen hatte, hätte Monroe «vollständig» sein müssen, wie er sich einmal ausdrückt. Aber er war noch unvollständig und konnte daher einen bestimmten Punkt nicht überschreiten.

Wenn die Überseele all die Fähigkeiten und all das Wissen enthält, die sie viele Jahrtausende lang gesammelt hat, dann müssen wir uns gewaltig anstrengen, um uns vorzustellen, wie das Bewußtsein dieses Wesens beschaffen sein könnte. Monroe setzt seinen Bericht mit der Beschreibung dieser größeren kollektiven Identität, als die er sich jetzt erfuhr, fort:

> Uns alle durchströmt eine einheitliche Energie, die unsere Schöpfung ist, die im Übermaß die Wirklichkeit des Ganzen als viel größer als die Gesamtheit seiner Teile zeigt. Unsere Fähigkeit und unser Wissen scheinen grenzenlos, doch wir wissen, an diesem Punkt ist so etwas nur gültig innerhalb der Energiesysteme unserer Erfahrung. Wir können Zeit erschaffen, wie es uns beliebt oder erforderlich ist... Wir können Materie aus anderen Energiemustern erzeugen oder deren Aufbau in jedem gewünschten Umfang ändern bis hin zur Rückverwandlung in die ursprüngliche Form. Wir können jede Wahrnehmung [Einsicht und Wissen] innerhalb der Energiefelder unserer Erfahrung erzeugen, verstärken, ändern, abstimmen oder auslöschen. Wir können jedes dieser Energiefelder untereinander oder in andere umwandeln, ausgenommen dasjenige, das wir sind. Wir können nicht unsere Urenergie erschaffen oder verstehen, bevor wir nicht vollkommen sind.

> Wir können physische Modelle erschaffen wie eure Sonne und das Sonnensystem, aber wir tun es nicht. Es ist schon geschehen. Wir können das Umfeld eures Planeten Erde ausrichten, aber wir tun es nicht. Es war nicht unser Entwurf. Wir können den Strom des menschlichen Lernerlebnisses und auch anderer Lernerlebnisse ähnlichen Inhalts durch Zeit und Raum überwachen, ergänzen und verstärken und tun das auch. Das machen wir ständig auf allen Ebenen menschlichen Bewußtseins, um jene sich sammelnden Einheiten unserer Urenergie [d. h. Menschen] angemessen vorzubereiten auf den Eintritt und das Verschmelzen mit der Gesamtheit, die wir werden. Es ist das Wesen unseres Wachstums, so zu handeln. Diese Hilfe und Vorbereitung leisten wir nur auf Anforderung einer oder mehrerer Bewußtseinsebenen innerhalb der sich sammelnden Einheit. Danach besteht eine Verbindung, durch die Kommunikation in vielerlei Form zwischen uns erfolgt, bis die letzte Umwandlung geschieht.[4]

Das Verschmelzen mit dieser höheren, kollektiven Identität war für Monroe, wie man sich vorstellen kann, ein äußerst eindrucksvolles, bewegendes Erlebnis. Das erhabene Wissen, über das er dabei zeitweilig verfügte, erinnert mich stark an Nah-Todeserfahrungen, bei denen ein ähnliches Phänomen auftritt. Menschen, die ein solches Nah-Todeserlebnis hatten, berichten manchmal, daß sie für ganz kurze Zeit in den Besitz außerordentlichen Wissens gelangt sind. Selbst in der einmaligen Berührung mit diesem Wissen liegt eine transformative Wirkung, die noch lange anhält, nachdem das Wissen selbst verblaßt ist. In seinem Buch *After the Beyond* berichtet Charles Flynn über zwei solcher Fälle:

> (1)Wie ich mich in diese Liebe eingeschlossen fühlte, wie ich fühlte, daß das Wissen, das ihr entströmte, mich umgab, da meinte ich die Geheimnisse aller Dinge vom Anbeginn der Zeiten bis in alle Ewigkeiten zu kennen, und ich wußte, daß es

kein Ende gibt. Ich wußte, daß wir nur ein ganz kleiner Teil von etwas gigantisch Großem sind, während wir als Menschen mit unseren Leben ineinandergreifen wie Puzzleteilchen, und daß wir nur ein unendlich kleiner Teil des Universums sind. Aber wir sind auch etwas ganz Besonderes.
(2) Während des Erlebnisses wußte ich, daß ich von diesem inneren Wissen, von diesem absoluten Wissen bis auf einen winzigen Rest praktisch nichts behalten würde. Aber eine von den Wahrheiten, die ich entdeckt habe, ist, daß wir eine Menge von dem, was für das Verstehen wesentlich ist, schon besitzen. Man braucht nur in seinem Inneren danach zu suchen. In diesem Sinn haben wir in uns einen phänomenalen Vorrat an Informationen.

Ich glaube, bei dem Wissen, mit dem diese Menschen in dem Moment in Berührung gekommen sind, als sie dem Tod nahe waren, könnte es sich um das Wissen handeln, das sie im Verlauf ihrer vielen früheren Leben angesammelt haben. Wenn das zuträfe, dann wäre es ein Teil ihrer eigenen tieferen Identität als Überseele, zu der sie für einen kurzen Augenblick wieder geworden sind.[5]

Trotz ihrer offenbar außerordentlichen Reserven an Wissen und Macht scheint die Überseele ihre Aufmerksamkeit darauf zu konzentrieren, uns zu helfen, die Lektion zu lernen, die zu lernen wir auf die Erde gekommen sind. Wir sind das Mittel, durch welches sie jetzt lernt, was sie braucht, um sich zu vervollkommnen. Sie vervollkommnet sich selbst, indem sie uns bei unserer Vervollkommnung hilft. Wir sind der Schüler, der sie im Augenblick in der irdischen Schule vertritt, ein Teil ihrer selbst, den sie ausgesandt hat, um für das Wohl des Ganzen zu arbeiten, zu dessen Lernbedingungen es aber gehört, seine Verbindung mit dem Ganzen zu vergessen.

Bis zu einem gewissen Grad können wir den Schleier dieses Vergessens allerdings durchdringen, noch während wir die irdische Schule besuchen. Sobald wir einmal von der Existenz der

Überseele und unserer Verbindung mit ihr wissen, können wir damit anfangen, uns für sie zu öffnen. In gewisser Hinsicht können wir eine unbewußte Beziehung bewußt machen.

Wie Monroe feststellt, kann die Überseele erst dann damit beginnen, uns zu helfen, wenn wir um Hilfe bitten. Das scheint ein allgemeines Prinzip im Reich des Geistes zu sein – die bewußtere Dimension unseres Wesens darf der weniger bewußten Dimension nur helfen, wenn diese darum bittet. Solange wir nicht um Unterstützung gebeten haben, sind wir mehr oder weniger darauf angewiesen, allein zurechtzukommen. Da wir früher oder später mit Aufgaben konfrontiert werden, die unsere beschränkten Fähigkeiten überschreiten, sorgt das System dafür, daß wir schließlich, ob in diesem oder im nächsten Leben, die Realität dieser größeren Identität und unsere Beziehung zu ihr entdecken.

Für das, was möglich ist, offen werden

Solange wir das Leben so betrachten, als stünde uns nur eine einzige kurze Zeitspanne zur Verfügung, sind unsere Auftritte nicht mehr als winzige Gastrollen, so daß wir am Abenteuer des Universums keinen nennenswerten Anteil haben.

Die Reinkarnation gibt uns Anlaß, in unseren Fragen nach unserem Wesen und nach unserem Platz in der Ordnung der Dinge tiefer zu gehen. Wenn wir zu ahnen beginnen, wie lange wir leben, wenn wir anfangen, den wahren Horizont unseres Lebens zu würdigen, erscheint es nicht mehr sinnvoll, uns nur als Bewohner eines einzigen Landes und als Bürger eines einzigen Jahrhunderts zu verstehen.

Es ist nicht unsere gegenwärtige Ego-Persönlichkeit, die sich so weit über die Zeiten erstreckt, sondern die Überseele. Die Überseele ist unsere Brücke in den Kosmos. Ihr Leben und ihre Arbeit geben uns unseren Platz in der Göttlichen Ordnung. Durch unsere Teilhabe an ihr werden wir in Prozesse involviert, die sich über Äonen erstrecken, Prozesse von solchen Ausmaßen, daß wir nicht einmal die in ihnen verborgenen Möglichkeiten so ohne weiteres erkennen.

Unsere Entwicklung wird durch die uns zugeteilten Jahre limitiert. Das muß aber auch für die Überseele gelten. Auch sie kann sich nicht zu mehr entwickeln, als ihr zeitlich möglich ist. Daher stellt sich natürlich die Frage nach ihrer Lebenserwartung. Wenn wir also im Endeffekt so lange am Leben bleiben wie die Überseele lebt – wieviel Zeit hat dann eigentlich die Überseele?

Die Reinkarnationslehre sagt, daß wir als Überseele ein Wesen sind, das außerhalb der physikalischen Wirklichkeit existieren kann, ein geistiges Wesen, das in die physikalische Wirklichkeit eintritt, in ihr aber nicht enthalten ist. Wenn wir ein geistiges Wesen sind, das nicht an die Lebenserwartungen des physikalischen Universums gebunden ist, kommen wir unserem wahren Alter vielleicht am nächsten, wenn wir an Galaxien denken, die Millionen und Milliarden Jahre alt sind. Und doch bleiben auch derartig überdimensionale Projektionen Metaphern, denn die Zeit, wie wir sie kennen, ist eine Funktion der materiellen Existenz und nicht unbedingt eine Eigenschaft der geistigen Sphäre. Die lineare Zeit ist Teil des Raum/Zeit-Kontinuums. Sie ist die vierte Dimension von Einsteins vierdimensionalem Universum. Außerhalb des physikalischen Universums hört sie auf zu funktionieren, zumindest verhält sie sich dort ganz anders.

Laut Robert Monroe gibt es in der nichtphysikalischen Sphäre Bewegung und Entwicklung und daher auch eine Abfolge, allerdings nicht die einengenden Beschränkungen der sequentiellen Zeit, die unsere irdische Erfahrung bestimmen. Ich gebe zu, daß ich nicht bis ins Letzte verstehe, wie es eine Abfolge ohne Zeit geben kann, aber ich verwerfe diese Möglichkeit nicht. Unsere Sprache wurde in der Welt der linearen Zeit und für den Gebrauch in ihr geschaffen und steht deshalb unseren Bemühungen im Wege, über ein atemporales Universum zu reflektieren, geschweige denn dieses zu beschreiben. Zweifellos hat uns die Relativitätstheorie gelehrt, von der Zeit das Unerwartete zu erwarten.

Worauf ich hinaus will, ist, daß wir zeitliche Vorstellungen nicht einfach aus dem physikalischen auf den geistigen Bereich übertragen können. Wenn wir fragen, wie lange die Überseele lebt, machen wir uns daher vermutlich dessen schuldig, was die Philosophen einen «kategorialen Fehler» nennen, das heißt, daß wir Kategorien auf eine Sache anwenden, die ihr eigentlich nicht zukommen. Die im Rahmen der linearen Zeit entworfene Kategorie der Lebenserwartung ist auf die Überseele vermutlich überhaupt nicht anwendbar. Wenn man sich die Lebensdauer der Überseele in Größenordnungen von Millionen oder gar Milliarden Jahren vorstellt, dann ist das wohl bestenfalls eine anschauliche Annäherung an eine Wirklichkeitssphäre, die jenseits unseres Horizonts liegt.

Statt zu versuchen, uns der Überseele mit Zeitbegriffen zu nähern, sollten wir sie als ein außerhalb der Zeit existierendes Wesen begreifen, das immer wieder in das Raum/Zeit-Kontinuum eintaucht und sich aus ihm löst. Selbst während ein Teil von ihm in die Zeit verwickelt ist, schwebt der größere Teil seines Wesens außerhalb der Zeit. In der westlichen Theologie haben solche Überlegungen eine gewisse Tradition. Der Geist wird da als ewig betrachtet. Richtig verstanden, bedeutet Ewigkeit nicht eine endlose Ausdehnung der linearen Zeit, sondern eine völlig andere Seinsweise. Die Ewigkeit ist eben nicht «für immer und ewig», sondern eine allumfassende Gleichzeitigkeit, auf die die Gliederung in Vergangenheit, Gegenwart und Zukunft nicht zutrifft. Ewigkeit ist Zeitlosigkeit.

Die religiösen Traditionen, die die Reinkarnation lehren, sind mit den westlichen Religionen der Ansicht, daß wir Geist sind und als Geist nie sterben können. Diesem gemeinsamen Unsterblichkeitsbewußtsein fügen diese Traditionen jedoch noch die Beobachtung hinzu, daß das Leben im Geist nicht statisch, sondern dynamisch ist. Wir können nie sterben, aber es gehört zu unserer Natur, daß wir uns verändern und entfalten, ja, daß wir uns in kritischen Phasen unserer Entwicklung in höhere Lebensformen umbilden. Das ist der Zyklus von Tod und neuer Geburt, die stufenweise Umbildung der Form, die notwendig ist, um die Arbeit der ewigen Entfaltung zu ermöglichen. Das ist der Zyklus, der uns in der Spirale unserer Entwicklung von Leben zu Leben – ja von Gattung zu Gattung – trägt.

Obwohl die Überseele außerhalb der Zeit, wie wir sie auf der Erde kennen, existiert, nimmt auch sie möglicherweise im Rahmen ihrer eigenen Entwicklung an einem ähnlichen Zyklus von Tod und Wiedergeburt teil. Vielleicht muß auch sie eines Tages ihre Form aufgeben, um in ihrer Struktur liegende Beschränkungen hinter sich zu lassen und zu etwas Neuem, Größerem zu werden. Hier laufen unsere Spekulationen ins Leere. Dennoch, wenn wir von dem Tod/Wiedergeburt-Zyklus der menschlichen Erfahrung auf die Erfahrung der Überseele schließen können, dann haben wir Grund zu der Annahme, daß auch bei der Überseele, wenn sie eine Metamorphose in eine höhere Lebensform durchmacht, in der Verwandlung alles, was ihr angehört, erhalten bleibt. Alles würde bewahrt und weitergetragen werden. Geradeso wie die Überseele die Erfahrungen unserer vielen Leben sammelt und bewahrt, so würde das, was dann kommt, was auch immer es sein mag, all die Erfahrungen, die in der Überseele versammelt sind, bewahren. Durch alle physikalischen und geistigen Welten zieht sich unaufhörlicher Wandel, doch das Leben ist ewig. Durch die Überseele sind wir ewig.

Die Überseele und Gott

Wer gewohnt ist anzunehmen, daß es zwischen uns und Gott nichts gibt, für den kann die Vorstellung von der Überseele ein ziemlicher Schock sein. Wir mögen zunächst denken, durch die Existenz der Überseele seien wir ein Stückchen weiter von Gott entfernt; in Wirklichkeit trifft das aber nicht zu. In den esoterischen spirituellen Traditionen, die die Reinkarnation lehren, wird mit Gott alles bezeichnet, was existiert, einschließlich der physikalischen Welt und der nichtphysikalischen Welt(en). Gott ist die Intelligenz, die alle niederen Intelligenzen erschafft und in sich enthält. Die Myriaden von Sternen, die wir am Nachthimmel sehen, sind nur Zellen im Körper Gottes. Alles, was ist, ist Teil der sich in verschiedenen Formen manifestierenden Wirklichkeit Gottes.

Gott ist nicht nur die Mega-Totale von allem, was ist, sondern gleichzeitig die innere Essenz eines jeden Teils. In jedem noch so kleinen Teil des Seins ist die Essenz des Göttlichen Lebens, der Göttliche Funke. Durch diesen Göttlichen Funken lebt der Kosmos als ein einziges Wesen, während er auf einer anderen Ebene gleichzeitig als viele verschiedene Wesen lebt.

Weil alles, was ist, diesen göttlichen Funken enthält, sind wir immer direkt mit dem Ganzen verbunden. «Du bist mir näher als meine Drosselvenen», sagt der Moslem über Allah, und das ist wahr. In der Tat sind wir mit der Gottheit mehr als eng verbunden, wir sind die Gottheit. Unsere Substanz ist ihre Substanz; unsere tiefste Identität ist ihre Identität. Wenn wir auch dazu neigen, das Bewußtsein dieser Identität zu verlieren, wenn wir in die physikalische Welt eintauchen, wo die Materie das Gefühl des Getrenntseins unterstreicht, ist sie doch unter der Oberfläche immer da.

Es ist eine paradoxe Situation. Wir sind gleichzeitig das Ganze und ein einzelner Teil. In unserem tiefsten Wesen sind wir nicht mit unserer Persönlichkeit oder mit der Überseele identisch, sondern mit der Gottheit selbst. Und doch sind wir auch ein Teilchen in einem Drama, das größer ist als wir. Als Zentrum des Bewußtseins, dem hundert Jahre der Erfahrung anvertraut sind, sind wir gleichzeitig Teil eines größeren Bewußtseins, der Überseele, der ihrerseits eine unbestimmte Zahl von «Jahren» der Erfahrung anvertraut ist. Dieses Wesen ist seinerseits Teil eines noch größeren Bewußtseins – einer Über-Überseele, wenn Sie so wollen. Wir haben allen Grund zu der Annahme, daß jedes Ganze auf diese Weise wieder und wieder in immer größeren Einheiten aufgeht, so daß immer höhere Sprossen auf der Bewußtseinsleiter erklommen werden, bis schließlich das allumfassende Bewußtsein Gottes-des-Allseienden erreicht ist.

Wir wissen aus der Überlieferung der Erleuchteten, daß jeder von uns in sich die Gott-Natur in ihrer reinsten, noch undifferenzierten Form erfahren kann. Diese Realität, die mit den verschiedensten Namen benannt wird – als Ungeteiltes Bewußtsein, Das Eine, Die Gottheit, Das Formlose, Die Leere, Die Leerheit, Das Nicht-Sein, Der Grund des Seins usw. – zeigt sich als etwas Unteilbares und Ganzes. Daher ist es eo ipso mit Worten nicht faßbar, weil diese ihrer Natur nach die Welt in einander ausschließende Kategorien einteilen. Diese Wirklichkeit kann zwar nicht beschrieben, aber sehr wohl erfahren werden. Diejenigen, die Sie erfahren haben, stellen fest, daß sie in ihrem innersten Kern immer mit Ihr identisch gewesen sind. Nie war Sie abwesend. Wir kannten Sie nur nicht.

Die gleiche Überlieferung der Erleuchteten lehrt uns jedoch auch, daß diese Wirklichkeit, als Sie zum ersten Mal beschloß, sich in der Verschiedenheit auszudrücken, einen Prozeß der Entfaltung in Gang setzte, der viele Zwischenreiche und viele geistige Zwischenwesen hervorbrachte, die für diese Dimensionen Ihres Wesens verantwortlich waren. Diese geistigen Wesenheiten werden in den vielen Gottheiten und Bodhisattvas der östlichen Kosmologien erkannt und geehrt. Das sind keine Götter (als könnte es mehr als einen Gott geben), sondern geistige Zwischenwesen, die die höheren Funktionen des Ganzen leiten und ordnen. Das sieht auf den ersten Blick aus wie krasser Polytheismus, aber: «Nur das Eine existiert.» Als dieses Eine sich jedoch in verschiedene geistige Reiche und schließlich auch in unsere physikalische Welt entfaltete, wurde aus Seinem Körper ein komplexer Körper. In seiner manifestierten Form ist das geistige Reich einheitlich, aber nicht einfach. Es ist mit Wesen angefüllt, deren Aufgaben und Fähigkeiten unsere Vorstellungskraft übersteigen.

Die Überseele ist unsere Brücke zu diesen geistigen Wesenheiten. So wie unser Leben in das der Überseele eingebettet ist, so ist ihr Leben, so nehme ich einmal an, in ein weiteres, noch größeres Bewußtsein eingebettet, und dieses wieder in ein weiteres und so fort. Informationen und Energie fließen dann in beiden Richtungen durch dieses System, von oben nach unten und von unten nach oben – oder, wenn einem das lieber ist, von außen nach innen und von innen nach außen.[6]

Vielleicht wird uns diese Vorstellung von hierarchisch ineinander eingebetteten geistigen Wesenheiten verständlicher, wenn wir einmal unseren Körper betrachten, denn hier spielen sich vergleichbare Prozesse ab. Als körperlicher Organismus setzen wir uns aus vielen Organsystemen zusammen, die ihrerseits aus Organen bestehen, die aus verschiedenen Geweben gebildet sind. Ein Gewebe ist nichts anderes als die Organisation von Zellen, die aus Molekülen bestehen, die sich aus Atomen zusammensetzen. Atome lassen sich in Kern und Elektronen zerlegen, die aus subatomaren Teilchen und sogar aus subelektronischen Teilchen bestehen. Hier wird die Lage sehr kompliziert, weil die Teilchen als solche eine Tendenz haben zu verschwinden und wir schließlich die Wirklichkeit als Energiefelder betrachten müssen (die nach Aussagen manch eines Teilchenphysikers in ihrem Verhalten mehr den Gesetzen des Bewußtseins als denen der Materie folgen). So ist unser Körper eine unglaublich komplexe Hierarchie von interdependenten Systemen, die in andere Systeme eingebettet sind. Ein einziger menschlicher Körper besteht aus so vielen lebenden Organismen, daß Lewis Thomas in *The Lives of the Cell* vorschlägt, sich den Körper als eine riesige Stadt vorzustellen, deren viele Einwohner in einem sich wechselseitigen stützenden Gleichgewicht zusammenleben.[7]

Und auch die esoterischen spirituellen Lehren legen uns nahe, unser Bewußtsein als etwas zu betrachten, was ganz ähnlich in ein komplexes Netz von Bewußtseinen eingebettet ist, aus deren Gesamtheit sich das Bewußtsein Gottes zusammensetzt. Ontologisch – das heißt im Hinblick auf unser Sein – sind wir die Gottheit; unser Wesen ist Ihr Wesen. Operationell dagegen ist unsere Beziehung zur Göttlichen Totalität durch verschiedene Zwischenstufen vermittelt, die ebenso wie wir nur verschiedene Manifestationen des Einen sind.

Individuelle Identität und Überseele

Am Anfang dieses Kapitels haben wir gefragt: «Werden wir auch dann noch intakte Zentren der Aufmerksamkeit sein, wenn wir uns wiederverkörpern?» Nun, da uns die Vorstellung von der Überseele zur Verfügung steht, können wir die Frage neu stellen: «Bewahrt die Überseele, während sie meine Erfahrungen in ihr umfassenderes Bewußtsein integriert, meine individuelle Identität?» Wird unser Leben beim Prozeß der Assimilation einfach in kleine Erfahrungssegmente zerteilt, oder bleibt es als Ganzes intakt? Hinter diesen Fragen steckt meiner Meinung nach der Wunsch zu erfahren, ob unser individuelles Leben einen über die Funktion eines Mittels zum Zweck – zur Ansammlung von Informationen – hinausgehenden eigenen Wert hat, denn wir neigen zu der Annahme, nur das besitze Wert, was als Ganzes intakt bleibt. Außerdem fällt es uns äußerst schwer, uns vorzustellen, daß wir unsere augenblickliche Identität sang- und klanglos aufgeben, selbst wenn wir dafür eine andere, umfassendere bekommen.

Es ist schwer, die Prozesse, die dabei eine Rolle spielen müssen, begrifflich faßbar zu machen. Ich möchte der Frage nach dem Schicksal unserer individuellen Identität daher zunächst weiter nachgehen, indem ich mich mit dem klinischen Material beschäftige, das die Reinkarnationstherapien liefern. Dabei wird uns der Blick auf die Vergangenheit unsere Zukunft zeigen, so wie wir selbst eines Tages das frühere Leben eines anderen sein werden. Was wir im Zuge dieser Therapien über das Schicksal unserer früheren Leben erfahren, können wir daher auch als Hinweis auf unser jetziges Schicksal betrachten.

Natürlich müssen wir mit diesem Material sehr vorsichtig umgehen, denn Daten aus so tiefen Schichten der Psyche zu sammeln, wirft ernste methodologische Schwierigkeiten auf. Wenn wir jenes Gebiet der Psyche erforschen wollen, wo die Erinnerung an frühere Leben gespeichert ist – und wir werden sehen, daß selbst eine solche Formulierung schon das Untersuchungsergebnis präjudiziert –, dann sind wir darauf angewiesen, das Bewußtsein zur Erforschung des Bewußtseins einzusetzen. Wir müssen unser gegenwärtiges Ich-Bewußtsein einsetzen, um etwas zu erforschen, was wir vielleicht als «tiefe Psyche» bezeichnen können. Dabei stellen wir fest, *daß die tiefe Psyche sich stets entsprechend der Annäherung des Ich-Bewußtseins organisiert.* Mit anderen Worten: Für wie klug wir den Weisen auf dem Berggipfel halten, hängt von der Qualität der Fragen ab, die wir ihm stellen.[8]

Die methodologische Schwierigkeit, mit der wir es hier zu tun haben, ist dieselbe, mit der die Forschung überall zu kämpfen hat. Als Forscher sind wir nie in der Lage, unseren Gegenstand von einem völlig neutralen Standpunkt aus zu betrachten. Wir können nicht vermeiden, das Objekt, das wir untersuchen wollen, zu stören, ja zu beeinflussen oder gar zu entstellen. Das gilt besonders für die tiefen Schichten der Psyche, denn hier ist eine Untersuchung nur möglich durch ein Höchstmaß an Wechselwirkung: Der Bewußtseinszustand, *in dem wir uns gerade befinden,* tritt zu dem von uns untersuchten Bewußtsein in Beziehung und bringt dementsprechend *verschiedene* Ergebnisse hervor. Anders lassen sich keine Daten sammeln.

Wenn wir daher die Hypnose einsetzen, um diese Bereiche zu erforschen, werden uns unsere früheren Leben je nach der Art, wie wir uns ihnen nähern, entgegentreten. Wenn wir lediglich auf der Suche nach Fakten aus der Vergangenheit sind, werden wir vermutlich auch nur Fakten finden – wer wir gewesen sind, wo, wann usw. Suchen wir dagegen nach Erfahrungen, die wir in früheren Leben gemacht haben, dann werden wir auf diese Erfahrungen stoßen. Wir werden genau das wiedererleben, was damals erlebt wurde – und zugleich Zeuge sein. Dieses Wiedererleben ist so, als sähe man ein Theaterstück und stünde gleichzeitig als Schauspieler auf der Bühne. Als Zuschauer haben wir die Freiheit, das Theater jederzeit zu verlassen oder bis zum Ende des Stücks zu bleiben, aber wir können nicht das Skript ändern. Diese beiden Methoden der Annäherung könnten uns zu der Annahme verleiten, unsere früheren Leben existierten nur als statische Erinnerungen, die wir irgendwo «im Kopf» herumtragen.

Aber wird diese Erklärung unseren früheren Leben wirklich gerecht, oder ist sie nur ein Nebenprodukt der Art, wie wir an sie herangegangen sind? Was würde geschehen, wenn wir uns der tiefen Psyche ohne festgelegten Plan näherten (soweit das möglich ist) und bereit wären, uns auf alles einzulassen, was dabei zum Vorschein käme? Wenn wir der Psyche erlauben würden, sich unter Hypnose nach ihren eigenen Vorstellungen zu entfalten – wie würden wir unsere früheren Inkarnationen dann erleben?

Dieser Art von Open-end-Hypnotherapie begegnen wir im Rahmen der Reinkarnationstherapie recht selten. Wenn die Hypnose eingesetzt wird, um an Erinnerungen aus früheren Leben heranzukommen, so geschieht das meist, um Lösungen für ganz bestimmte Probleme zu finden, also mit einer ganz bestimmten Absicht. Was die Menschen in die Therapie treibt, sind ihre Leiden, nicht ihr Wissensdurst. Sie sind auf Erleichterung aus, nicht auf Forschung. Auch finanzielle Erwägungen und der gedrängte Terminkalender der Therapeuten sorgen dafür, daß man sich der Psyche meist mit eher zielgerichteten Methoden nähert. Nun mag es unter diesen Umständen durchaus angebracht und vernünftig sein, einen solchen Ansatz zu wählen. Wir müssen uns darüber klar sein, daß dadurch das, was die Psyche freigibt, sowie die Art, wie dieses Material sich präsentiert, von vornherein eingeschränkt wird. Wenn wir nicht nur verstehen wollen, was unsere früheren Leben waren, sondern darüber hinaus auch wissen wollen, was sie *jetzt* sind, wenn wir die Natur ihrer *gegenwärtigen Existenz* erkennen wollen, dann müssen wir uns der Psyche mit weniger restriktiven Methoden nähern.

Dr. David Cliness, Professor an der Youngstown State University, befaßt sich seit vielen Jahren mit der Entwicklung einer therapeutischen Methode, die auf einer solchen Open-end-Begegnung mit der Psyche im hypnotischen Zustand beruht.[9]

Ein solcher Open-end-Zugang zur Psyche führt dazu, daß die früheren Inkarnationen häufig nicht als bloße statische Erinnerung auftauchen, sondern als lebendige Wirklichkeit. Sie treten in einen Dialog mit uns ein, damit wir von ihnen lernen und sie von uns. Wir erkunden ihren Schmerz und erkennen, daß die Fragen, die sie zu ihren Lebzeiten nicht lösen konnten, den Kern der Probleme bilden, mit denen wir in der Gegenwart zu kämpfen haben. Ihre Konflikte sind zu unseren Konflikten geworden; hinter unseren Lebensstrategien stehen die ihren, und so weiter. Wenn wir in unseren Begegnungen mit ihnen verschiedene Traumata wiedererleben, die sie zu Lebzeiten durchgemacht haben, dann spielt sich dieses Wiedererleben oft als ein Erlebnis ab, das sich das frühere Subjekt mit unserem jetzigen Ich teilt. In dieser Begegnung scheinen sich zwei lebende Wesen in einem gemeinsamen Anliegen gegenüberzutreten. Das gemeinsame Wiedererleben dieses Ereignisses scheint sich so auszuwirken, daß sowohl sie als auch wir von seinem Einfluß befreit werden. Es scheint auch, daß es sich hier um etwas handelt, was sie nicht selbst leisten können, sondern wozu sie auf unsere Unterstützung angewiesen sind.

Sie scheinen verpflichtet zu sein, uns bei der Lösung dieses Problems, das jetzt uns beide angeht, zu helfen, vielleicht weil sie der eigentliche Grund für sein Auftauchen waren. Indem sie uns helfen, einen Aspekt ihres Lebens bewußt zu machen und Probleme zu lösen, die sie damals nicht gelöst haben, scheinen sie den Frieden zu erlangen, der ihnen bis dahin verwehrt war. Manchmal scheinen sie der Teilnahme an diesem Prozeß zurückhaltend, ja ablehnend gegenüberzustehen. Denn damit Heilung stattfinden kann, müssen sie oft äußerst heiklen Wahrheiten über sich selbst ins Auge sehen. Der Schmerz, dem sie zu ihren Lebzeiten zu entgehen versuchten, ist heute noch ebenso real und manchmal ebenso schwer zu akzeptieren. Welche Last sie auch tragen mögen – mit Beharrlichkeit und Mitgefühl können wir diese immer ans Tageslicht bringen und sie von ihren Schultern nehmen. Sie können sich unseren Bemühungen nicht dauerhaft widersetzen, denn jetzt sind wir das dynamische Wachstumszentrum, und unsere Bemühungen, unser Leben und das ihre zu heilen, werden von der Natur selbst unterstützt.

Diese früheren Inkarnationen scheinen über gesellschaftliche Veränderungen seit ihrem Tod nicht Bescheid zu wissen. Sie mögen nach ihrem Tod gewisse Einsichten über ihr eigenes Leben und über ihre Epoche gewonnen haben, aber ihr Horizont ist meist auf die Welt beschränkt, die sie gekannt haben, als sie körperlich auf der Erde weilten. Sie wirken wie in ihrer Zeit eingefroren. Manchmal können wir ihnen dadurch helfen, mit sich ins reine zu kommen, daß wir sie darüber informieren, was man im Unterschied zu der Zeit, als sie gelebt haben, heute weiß oder tut.

Während der Phase der hypnotischen Arbeit, die sich auf das «Kollektiv» erstreckt, wie Cliness diese Leben nennt, tritt man in Beziehung zu Wesen, die dynamisch und lebendig erscheinen. Mit manchen von ihnen gibt es nur wenige gemeinsame Interessen, mit anderen dagegen sind sie zahlreich und problematisch. Im Laufe der Arbeit mit dem Kollektiv werden die Schwierigkeiten, die sie einem vererbt haben, schließlich gelöst und bewußt verarbeitet. In dem Maße, in dem das geschieht, ziehen sich die früheren Inkarnationen allmählich von der therapeutischen Bühne zurück. Eine nach der anderen gehen sie in einem hellen Licht oder in einem Lichtwesen auf. Man spürt, daß sie endlich heimgekehrt und geheilt sind. Wenn sie in späteren Sitzungen gelegentlich wiederkommen, dann sind sie oft lichterfüllt und deutlich verändert.

Solche Inkarnationen können besonders hilfreich für uns sein. Gelegentlich kehren sie in einer späteren Phase der Arbeit mit Informationen über unser Leben und seine Mission wieder oder helfen uns bei einem Problem, das durch die veränderten Umstände erst kürzlich ins Zentrum gerückt ist. Manchmal bringen sie uns Weisheit und Erkenntnisse, auf die wir in der Auseinandersetzung mit unseren Lebensaufgaben zurückgreifen können.

Nach Cliness' Verständnis der Dynamik der Reinkarnation ist unser gegenwärtiges Leben ein Konglomerat von Themen, Fähigkeiten, Schwächen und Aufgaben, die nicht nur aus einer, sondern aus zahlreichen früheren Inkarnationen stammen, wobei angenommen wird, daß wir es mit jemandem zu tun haben, der schon einige Leben hinter sich hat. Er vergleicht den Vorgang mit einem Kartenspiel. Ein Spiel besteht aus zweiundfünfzig Karten, aber nur einige davon werden an uns ausgeteilt. Die Karten, die wir bekommen, sind die Leben, die die Überseele jetzt zur Arbeit ausschickt. Ihre Probleme werden in einem neuen Blatt gesammelt und organisiert, und dieses Blatt sind wir. Wir werden nicht frei geboren, sondern mit tiefen Programmierungen aus Inkarnationen, die wir in einem gewissen Sinn nie gekannt haben. Cliness hat festgestellt, daß die Haupteinflüsse eines Lebens gewöhnlich von drei bis fünfzehn Inkarnationen, manchmal auch mehr, ausgehen. Während dieses Blatt gespielt wird, scheinen die anderen früheren Inkarnationen faktisch in Ruhestellung zu verharren und geduldig im Hintergrund zu warten, bis sie an der Reihe sind (wenn das nicht überhaupt schon der Fall war). Theoretisch haben wir Zugang zu allem, was früher war; praktisch ist das nicht so.

Ich habe viele Stunden über Cliness' Daten und meine eigenen Erfahrungen im Zuge unserer gemeinsamen Arbeit nachgedacht und zu begreifen versucht, was sie für unser Verständnis der Psyche und der Natur des Lebens nach dem Tode bedeuten. Entweder handelt es sich bei diesem scheinbar individuellen

Weiterleben und der fortgesetzten Interaktion um einen von der Psyche aus uns unverständlichen Gründen verwendeten Trick, oder es drückt sich darin ein realer Vorgang im Zusammenhang mit unseren früheren Leben aus. Heute neige ich dazu, der letzteren Möglichkeit den Vorzug zu geben, wenn ich auch annehme, daß wir nur einen kleinen Teil der wirklichen Vorgänge sehen, so daß überhaupt nicht definiert ist, was das für ein «realer Vorgang» ist. Mir ist zum Beispiel nicht klar, ob wir es hier mit ganzen Leben oder mit Lebensbruchstücken zu tun haben. Das heißt, vielleicht sind die dynamischen Wesen, denen wir begegnen, nicht die Gesamtsumme aus den Erfahrungen eines ganzen Lebens, sondern nur bestimmte Erfahrungsbruchstücke, die durch ihre Bindung an einen bestimmten Schmerz oder eine bestimmte Situation fixiert oder eingefroren worden sind.

Da unsere Daten so unvollständig sind, müssen wir bei dem Versuch, von ihnen auf die Struktur der geistigen Wirklichkeit zu schließen, äußerst vorsichtig sein. Diese Begegnungen finden am Rande unseres Bewußtseins statt, wo wir Zeugen von Prozessen sind, auf die wir kaum Einfluß haben und die wir nur zu einem geringen Teil verstehen. Obwohl ich großen Respekt vor der therapeutischen Wirksamkeit dieser Sitzungen habe, bin ich mir auch schmerzlich bewußt, wie wenig wir noch darüber wissen. Auch tauchen ständig neue Daten auf, und unser Verständnis der dabei ablaufenden Prozesse wächst weiter. Zu berücksichtigen ist auch, daß Cliness' Ergebnisse in einem bestimmten Kontext zustande kommen. Er arbeitet mit seinen Klienten in einem historischen und kulturellen Zusammenhang, der die Art, wie die Psyche sich manifestiert, unmerklich beeinflussen könnte.

Wenn unsere früheren Inkarnationen noch irgendwo sind, dann in welcher Form? Welcher Art sind ihre Erfahrungen? Aus den obengenannten Gründen sind meine Antworten auf diese Fragen nur vorläufig und bedürfen ständiger Revision. Im Augenblick neige ich zu der Annahme, daß diese Inkarnationen irgendwo im Universum bewußt existieren. Ihre Lebensbedingungen scheinen sehr unterschiedlich zu sein. Viele von ihnen scheinen auf eine Art, die sich der genauen Beschreibung entzieht, in einer Umgebung zu leben, die jener ähnelt, die sie auf der Erde gekannt haben. Das gilt besonders für noch unerlöste Inkarnationen. Sie scheinen beseelt, aber, solange sie noch nicht ins Licht zurückgeführt sind, gebunden zu sein. Jene, die sich in therapeutisch orientierten Hypnosesitzungen melden, scheinen oft noch von den Problemen belastet zu sein, die sie in ihrem irdischen Leben nicht haben lösen können. In dem Maße, in dem diese Probleme noch fortbestehen, scheinen diese Wesen (oder doch weite Teile ihrer Lebenserfahrung) in der Zeit eingefroren zu sein. Es ist, als seien sie «auf Eis» gelegt und hätten noch nicht den Weg ins Licht angetreten. Bedeutet das, daß sie noch nicht wieder bewußt mit ihrer Überseele vereint sind? Ich weiß es nicht. Ich kann nur berichten, daß sie *so wirken*, als seien sie so lange unfähig, zu ihrem Ursprung zurückzukehren, bis sie durch eine spätere Inkarnation gerettet werden, die das, was sie nicht haben vollenden können, zum Abschluß bringt. Ich weiß auch nicht, ob dieser scheinbare Schwebezustand real ist, ob er auf einer Projektion unserer Psyche beruht oder ob er gar das Werk der Überseele ist, die eine produktive therapeutische Begegnung ermöglichen will. Zum gegenwärtigen Zeitpunkt können wir wohl keine dieser Möglichkeiten ausschließen.

Ich vermute, daß dieser Stillstand in der Entwicklung vergangener Inkarnationen, wenn er denn real ist, nicht immer darauf beruht, daß diese daran gehindert würden, ihr Leben zur Vollendung zu bringen, sondern daß sie einfach nicht wissen, wie sie das anstellen sollen oder Angst davor haben. Vielleicht wollen sie das, was sie bindet, nicht loslassen oder fürchten sich vor dem Unbekannten. Ihr Schmerz, ihre Erstarrung, ihre Erwartungen, ihre Glaubenssysteme – das alles kann dazu beitragen, daß sie da stehenbleiben, wo sie sind.

Wenn unsere früheren Inkarnationen durch ihre Arbeit mit uns zur Vollendung gelangt sind – entweder bewußt in der

Reinkarnationstherapie oder unbewußt in einer mit dem wirklichen Leben arbeitenden «Therapie» –, dann ziehen sie weiter in Seinsebenen, die wir erst sehen können, wenn wir so weit sind, daß wir selbst ins Licht eingehen können. Nun, da ihre Arbeit endlich abgeschlossen ist, ziehen sie sich vielleicht zurück, um in den vollen Genuß der Ganzheit zu kommen, an der sie nun bewußt teilhaben. Aber das können wir nur vermuten. Und wenn sie ihren persönlichen Beitrag zur Entwicklung der Überseele nun ganz geleistet haben – für uns gilt das so lange nicht, wie wir noch auf der Erde leben. Wir sind jetzt die Augen und die Arme der Überseele, die durch unseren Körper die noch undeterminierten Möglichkeiten erforscht. Wir sind jetzt die neue Gegenwart, der Ort, wo sich Wandel ereignet und Zukunft entsteht. Für die kurze Zeit unseres Lebens sind wir der Vorposten des Wachstums.

Wenn das alles wahr ist, dann sollten wir damit rechnen, daß auch wir eines Tages unsere Aufgabe erfüllt haben und zur Ganzheit zurückkehren werden. Wir legen die alte Identität ab, weil sie keinen Raum mehr bietet für das, wozu wir durch unsere Mühen geworden sind. Dieser Übergang nimmt uns nichts weg, sondern führt uns in etwas Größeres ein. Wir verlieren nichts, sondern gewinnen etwas Neues. Hier herrscht nicht der Tod, sondern der Rhythmus ewigen Lebens.

Letztlich ist alles Gerede vom Tode verfehlt. Unsere persönlichkeitszentrierte Identität stirbt nicht, sie hört nur auf, uns mit ihrer lähmenden Faszination einzulullen. Sie mag weiterhin die Fähigkeit besitzen, auf Abruf als dynamisches Ganzes zu funktionieren, aber sie hält unser Bewußtsein nicht mehr gefangen. Schließlich löst uns die Überseele durch den puren Überfluß ihres Seins aus der Identifikation mit dieser flüchtigen Form, die *sie selbst* angenommen hat, als wir ins Leben traten. Jetzt, da wir mit unserem größeren Leben wieder vereint sind, lassen wir diese Identität freudig und ohne Bedauern hinter uns. Wir sind heimgekehrt und können endlich die schweren Lasten, die wir all die Jahre getragen haben, fallen lassen. Unsere schmerzenden

Muskeln sind in dem Moment vergessen, wo wir die Familie in die Arme schließen, die wir vor so langer Zeit zurückgelassen haben. Wir sind wieder daheim. Wieder einmal ist die Familie vereint.

Es tut dem Wert des gegenwärtigen Lebens keinen Abbruch – wie mancher zunächst befürchten mag –, wenn wir entdecken, daß dieses mit einer Reihe anderer Leben verbunden ist. Ebensowenig verringert die Erkenntnis, daß unser gegenwärtiges Leben nur ein Zyklus im Leben eines Wesens ist, dessen Grenzen wir uns nicht einmal vorstellen können, in keiner Weise den Wert unserer gegenwärtigen Person. Wie beim vielkammerigen Nautilus kann eine Seite nicht ohne die andere sein. Daß wir nur ein Teil sind, macht uns nicht unbedeutend; denn wir sind ein integraler Bestandteil dieses größeren Wesens. Wenn unsere Vergangenheit und unsere Zukunft weiter reichen als wir gedacht haben, dann entfernt uns das nicht von unserer Gegenwart, sondern läßt uns noch tiefer in sie eintauchen. Wir sind der Brennpunkt, in dem sich alle vorangegangenen Leben zu neuem Wirken in der Gegenwart bündeln. In uns trifft sich alles, was vorher war, und durch unser Handeln schaffen wir die Zukunft. Je mehr wir uns des breiten Spektrums unseres größeren Lebens bewußt sind, desto intensiver konzentrieren wir uns darauf, wie unser gegenwärtiges Leben sich hier und jetzt entfaltet.

Ein letzter Gedanke. Da ich mich der Reinkarnationslehre vom Standpunkt eines westlichen Theologen genähert habe, schien es mir am Anfang wichtig zu betonen, wie sich die Überseele von dem unterscheidet, was man im Westen unter der Seele versteht. Seele im klassischen Sinne gilt da als die überlebende Identität des einzelnen; die Überseele ist aber sehr viel mehr. Ich war mein Leben lang gewohnt gewesen, in Körper/Geist-Kategorien zu denken. Da half mir der Begriff der *Überseele*, auch wenn er nicht hundertprozentig paßte, bei dem Versuch, mein Selbstverständnis über dieses Denkmuster hinaus zu erweitern.

Jetzt, wo ich diesen Übergang vollzogen und die Vorstellung von dieser Mega-Identität voll verinnerlicht habe, finde ich den Begriff *Überseele* immer plumper und reichlich gekünstelt. Er scheint unnötige Schranken zwischen der Reinkarnationstheorie und dem Erbe der westlichen Theologie zu errichten. Von meinem augenblicklichen Wissensstand aus erscheint es mir daher natürlicher, diese umfassende Identität einfach die SEELE zu nennen – mit Großbuchstaben, um sie von dem üblichen Begriff der Seele zu unterscheiden – und dadurch mit der westlichen Diskussion über die Seele in Kontakt zu bleiben, den Begriff aber gleichzeitig entsprechend den Bedürfnissen der Reinkarnationstheorie zu erweitern. Beide Begriffe haben ihre Vorteile, und der Leser sollte sich die Variante aussuchen, die ihm am besten hilft, die hier vorgestellten Konzepte zu verstehen und zu verarbeiten.

5 Die Rhythmen des Lebens

Wenn wir das Leben vom Standpunkt der Reinkarnationslehre aus betrachten, ändert sich unsere Wahrnehmung der westlichen Lebensrhythmen. Es geht dann nicht mehr nur um unsere Entwicklung in diesem einen Dasein, sondern wir müssen verstehen lernen, daß die Phasen, in die wir das Leben zwischen Wiege und Bahre eingeteilt haben, nur *die eine Hälfte des menschlichen Lebenszyklus* ausmachen.

Wir können uns diesem Thema am besten nähern, wenn wir uns mit einer von meinen Studenten häufig gestellten Frage beschäftigen: «Was nützen einem frühere Leben, wenn man sich nicht daran erinnern kann?» Eine gute Frage. Wenn wir uns überhaupt nicht an unsere früheren Leben erinnern könnten, wären sie wirklich nutzlos für uns. Wie sollten wir aus Erfahrungen lernen, von denen wir gar nichts wissen? Häufig werden auch die damit zusammenhängenden Fragen gestellt: «Warum vergessen wir denn überhaupt unsere früheren Leben? Was hat diese Amnesie für einen Sinn?» Wenn wirklich vieles dafür spricht, daß zumindest einige unter uns vor diesem Leben schon einmal da waren, warum erinnern wir uns dann nicht ebenso selbstverständlich an diese Erfahrungen, wie wir uns an Ereignisse aus diesem Leben erinnern? Gewöhnlich betrachten wir Amnesie als etwas Pathologisches, als Zeichen dafür, daß der normale, gesunde Vorgang des Sich-Erinnerns nicht mehr funktioniert. Welchen Sinn hat es, die Amnesie in den normalen Ablauf der Dinge einzubauen?

Diese Fragen zeigen, daß Reinkarnation nicht sehr sinnvoll wäre, wenn man sie nur im Rahmen der körperlichen Existenz verstünde. Sie zwingen uns, den Blick über unsere physische Existenz hinaus auf ein vollständigeres Bild des zyklischen Lebensprozesses zu werfen. Wir teilen unser Leben gewöhnlich in Entwicklungsphasen von der Geburt bis zum Tod ein und nehmen an, daß nach dem Tod ewiger Lohn, Verdammnis oder völlige Vernichtung kommt. Wenn dagegen auf unser gegenwärtiges Leben nach einiger Zeit ein weiteres Leben auf der Erde folgt, dann muß es eine Phase in unserem Leben geben, die nach dem Tod unseres Körpers beginnt und bis zu unserer nächsten Geburt dauert. Wenn wir diese «verborgene» Lebensphase unberücksichtigt lassen, sehen wir nur die eine Hälfte unseres vollen Lebenszyklus. Wenn wir unter Reinkarnation nur eine Reihe irdischer Leben und irgendeine uns danach erwartende endgültige Befreiung verstehen, entgehen uns große Teile des Puzzles.

In diesem Kapitel möchte ich daher einige Überlegungen zu den einander ergänzenden Rhythmen der körperlichen und geistigen Lebensphasen anstellen, wie sie sich aus einer Reihe alter und zeitgenössischer Quellen ergeben.[1] Dabei stütze ich mich auch auf Gedanken, die ich im dritten Kapitel entwickelt habe.

Die beiden Phasen des Lebens

Der volle Lebenszyklus eines menschlichen Geistes/Wesens verläuft nicht von der Geburt bis zum Tod, sondern von Geburt zu Geburt, wobei der «Tod» nichts weiter ist als ein Moment des Übergangs zwischen zwei Geburten. Unser vollständiger Lebenszyklus umfaßt zwei Phasen, von denen die eine mit der Erde, die andere mit dem Geist verknüpft ist. Die geistige Phase unseres Lebens ist für unsere Entwicklung ebenso wichtig wie die irdische. Was wir dort tun, wirkt als Ergänzung und Ausgleich dessen, was wir hier tun. Daher ist es, wenn wir uns ein adäquates Bild von den Wirkungsmechanismen des Lebens machen wollen, sehr wichtig, bei dem, was wir uns unter Reinkarnation vorstellen, diese verborgene Seite unseres Lebenszyklus nicht außer acht zu lassen.

Es wäre natürlich töricht anzunehmen, wir könnten sehr viel über diese «jenseitigen» Lebensbedingungen in Erfahrung bringen; aber es ist heute durchaus nicht töricht zu glauben, daß wir wenigstens einiges darüber erfahren können. Wenn es uns durch verschiedene das Bewußtsein konzentrierende Techniken gelingt, den Schleier des Vergessens zu lüften, der über unseren früheren Inkarnationen liegt, dann müßte es zumindest theoretisch möglich sein, dem Gedächtnis Informationen zu entlocken über das, was wir zwischen dem Tod und der nächsten Inkarnation erleben. Wenn alle Erfahrungen im Bewußtsein aufgezeichnet werden, dann läßt sich das Bewußtsein vielleicht auch bewegen, uns einen gewissen Einblick in die spirituelle Phase des Erlebens zu gewähren.

Ich habe in den vorangegangenen Kapiteln schon mehrmals darauf hingewiesen, daß sich die innere Logik eines Lebens nie verstehen läßt, wenn man es losgelöst von seiner Vorgeschichte untersucht. Welchen Sinn aber hat es dann, daß unser Bewußtsein so eingeengt und in einem isolierten Stück Körper-Ich gefangen ist, und sei es auch nur vorübergehend? Wozu dient diese Amnesie?

Um es einfach auszudrücken: Sie soll offensichtlich das Lernen beschleunigen. Die Zerstückelung des Erlebens durch Amnesie ist die *Bedingung für exponentielles Wachstum*, ein Wachstum also, das so expansiv ist, daß es uns schwerfällt, uns all die Bereiche vorzustellen, die es umfassen könnte. Das System der Reinkarnation in relativ kurzen, bewußt getrennt gehaltenen Zyklen scheint darauf abzuzielen, das Lernen zu beschleunigen durch die Möglichkeit, jeweils für kurze Zeit ganz in viele völlig verschiedene menschliche Erfahrungen einzutauchen. Kaum haben wir unser Lebenspensum in einem Körper, einem sozialen Beziehungsgeflecht, einer Kultur, einem Beruf und einer historischen Epoche hinter uns gebracht, da werden wir diesem Kontext entrissen und müssen unter völlig anderen Rahmenbedingungen erneut antreten. Stellen Sie sich einmal vor, welche Entwicklung hundert solche Leben mit sich bringen könnten. Alle Aspekte menschlicher Erfahrung stünden uns offen: Armut und Reichtum, Heldentum und Feigheit, Gelassenheit und Auflehnung. Wir wären Künstler, Krieger, Priesterin, Staatsmann, Pionier und Bauer. Wir könnten als Mann und Frau leben und würden in die innersten Geheimnisse beider Geschlechter eingeweiht werden. Wir würden nicht nur einen Kontinent und eine Kultur erleben, sondern alle, und nicht nur eine historische Epoche, sondern so viele, wie wir Lust hätten.

Durch die Trennung von unserer größeren Identität verstärkt die Amnesie unsere Lernerfahrung, indem sie uns vollständig an die Erfahrung bindet, in der wir gerade stecken. Sobald wir zerstreut sind und uns unseren Aufgaben nur mit geteilter Aufmerksamkeit widmen, sind die Ergebnisse dementsprechend. Ob wir in einem Vortrag sitzen oder ein Fußballspiel ansehen – wenn wir uns nicht hundertprozentig konzentrieren, bekommen wir nicht alles mit. Die Amnesie führt dazu, daß wir vorübergehend überzeugt sind, wir seien nichts als die augenblickliche Körper-Persönlichkeit. Durch diesen Trick werden unsere Energien an den gegenwärtigen Moment gebunden. Die Amnesie hält den störenden Einfluß von Erinnerungen an Erfahrungen von uns fern, die die Bedingungen unseres gegenwärtigen Lerntrainings stören würden.

Damit echtes Lernen sich ereignet, ist natürlich mehr erforderlich als nur das intensive Durchleben neuer Situationen. Wir müssen uns an diese Erlebnisse auch erinnern, sie verarbeiten und in unser bisheriges Wissen integrieren. Wenn wir unsere Erfahrungen ständig ebenso schnell verlieren würden, wie wir sie gemacht haben, könnten wir keine Einsicht gewinnen. Erinnerung ist wesentlich für jede Entwicklung. Darum ist klar, daß unsere früheren Leben ihren Sinn verlieren würden, wenn wir uns überhaupt nicht an sie erinnerten. Daher muß die für den

Erwerb neuer Erfahrungen notwendige Bewußtseinszerstückelung, wenn der Lernzyklus vollendet werden soll, irgendwann durch die Wiederherstellung des vollen Erfahrungsspektrums ausgeglichen werden. Der geeignete Moment dafür scheint nicht während der irdischen Phase des Zyklus zu sein, sondern während der geistigen.

Der Grundrhythmus unseres Lebenszyklus scheint aus *Expansion* und *Integration* zu bestehen (vgl. Abb. 5.1). Der Erwerb

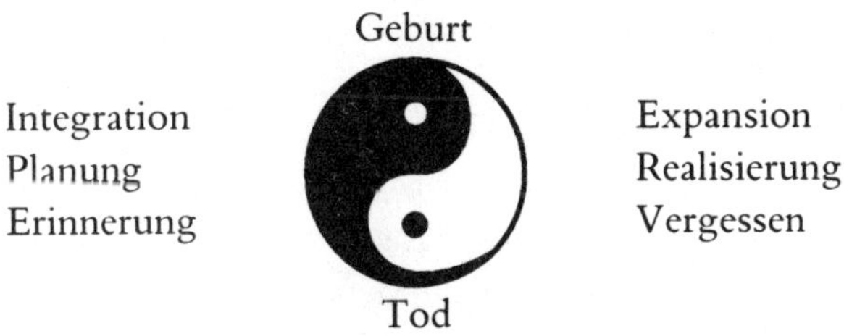

Abbildung 5.1

einer neuen Erfahrung spielt sich auf der Erde ab, ihre Integration in unsere früheren Erfahrungen in der geistigen Sphäre. Die beiden Phasen ergänzen sich in ihrer Dynamik gegenseitig. Beim Eintritt in ein neues körperliches Leben vollzieht sich eine *Bewußtseinseinengung*, beim Verlassen des physischen Leibes eine *Wiederausdehnung des Bewußtseins.* Diese Beobachtung entspricht den Erfahrungen jener, die in der Nähe des Todes gekommen, aber mit Hilfe der medizinischen Technologie gerettet worden sind. Sie berichten regelmäßig, daß ihr Bewußtsein sich, während sie dem Tod nahe waren, ungeheuer erweitert hat, so daß sie Informationen und Einsichten mit unvorstellbarer Geschwindigkeit aufnehmen konnten. Erstaunlicherweise kommt ihnen dieser erweiterte Zustand bekannt vor. Obwohl er mit nichts vergleichbar ist, was sie von der Erde her kennen, fühlen sie sich dabei, als seien sie «zu Hause».[2] Die mit der Geburt verbundene Amnesie ist kurzfristig aufgehoben.

Ein weiteres Gegensatzpaar ist *Planung* und *Realisierung.* Wir haben im vorigen Kapitel gesehen, wie im Bardo ein Lebensplan aufgestellt und im irdischen Leben realisiert wird. Die dabei geleistete Arbeit wird später, wenn wir in die geistige Sphäre zurückkehren, bewertet, womit der Zyklus abgeschlossen wird. Bei unseren wiederholten Reinkarnationen durchlaufen wir die Phasen nach festgelegten Regeln, und in einer Open-end-Entwicklungsspirale tauchen wir immer wieder in die Zeit ein, um uns danach erneut aus ihr zu lösen.

Obwohl unserem Vergessen auf der Erde eine Wiedererinnerung nach der Trennung vom Körper gegenübersteht, dürfen wir nicht annehmen, daß uns nach jeder Inkarnation das volle Gedächtnis zurückgegeben wird. Es ist durchaus möglich, daß es innerhalb des zyklischen Prozesses weitere Zyklen gibt, daß wir freiwillig in Wachstumsphasen von mehr als einem Lebenszyklus Dauer eintreten – oder in sie hineingezogen werden –, in denen wir uns nicht an unsere gesamte Geschichte nach dem Tode erinnern können. So würde unsere Identität zwar nach jedem einzelnen Zyklus eine gewisse Erweiterung erfahren, unsere Gesamtidentität jedoch käme erst wieder in den Blick, wenn dieser größere Zyklus vollendet ist. Damit die Erfahrung nicht vergeudet ist und wir die Ganzheit erreichen, muß uns aber schließlich die volle Erinnerung an alles, was wir je gewesen sind und was wir je gemacht haben, wiedergegeben werden.

Berg und Tal

Es ist schwer, einen neuen Gedanken nur mit Worten zu erklären. Oft führt ein einprägsames Bild weiter. Ein Bild, das mir hilft, meinen Studenten die beiden Phasen des menschlichen Lebenszyklus zu veranschaulichen, ist das von «Berg und Tal» (Abb. 5.2). Ich zeichne eine sinusartige Kurve an die Tafel und fordere die Studenten auf, sich unsere Reise durchs Leben als eine Berg-und-Tal-Fahrt vorzustellen. Die Täler stehen für unser Dasein auf der physikalischen Ebene, und die Berggipfel

Abbildung 5.2

entsprechen der Existenz auf der nichtphysikalischen oder geistigen Ebene. Diese Skizze erläutere ich in etwa so:

Wir können mit der Beschreibung unseres Gangs durch den Zyklus an jedem Punkt der Reise ansetzen, aber wir wollen da beginnen, wo wir jetzt sind, mitten in einem Tal. Wir erwachen in den Tälern der Raum/Zeit und finden uns in einer Welt wieder, die wir uns, soweit wir uns erinnern, nicht ausgesucht haben. Wir lassen uns auf dieses spezielle Leben ein, stellen uns seinen Herausforderungen, privat und beruflich, bis wir uns schließlich im Alter darauf vorbereiten, das Tal zu verlassen und die Ausläufer der Berge vor der Stadt zu erklimmen. Im Rückblick, von erhöhter Warte aus, beginnen wir nun die Auswirkungen von Entscheidungen zu verstehen, die wir in diesem Leben getroffen haben.

Wir steigen noch höher und überqueren schließlich eine Grenze, an der wir unseren Körper zurücklassen müssen. Dann setzen wir unseren Weg fort, nun von vielen der durch einen physischen Leib bedingten Restriktionen befreit. Diese Grenzüberschreitung bringt auch die Begegnung mit dem weißen Licht mit sich, die gewöhnlich von jenen berichtet wird, die eine Nah-Todeserfahrung gehabt haben. Wir setzen unseren Anstieg fort und kommen an einen Punkt, wo wir uns der Erkenntnis dessen stellen müssen, worum es in unserem Leben eigentlich ging. Die Einsichten, die die Überlebenden von Nah-Todeserfahrungen nach eigener Auskunft in ihrem Lebensrückblick gewonnen haben, sind nur die erste Stufe eines intensiven Prozesses der Selbstentdeckung und der Konfrontation mit sich selbst, der noch lange weitergeht, nachdem der Körper abgestreift ist.

Wir klettern weiter und sehen immer mehr. Wir fangen an zu begreifen, durch welche Bande wir mit dem Leben der uns Nahestehenden verknüpft waren. Jetzt werden ursächliche Zusammenhänge verständlich, die uns im Tal verborgen waren. Als hätten wir eine komplizierte Stickerei umgedreht, erkennen wir plötzlich, daß zwei Punkte, die scheinbar nichts miteinander zu tun hatten, in Wirklichkeit durch einen verborgenen Faden verbunden sind. Von der geistigen Seite des Lebens aus betrachtet, beginnt das Gewebe unseres Lebens seine volle Logik zu enthüllen.

Allmählich mischt sich in den Vorgang des Rückblicks und der Entdeckung ein Prozeß des Erinnerns. Während wir uns dem Gipfel nähern, fangen wir an, uns daran zu erinnern, wofür wir uns vor vielen Jahren, ehe wir diese menschliche Gestalt angenommen haben, entschieden hatten. Langsam erinnern wir uns wieder an die Aufgabe, die wir uns selbst beim Eintritt in dieses Leben gestellt haben, und mit diesem Wiedererinnern wird es uns jetzt möglich zu beurteilen, wie gut wir sie erfüllt haben. Wir können auch anfangen, die Erfahrungen, die wir auf der Erde gesammelt haben, in einem neuen Licht zu sehen, Erfahrungen, die unser Wissen gemehrt und unsere Fähigkeiten gesteigert haben.

Wie nach einem Traum erwachen wir jetzt zu einer größeren Identität, einer Identität, die die vielen Leben, die wir gelebt haben, umfaßt und integriert. Mit unserem Blickfeld erweitert sich auch unser Gedächtnis. Wenn wir so hoch gestiegen sind, daß wir die hinter unserem letzten Tal liegenden Täler sehen können, fangen wir an zu verstehen, daß unser Leben die logische Fortsetzung der vorangegangenen Leben gewesen ist. Wir fangen an, die wesentlichen Beziehungen in diesem Leben im Kontext einer tieferen Geschichte von Beziehung überhaupt zu sehen. Wir fangen an, den Fluß unseres größeren Lebens in seiner Vollkommenheit zu begreifen und zu sehen, wie die Mühen bzw. Freuden eines Lebens mit der Unvollkommenheit bzw. dem Erfolg eines anderen zusammenhängen.

Alles, was wir sehen, unterliegt einem subtilen Gesetz des Ausgleichs, das aber viel mehr ist als ein rein statisches Kontrollsystem. Gott ist kein Richter, und das Karma keine Buchhaltung. Die Partitur des Lebens, die wir beobachten können, ist geschrieben, um das Lernen zu fördern. Sie läßt uns Abenteuer um Abenteuer bestehen, erweitert unseren Horizont und lehrt uns, wie nur Erfahrung lehren kann. Zwar gibt es Lohn und Strafe, aber diese sind nur das Feedback, ohne das kein Lernen stattfände, und das außerdem zur Beschleunigung des Lernprozesses beiträgt.

Ich habe von Erinnerungen gesprochen. Aber eigentlich geht es mehr darum, frühere Identitäten wiederaufzugreifen und zu reintegrieren als uns nur an sie zu erinnern. Die Metapher von der Erinnerung legt die Annahme nahe, die gegenwärtige Persönlichkeit bestünde weiter als zentrale Organisationseinheit, nur ergänzt durch die Erinnerung an frühere Leben. Was sich in Wirklichkeit abspielt, ist eher dem Prozeß der Heilung nach einem schweren Fall von Amnesie zu vergleichen, wo die Erinnerung zu einer regelrechten Identitätsveränderung führt. Um bei unserem ursprünglichen Bild zu bleiben: Diese Erweiterung der Identität würde auf dem Berggipfel stattfinden.

Wenn wir vollständig sind – als Überseele –, können wir zu unserer Quelle zurückkehren. Doch bis dahin müssen wir noch so manches Tal durchqueren. Nachdem wir eine Zeit, die vielen Erdjahren entsprechen mag, mit Aktivitäten zugebracht haben, die unseren Interessen und unserer Entwicklungsstufe entsprechen, beginnen wir schließlich, uns auf den Wiedereintritt in die physische Existenz vorzubereiten. Gemeinsam mit verschiedenen geistigen Wesen, zu deren Aufgaben es gehört, uns dabei anzuleiten, und in Zusammenarbeit mit jenen, die mit uns zurückkehren werden, entwickeln wir unseren Lebensplan, und wir tun gut daran, gründlich über unser Skript nachzudenken. Wenn ein Leben erst einmal angefangen hat, verringern sich die Wahlmöglichkeiten erheblich, und Änderungen können nur noch in sehr begrenztem Umfang vorgenommen werden.

Wenn unsere Planung abgeschlossen ist, überblicken wir sowohl die Leben, die schon verflossen sind, als auch die Umrisse des neuen Lebens, auf das wir uns bald einlassen werden. Von unserem erhöhten Standpunkt aus können wir sehr gut beurteilen, wie angemessen all das ist, was wir in dem Tal dort unten erleben werden. Gemeinsam mit anderen Seelen haben wir die Besetzungsliste des künftigen Lebens zusammengestellt; auf ihr befinden sich die Menschen, mit denen wir in dem neuen Tal wieder zusammentreffen werden, sowie jene, die uns dort zum ersten Mal begegnen werden. Wir haben unsere Eltern, unseren gesellschaftlichen und wirtschaftlichen Status und unser Geschlecht ausgewählt. Wir haben die Choreographie für die wichtigsten Krisen und Einflüsse entworfen, die unser Leben mit neuen Erfahrungen bereichern, noch unentwickelte Fähigkeiten fördern und bisher angesammelte Unausgewogenheiten ausgleichen sollen. Wir haben auch entschieden, ob unser Leben viele oder nur wenige Jahre währen soll. Die Logik dieser Entscheidungen wird unerforschlich, sobald wir den Mantel der physischen Existenz übergeworfen haben, aber es ist nur eine vorübergehende Unerforschlichkeit, denn wenn wir das Tal auf der anderen Seite wieder verlassen, werden wir uns an die Gründe für unsere Wahl erinnern. (Aber vielleicht programmieren wir auch die Möglichkeit vor, daß wir noch während unseres Aufenthalts im Tal einen Aspekt unseres Geschicks bewußt entdecken, indem wir eigens zu diesem Zweck besondere bewußtseinserweiternde Fächer in den Lehrplan unserer Leben einbauen).

Nun ist die Hindernisbahn entworfen, die dem einzigen Zweck dient, das Wesen, als das wir uns jetzt kennen, weiter zu vervollkommnen, und die Zeit rückt näher, wo wir zurückkehren sollen – der Abstieg ins nächste Tal beginnt. Wir gehen solange abwärts, bis wir schließlich die Weite der geistigen Existenz gegen die enge embryonale Verschmelzung mit unserer nächsten Mutter eingetauscht haben ... Die Schule hat wieder angefangen, in der wir uns an keine frühere Identität erinnern werden und die Mission, die uns erwartet, vergessen haben. Sie geht erst zu Ende, wenn wir nach Jahr und Tag unser Tal auf der anderen Seite wieder verlassen.

Zugegeben – eine etwas grobe Skizze. So wie ich das Ganze dargestellt habe, werden nur die Höhepunkte des zyklischen Lebensprozesses berührt und lassen ihn außerdem regelmäßiger und standardisierter erscheinen, als er ist. Zweifellos gibt es so viele Arten, die Täler zu betreten und zu verlassen, wie es Reisende gibt. Während manche ihr nächstes Leben bewußt und sorgfältig planen, stürzen sich andere wahrscheinlich ganz unbekümmert in das Getümmel des Lebens. Jeder Stil führt zu einem anderen Ergebnis. Manche Menschen ziehen vielleicht ein Leben ohne große Risiken vor und richten ihre Lebensumstände dementsprechend ein, während andere bereit sind, mehr zu wagen und sich daher schwierigeren Bedingungen stellen. Unterschiedliche Grade der Einsicht in die Möglichkeiten und Ziele, die die Reinkarnation bereithält, führen zu unterschiedlichen Ergebnissen. Die Reinkarnation scheint geschaffen, um die Mannigfaltigkeit zu fördern, und wir würden die Dinge entstellen, wollten wir diese Mannigfaltigkeit im Interesse einer stringenten Theorie schmälern.

Himmel und Hölle

An dieser Stelle könnten wir uns fragen: «Wenn das Leben sich zyklisch durch Phasen der Expansion und der Integration bewegt, wenn der Tod schließlich zur Wiedergeburt führt, welche Auswirkungen hat das auf die Vorstellung von Himmel und Hölle? Was ist mit dem Jüngsten Gericht, mit Paradies und Verdammnis? Werden sie nur bis zum Ende einer langen Reihe von Leben aufgeschoben, oder sind sie überhaupt nur Chimären?»

Das Tibetische Buch der Toten oder *Bardo Thödol (wörtl.:* «Befreiung durch Hören im Zwischenzustand») hat über diesen

Punkt manch Interessantes zu sagen. Das *Bardo Thödol* berichtet über die Reise durch die verschiedenen Lebensphasen, die zwischen der Trennung von einem physischen Körper und der Wiedergeburt in einem anderen liegen. Der Text geht auf Unterweisungen des «Kostbaren Lehrers» (Guru Rimpoche) Padmasambhava zurück, der im 8. Jahrhundert lebte, sowie auf noch ältere Überlieferungen.

Dem *Bardo Thödol* zufolge erleben die meisten von uns auf den Berggipfeln zwischen den Leben Himmels- und Höllenphasen. Diese Erfahrungen sind das unmittelbare Ergebnis unserer Erfolge und Mißerfolge auf der Erde und daher nach Art und Dauer für jeden Menschen verschieden. Sie gehören zu dem Prozeß der rückhaltlosen Konfrontation mit allen Auswirkungen unserer Gedanken und Handlungen auf der Erde und sind somit Teil des Lernvorgangs selbst. Viel eher als eine reine Strafe ist die Hölle Teil der Läuterung unseres Wesens, in deren Verlauf Unreinheiten verbrannt und unser geistiger Kern ins Licht gehoben wird.

Aber das *Bardo Thödol* geht noch tiefer. Es erklärt, daß wir nach dem Abstreifen des Körpers und der Begegnung mit dem weißen Licht einen Zustand oder eine Sphäre betreten, den sogenannten «Bardo des Erlebens der Wirklichkeit», in dem unsere Psyche gewissermaßen von innen nach außen gekehrt wird. Hier dominiert das aufgetauchte Unbewußte unser Erleben, während das schwächere Ego in den Hintergrund tritt, von wo aus es an allem teilnehmen muß, was auch immer sich zeigt. Eines der in diesem Bardo herrschenden Prinzipien heißt «Denken schafft Wirklichkeit» oder «Denken schafft Erfahrung». Unsere Gedanken, wie auch immer sie beschaffen sein mögen, werden zu unserer vollständigen und totalen Erfahrung. In diesem Fall sind unsere Gedanken jeder Gedanke, jede Erinnerung, jedes Phantasiebild – alles, was wir je in unser Unbewußtes abgedrängt haben. Wenn diese jetzt hervortreten, interagieren sie mit dem Energiefeld dieser Sphäre, und wir finden uns Wesen, Situationen und Umständen konfrontiert, die praktisch äußere Reflexe unseres inneren Zustandes sind. Auf diese Weise schaffen wir mit unserem ganzen Wesen, nicht nur mit unserem Ego, unseren eigenen Himmel und unsere eigene Hölle. Da die meisten von uns sowohl positive als auch negative Gedanken in ihrem Bewußtsein gespeichert haben, werden wir nacheinander beide bis zu einem gewissen Grade erleben. Das *Bardo Thödol* nennt das «Visionen der schreckenerregenden Mächte» und «Visionen der friedvollen Mächte».

Ein weiteres in dieser Sphäre geltendes Prinzip ist: «Gleich und gleich gesellt sich gern.» So werden wir sowohl unser Leid als auch unsere Seligkeit in Gegenwart anderer Seelen erleben, die ähnliche Erfahrungen durchmachen wie wir. Das Endergebnis erinnert frappierend an Dantes *Inferno* und *Paradiso* – mit einer Ausnahme: Es geht vorüber. Für all jene, die die Erleuchtung nicht erreicht haben, wird der «Bardo des Erlebens der Wirklichkeit» abgelöst vom «Bardo des Verlangens nach Wiedergeburt» – und ein neuer Lebenszyklus beginnt.

Diese alte Darstellung des Zustands zwischen den Leben zeigt auffallende Übereinstimmungen mit dem Bericht, den Robert Monroe in *Der zweite Körper* gegeben hat. Gestützt auf seine über fünfundzwanzigjährige Erfahrung mit Reisen außerhalb des Körpers behauptet Monroe, daß die Sphäre, in der wir uns zwischen unseren irdischen Leben aufhalten, aus einem ziemlich komplexen, vielschichtigen Gefüge besteht, in dem je nach Entwicklungsstufe unterschiedliche Wirklichkeiten erlebt werden. Er beschreibt Tausende von die Raum/Zeit-Sphäre umgebenden «Ringen», die von Seelen zwischen den Inkarnationen bewohnt werden. Die Existenzbedingungen in den verschiedenen Ringen sollen erheblich voneinander differieren. Die niedrigeren Ringe werden von jenen bewohnt, die am tiefsten in das irdische Erleben verstrickt und so davon absorbiert sind, daß ihr Bewußtsein auch nach dem Tod noch von den irdischsten der Erd-Emotionen beherrscht wird. Die Seelen, die sich schon höherer Werte und umfassenderer Identitäten bewußt geworden sind, bewohnen weiter außen liegende Ringe. Je weiter wir durch die Inkarnation fortschreiten, desto «geistigere» Ringe erreichen wir entsprechend unseren neuen Fähigkeiten.[3]

Ob sie uns nun Wonnen oder Schmerz, Himmel oder Hölle bringen – unsere Aufenthalte in dieser Sphäre sind begrenzt. Vom reinkarnationistischen Standpunkt aus entbehrt die Vorstellung von der ewigen Verdammnis jeglichen Sinns. Nichts von dem, was wir in den wenigen Jahren unseres Lebens auf der Erde tun können, ist so schrecklich, daß es uns Gott auf ewig entfremden könnte. Vergessen wir nicht, daß keine Handlung in der irdischen Schule wirklich dauerhafte Folgen hat, außer vielleicht der, daß wir lieben lernen. Außerdem sind wir nach der esoterischen Überlieferung ein Teil von Gott und nur vorübergehend aus der Ganzheit ausgegrenzt. Die Hölle könnte nur ewig bestehen, wenn Gott bereit wäre, innerhalb Seines eigenen Wesens auf Dauer Getrenntheit zuzulassen, und das ist denkunmöglich. Eine Entfremdung von der Quelle und eigentlichen Substanz des Seins kann nicht von Dauer sein. Sie ist nur ein Teil der Ebbe und Flut, die die Aufgabe hat, das große Unternehmen voranzutreiben, an dem wir, als Teile Gottes, alle Anteil haben.

Die Reinkarnation macht Schluß mit dem Schreckgespenst der ewigen Verdammnis, hält aber am Prinzip der Verantwortlichkeit fest. In mancher Hinsicht verstärkt sie unsere Verantwortlichkeit sogar, denn laut Reinkarnationslehre gibt es keinen Heiland, der uns durch sein stellvertretendes Leiden davor bewahren kann, die Folgen unserer Verfehlungen zu erben. Das würde das Feedback unterbrechen, das für das Lernen wesentlich ist, und vom Standpunkt der Reinkarnationslehre aus ist ja das Lernen der Sinn des irdischen Daseins. Die Metaphern rund um die Erlösung können dann als Bilder für das erfolgreiche Absolvieren des irdischen Studienplans gelten, das uns den Eingang in die Wonne immerwährenden Gottesbewußtseins – den wahren Himmel – erlaubt, und die Erlöser hat man sich vor allem als Lehrer vorzustellen, die gesandt sind, um uns bei der Wiederentdeckung unserer göttlichen Natur zu helfen, einer Natur, in welcher wir alle in ein und derselben Realität identisch sind. Das kann niemand für uns lernen, aber ein Lehrer kann uns zeigen, in welche Richtung die Reise geht, und welches die direkteste Route zum endgültigen Ziel ist.

Seelenalter

Eine adäquate Beschreibung der Reinkarnation ist nur möglich, wenn dabei außer der geistigen Phase unseres Lebenszyklus auch das sich entwickelnde Bewußtsein des Individuums über seine vielen Zyklen hinweg berücksichtigt wird. Wir können schließlich nicht erwarten, daß ein Neuankömmling auf der Erde sein Geschäft schon mit der gleichen Geschicklichkeit beherrscht wie ein mit allen Wassern gewaschener alter Fuchs; andererseits können wir von diesem verlangen, daß er die Schnitzer des Anfängers vermeidet. Es ist nur natürlich, daß sich mit wachsender Erfahrung gewisse Anzeichen für Reife einstellen. Aber worin besteht Reife im Rahmen des reinkarnationistischen Systems? Wenn die Wiedergeburt dem Zweck der Vervollkommnung unserer Seele dient, in welchen Stadien vollzieht sich diese? Lassen sich diese Stadien auf ähnliche Weise bestimmen wie die Psychologie versucht hat, die Entwicklungsstadien innerhalb eines Lebenszyklus zu bestimmen?

Die Frage scheint berechtigt. So ist sie denn auch von vielen Anhängern der Reinkarnationslehre gestellt und mit der Entwicklung der Vorstellung vom *Seelenalter* beantwortet worden. So wie wir häufig bei einem Menschen im Unterschied zu seinem physischen Alter von seinem emotionalen oder intellektuellen Alter sprechen, so wird hier der Versuch gemacht, das Alter der Seele festzustellen. Durch den Begriff des Seelenalters soll angedeutet werden, daß manche Individuen den irdischen Kursus schon länger besuchen als andere. Manche Seelen sind «jünger», andere «älter». Manche belegen ein Seminar für Fortgeschrittene und werden bald ihre Abschlußprüfung machen, während andere noch in der Grundschule sind. Es erscheint uns selbstverständlich, daß die einfachen Lektionen den schwierigeren vorausgehen. Setzt nicht die Lösung gewisser Aufgaben zunächst die Beherrschung elementarer Fertigkeiten voraus, die daher auch zuerst geübt werden sollten? Und woran sind junge Seelen zu erkennen bzw. alte, und was wird auf den verschiedenen Stufen gelehrt?

Nun halte ich zwar den Versuch, diese Fragen zu beantworten, für durchaus verdienstvoll. Ich stehe dem Unternehmen heute aber eher skeptisch und vorsichtig gegenüber. Ich erkenne jetzt so viele Faktoren, die ich früher nicht gesehen habe, daß ich mich frage, wie viele andere ich noch übersehen habe. Daher möchte ich, bevor ich eine hinduistische Karte des Seelenalters skizziere, zwei Vorbehalte anmelden.

Erstens wäre es ein Fehler, sich die Entwicklung der Seele über die Leben hinweg zu linear vorzustellen. Die Anhänger der Reinkarnationslehre tun oft so, als nähme jedes Leben den Faden da wieder auf, wo das vorige ihn hat liegenlassen, aber so simpel läuft das nicht. Es mag zwar am einfachsten sein, sich vorzustellen, daß die Seele sich mit einem bestimmten Aufgabenkomplex beschäftigt, bis sie ihn bewältigt hat, egal wie lange das dauert, und erst dann den nächsten in Angriff nimmt; aber so systematisch geht das Leben denn wohl doch nicht vor. In jedem beliebigen Leben arbeiten wir an mehreren Problemen zugleich, wobei wir vermutlich manche besser bewältigen als andere. Im nächsten Leben teilen wir diese Probleme vielleicht in verschiedene Gruppen ein, um manche auf höherem Niveau zu bearbeiten, während andere einem späteren Leben vorbehalten bleiben. Einem besonders faszinierenden Projekt – etwa der Aufgabe, ein großer Komponist zu werden – widmen wir uns womöglich durch mehrere Leben hindurch, lassen es vorübergehend fallen, um mit etwas anderem herumzuexperimentieren, und nehmen die Beschäftigung mit der Musik später dort wieder auf, wo wir sie abgebrochen haben.

Die Entwicklung von Leben zu Leben verläuft zum Teil deswegen so diskontinuierlich, weil wir viele unserer Aufgaben mit ganz bestimmten Menschen zusammen bearbeiten, die alle außer den Terminen, die sie mit uns gemeinsam haben, noch anderen Terminen nachkommen müssen. Man stelle sich vor, wie ungeheuer komplex die Koordinierung all der verschiedenen Aspekte der diversen Leben sein muß, die zusammenkommen müssen, damit die Menschen das, was sie gemeinsam angeht, zusammen bearbeiten können. Wenn man nur ein wenig darüber nachdenkt, wird einem bald klar, wie unrealistisch es wäre zu glauben, daß wir alle in unserem nächsten Leben nahtlos an *allen* Komponeneten der Lebensarbeit des vorigen Lebens weiterarbeiten könnten. Bei jedem Lebenszyklus werden die Karten neu gemischt, und so kommen stets Aufgaben (und Beziehungen) aus verschiedenen Jahrhunderten und verschiedenen Leben zum Vorschein.

Es gibt noch einen zweiten Grund, jede Darstellung eines Seelenalters cum grano salis zu nehmen. Das Bild vom Alter impliziert, daß alle vom gleichen Ausgangspunkt ausgehen und dann die gleiche Folge von Entwicklungsschritten von der Kindheit der Seele bis zum gebeugten Greisenalter durchmachen. Ebenso besagt das Bild von der Schule, daß alle einmal im Kindergarten anfangen und dann genau den gleichen Lehrstoff bewältigen müssen, um die Abschlußprüfung zu bestehen. Aber vielleicht läuft im Leben alles ganz anders. Vielleicht enthält das Kursangebot der Erd-Schule so viele Fächer, daß gar nicht jede Seele alles braucht. Möglicherweise haben die Erfahrungen, die eine bestimmte Seele vor ihrem Eintritt in die Erd-Zyklen gesammelt hat, sie so gut vorbereitet, daß sie nur noch manche der hier angebotenen Lektionen nötig hat. Daher könnte ihr Aufenthalt auf der Erde, verglichen mit anderen, die die elementaren Fächer noch nicht beherrschen, kurz ausfallen.

Natürlich kommt es vor, daß die Ausbildung nicht so verläuft, wie sie geplant war. Es kann sein, daß eine Seele den irdischen Kursus mit einem klar umrissenen Ziel beginnt, dann aber der hypnotischen Anziehungskraft des körperlichen Daseins verfällt und ein wesentlich längeres Erziehungsabenteuer bestehen muß. Wenn man Robert Monroe glauben darf, ist genau das in seinem Fall eingetreten und trifft auf viele von uns zu. Die meisten Seelen auf der Erde stammen seiner Darstellung nach ursprünglich nicht von hier, sondern sind aus verschiedenen nichtphysikalischen Sphären hergekommen, um die einmaligen Lernbedingungen zu nutzen, die die Erde bietet. Mit dem Eintritt in den irdischen Kursus begibt man sich jedoch auf gefährliches Terrain, weil die Annahme eines physischen Körpers leicht süchtig macht. Wiederholte Inkarnationen können zur Folge haben, daß unsere ursprüngliche geistige Identität sogar zwischen den Leben verdunkelt wird. Monroe beschreibt ein allzu häufig auftretendes Muster von Lebenszyklen, bei denen über viele Zyklen hinweg eine Spiralbewegung in immer dichtere Ebenen der Materialität hineinführt, schließlich gefolgt von einer entsprechenden nach außen führenden Spiralbewegung. Auf dem Weg nach innen wird unsere geistige Identität immer mehr verdeckt, bis wir den Kontakt zu ihr verlieren, um sie dann auf dem Weg nach außen wieder freizulegen und neuzuentdecken. Wie viele Zyklen betroffen sind, und wie viele Lektionen gelernt werden müssen, bevor der Kursus abgeschlossen werden kann, hängt davon ab, wie gut der Betreffende lernt und wie tief er sich in die Materialität verstricken läßt. Das mindeste, was wir Monroes Beschreibung entnehmen sollten, ist, jeder linearen schematischen Darstellung des Seelenalters mit Vorsicht zu begegnen und die stillschweigenden Voraussetzungen, die ein solcher Schematismus enthält, sorgfältig zu untersuchen.

Meine Vorbehalte richten sich also, kurz gesagt, dagegen, unter Seelen*alter* im Wortsinne die Zeit zu verstehen, die eine Seele seit ihrer «ersten Geburt» gelebt hat. Es ist nichts weiter als ein bildlicher Ausdruck, mit dem sich der Gang der Seele durch den irdischen Lehrplan beschreiben läßt, und selbst dabei ist noch Vorsicht geboten. So hilfreich dieses Bild auch sein mag, es führt dazu, daß wir uns den Prozeß der Lebenszyklen viel zu schematisch vorstellen. Wie sehr uns auch manche Beschreibung der Entwicklungsstadien einleuchten mag, das Leben ist zweifellos viel bunter und komplexer, als wir ahnen. Mit diesen Vorbehalten im Hinterkopf wollen wir nun eine Landkarte des Seelenalters betrachten, die aus einer der ältesten Weltkulturen stammt, die dem Glauben an die Reinkarnation anhängen: aus Indien.

Seelenalter und Chakras

Die *Chakras* sind eine Reihe psychospiritueller Zentren im Menschen. Das Sanskritwort wird von den Hindus und Buddhisten verwendet, aber auch andere spirituelle Lehren kennen die gleichen Zentren. Die Chakras werden gewöhnlich als sieben psychische Zentren oder «Räder» beschrieben, die den physischen und den nichtphysischen Leib miteinander verbinden und zu einer Einheit integrieren. Sie befinden sich zum größten Teil entlang der Wirbelsäule und entsprechen den wichtigsten Nervenganglien und endokrinen Drüsen. Die Chakras sind vielschichtige Gebilde, die physische, psychische und spirituelle Seinsaspekte in sich vereinen. Jedes Chakra steht mit bestimmten physischen, emotionalen, mentalen und spirituellen Vorgängen in Verbindung, die entsprechend in der indischen Medizin als untereinander zusammenhängend betrachtet werden.

Gemäß der hinduistischen Anschauung tritt die Lebenskraft durch das über unserem Kopf befindliche oberste Chakra in uns ein und steigt durch die anderen Chakras hindurch ab, bis es das unterste, am Fuße der Wirbelsäule liegende Chakra erreicht hat. Dort mischt sich die himmlische Kraft mit unserer irdischen Energie und tritt die Rückreise auf demselben Weg an, auf dem sie gekommen ist. Alle sieben Chakras werden von der göttlichen Kraft belebt und geben unterschiedliche Mengen dieser Kraft in die von ihnen gesteuerten Systeme ab. Ein «geschlossenes» Chakra gibt weniger Energie-Bewußtsein ab als ein «geöffnetes».

Der Entwicklungsstand, auf dem man sich an jedem Punkt der Reise befindet, läßt sich an dem Zustand ablesen, in dem sich alle sieben Chakras zusammengenommen befinden. Bei einem hochentwickelten Wesen sollen alle Chakras vollständig geöffnet sein und harmonisch zusammenwirken, während bei einem weniger entwickelten Wesen manche Chakras relativ weit geöffnet sein können, während andere noch relativ geschlossen sind. Wer sich für das Thema interessiert, wird zahlreiche Bücher finden, die sich mit der Chakra-Lehre beschäftigen.[4]

Aufgrund ihrer Vielschichtigkeit kann man sich den Chakras auf verschiedene Art nähern. Ihre Wirkungsweise läßt sich von der Seite der subtilen Energie (*Prana* oder *Ch'i*) oder von der Seite der verschiedenen Bewußtseinsebenen her beschreiben. Eine anschauliche Übersichtskarte der Seelenalter kann man aus dem System der Chakras ableiten, wenn man diese als Symbole versteht, die unterschiedliche Bewußtseins- oder Seinsebenen beschreiben, die die Menschen im Zuge ihrer Entwicklung durchlaufen, angefangen vom ersten Chakra am unteren Ende der Wirbelsäule bis hinauf zum siebten Chakra über dem Scheitelpunkt des Kopfes. Aus dieser Perspektive können wir die Chakras als Beschreibung unterschiedlicher existentieller Positionen in der Welt auffassen, als Ausdruck eines charakteristischen Stils, der eine bestimmte Bewußtseinsebene widerspiegelt. Wir können die Komponenten jedes Stils feststellen, indem wir die verschiedenen psychologischen Merkmale aufzählen, die jedem Chakra assoziiert sind. Wenn auch die Chakras als Darstellung von sich wiederholenden oder archetypischen Bewußtseinsebenen gedacht werden können, so läßt sich doch kein Individuum korrekt von einem einzelnen Chakra her beschreiben. Trotzdem kann die psychologische Bedeutung der verschiedenen Chakras bei differenzierter Betrachtung Hinweise auf die Probleme geben, die für die je unterschiedliche Ausprägung von Jugend und Alter charakteristisch sind. Da die Chakras immer in Wechselwirkung miteinander stehen und diese Wechselwirkungen komplex und subtil sind, ist die größte

Gefahr, der wir uns hier aussetzen, die der zu starken Vereinfachung. Es folgt eine Beschreibung der sieben Töne der Tonleiter, aus der die Komposition des so vielgestaltigen menschlichen Lebens besteht.

Das erste oder *Wurzelchakra* liegt am unteren Ende der Wirbelsäule und ist unseren elementarsten Überlebensinstinkten assoziiert. Man könnte es sich als das Verbindungsglied zwischen der tierischen und der menschlichen Existenzform vorstellen. Es hängt mit unserem Selbsterhaltungstrieb, mit dem Standhalten-oder-flüchten-Reflex und ganz allgemein mit Gefühlen von Angst und extremer existentieller Ungewißheit zusammen. Wenn diese Bewußtseinsstufe voll entwickelt ist, fühlt man sich sicher und geerdet, mit dem eigenen Sein fest in der Welt verwurzelt und kann sich voll auf seine eigene Fähigkeit verlassen, lebensbedrohliche Angriffe zu parieren. Jene Menschen, die in einer dem «Gesetz des Dschungels» gehorchenden Welt des «Tötens oder Getötetwerdens» leben, haben es mit ungelösten Aufgaben im Zusammenhang mit dem ersten Chakra zu tun. Evolutionär betrachtet muß man erst mal als Individuum überleben, ehe man sich andere Aufgaben vornehmen kann. Das ist das Fundament, auf dem alles andere aufbaut.

Das zweite, das *Unterleibschakra (Hara)*, sorgt für das Überleben der Gattung. Es ist noch stark mit Biologie und Instinkt verknüpft, betrifft aber auch unsere Lustfähigkeit. Einem Menschen, der in diesem Chakra sein Zentrum hat, in dessen Leben kreist fast alles um sinnliche Genüsse – ihre Erlangung oder Vermeidung –, insbesondere um die sexueller Lust. Diese Seinsstufe gipfelt in der Fähigkeit zu reichem und befriedigendem sinnlichen Erleben. Lust kann zwar Selbstzweck sein, sie kann aber auch in den Dienst der höheren Chakras gestellt werden, wie denn überhaupt jedes niedere Chakra einem höheren dienstbar gemacht werden kann. Die Freudsche Psychologie läßt sich weitgehend als Psychologie des zweiten Chakras auffassen.

Das dritte Chakra ist das *Nabel- oder Solarplexuschakra*, das mit Macht zu tun hat. Mit der Zeit kann die Sinnenlust allein uns nicht befriedigen; sie stellt keine Herausforderung mehr dar. Schließlich haben wir das Bedürfnis, über sie hinauszugehen, um unsere Fähigkeiten auf einem größeren Kampfplatz zu erproben und uns im Wettstreit mit anderen zu bewähren. Das ist nicht nur eine Erweiterung unseres Selbsterhaltungstriebs, denn es führt uns manchmal dazu, uns auf Vorhaben einzulassen, die unser Leben bedrohen wie zum Beispiel gefährliche Berufe oder Hobbys. Unser Wunsch dabei ist, die Grenzen unserer persönlichen Kraft zu erkunden. Wo diese Bewußtseinsstufe die Arbeit eines ganzen Lebens bestimmt, da werden die beiden Seiten der Macht erprobt: Beherrschung und Unterwerfung. Hier finden wir Herren und Knechte, «autoritäre Persönlichkeiten» und den «Minderwertigkeitskomplex». Die Themen der Adlerschen Psychologie kreisen im wesentlichen um dieses Chakra.

Wenn die Welt nur aus Wesen bestünde, die aus den ersten drei Chakras heraus leben, dann würde sich die Gesellschaft in unaufhörlichen Konflikten verzehren, und die Macht würde nur aus egoistischen Gründen und um ihrer selbst willen ausgeübt. Die Macht als solche strebt nur nach dem Wohl des einzelnen. Wenn sie sich ungehindert entfalten kann, spielt sie uns gegeneinander aus, bis einer Sieger ist und alle anderen Besiegte. Früher oder später muß auch der Aggressivste unter uns einsehen, wie müßig dieses Spiel ist, und indem er das bemerkt, wird er reif für die nächste Entwicklungsstufe.

Das vierte Chakra ist das *Herzchakra*, das Chakra der Empathie und des Mitgefühls. Auf dieser Bewußtseinsstufe entdeckt das Individuum die Gemeinschaft und wird sich über die Freiheit klar, die in wahrer Gleichheit liegt. Hier ist die Liebe in ihrer höchsten Form angesiedelt, die selbst-lose Nächstenliebe. Der einzelne ist in besonderer Weise fähig, sich wirklich auf die Gefühle anderer einzulassen und als das Beste für sich selbst das zu wählen, was für alle anderen auch das Beste ist. Er tut das weniger aus dem Wunsch heraus, sich für andere aufzuopfern, sondern weil er beginnt, eine Identität zu realisieren, die die Ego-Grenzen überschreitet. Mit seiner Mittelstellung zwischen den drei unteren und den drei oberen Chakras integriert dieses Chakra das, was man unsere Erd-Funktionen nennen könnte, mit unseren geistigen Funktionen. Die ersten drei Chakras sichern die Stellung des Individuums, die letzten drei dagegen lehren, dieses zu überschreiten. Die Dynamik dieses Chakras wird in einigen Schriften von Carl Rogers und Erich Fromm angesprochen.

Aber wie erhaben die Idee der Gleichheit auch sein mag, der Mensch ist mehr als nur der Gründer egalitärer Gemeinschaften auf der Erde. Wir sind auch Schöpfer, die ständig über das Bestehende hinausgreifen und das Neue, Noch-nie-Dagewesene entdecken. Diese schöpferische Fähigkeit hat mit dem *Kehlkopfchakra* zu tun, dem Chakra der Kreativität und des hegenden Umgangs mit den Dingen. Die beiden sind miteinander verknüpft, weil der schöpferische Akt voraussetzt, daß wir mit einer Realität höherer Ordnung, als unser begrenztes Ich es ist, kommunizieren und von ihr empfangen. Wenn wir etwas wirklich Neues schaffen wollen, müssen wir das Geheimnis des Empfangens lernen. Ob wir neue Kunst, neue Musik, neue wissenschaftliche Formeln oder neue Lösungen für hartnäckige soziale Probleme schaffen – der Schöpfungsakt bringt uns in Kontakt mit unserer höheren Natur, einer subtilen Natur, die wir einladen, aber nicht kontrollieren können. Auf den höheren Ebenen wird der Schöpfungsakt zu einer zutiefst befriedigenden, ja sogar notwendigen eigenständigen Tätigkeit, ganz unabhängig davon, was dabei entsteht.

Das sechste Chakra ist das *Stirnchakra*, das Chakra der intuitiven Erkenntnis, das zwischen den Augenbrauen, aber etwas höher liegende sogenannte «Dritte Auge». Die ihm assoziierte Bewußtseinsstufe spiegelt unsere Fähigkeit wider, Dinge über die von den Sinnen gelieferten Informationen hinaus zu erkennen. Wenn die Kreativität sich entwickelt, vertieft sich der Kontakt mit der spirituellen Dimension des Seins und weckt schließlich die Fähigkeit, Aspekte des Lebens, die in dieser Dimension angesiedelt sind, präzise und verläßlich wahrzunehmen. Diese intuitive paranormale Fähigkeit wird im Westen häufig nicht ganz ernst genommen, während man sie im Osten für ganz natürlich, wenn auch nicht unbedingt sehr verbreitet hält. In den Anfangsstadien ist sie für ihre Unzuverlässigkeit und mangelnde Berechenbarkeit bekannt, aber sie kann durch jahrelange Meditation veredelt und von verzerrenden Elementen befreit werden.

Unsere Fähigkeit zu paranormaler Erkenntnis kann sich entweder auf die uns umgebende Welt oder auf unsere Innenwelt richten. Im einen Fall erhalten wir Informationen über die Außenwelt, wie wir sie von Hellsehen und Präkognition her kennen. In bescheidenerem Rahmen könnten wir an die großen wissenschaftlichen Durchbrüche denken, bei denen die Intuition den zu der Zeit zugänglichen Daten weit vorauseilte. Wird diese nichtsinnliche Erkenntniskraft nach innen gerichtet, so läßt sie sich verwenden, um Einsicht in die innersten Wahrheiten unseres Wesen zu erlangen. Die nach innen gerichtete Intuition gilt als die höherstehende von diesen beiden Erkenntnisarten; sie wird den größten spirituellen Lehrern aller Kulturen nachgesagt. Diese Bewußtseinsstufe gipfelt darin, daß wir für die Gottheit in uns erwachen. Durch das nächste Chakra entdecken wir dann unsere wahre Beziehung zu dieser Gottheit.

Das siebte Chakra ist das *Scheitelchakra*, das traditionell unmittelbar über dem Kopf vorgestellt wird. Mit diesem Chakra erreichen wir die Fähigkeit, in einen Bewußtseinszustand einzutreten, der sich von den vorhergehenden vollkommen unterscheidet. In diesem Zustand bricht unser normales Bewußtsein vollständig zusammen, und wir öffnen uns für ein Gewahrsein ohne Grenze und Form. Indem wir die Fähigkeit wiedererlangen, das Ganze des Seins zu erfahren, erleben wir das, was im Osten Erleuchtung und im Westen Gottesbewußtsein genannt wird. Hier entdecken wir eine Wahrheit, die die Weisen und Heiligen uns seit Urzeiten gepredigt haben: «Ihr seid Kinder Gottes», «Atman ist Brahman», «Das Reich Gottes ist inwendig in euch», «Du bist die Gottheit selbst». Das Scheitelchakra wird in der Kunst oft als Lichtschein dargestellt, der den ganzen Körper oder nur den Kopf umgibt. Die Psychologie, die die großen mystischen Lehren der Welt entwickelt haben, beschäftigt sich auch mit der Erforschung der beiden letzten Chakras.

Das Entwicklungspotential des Menschen

Aus der Interaktion der von den sieben Chakras ausgestrahlten Energien ergibt sich das Kräftegleichgewicht, das wir als unsere Persönlichkeit empfinden. Zusammengenommen beschreiben sie ein Entwicklungsspektrum, das vom fast noch animalischen Zustand bis zur göttlichen Inkarnation reicht. Dabei sollte man nicht so sehr an die Stufen einer Leiter denken, die nacheinander zu erklimmen wären, sondern eher an die einzelnen Themen einer über viele Lebenszyklen hinweg erklingenden Symphonie. Während wir heranwachsen, werden neue Themen eingeführt, während die alten ständig veredelt werden. Unsere Entwicklung ist nicht linear, sondern interaktiv. Die Arbeit an einem Thema wirkt sich gleichzeitig auch auf die anderen aus.

Nach all dem dürfte klar sein, daß die konventionellen moralischen Kategorien von Gut und Böse vor dem Begriff des Seelenalters kaum Bestand haben. Wenn wir erst einmal verstanden haben, daß das Wachstumsspektrum der Seele zu groß ist, um in ein einziges Leben hineinzupassen, dann werden *Gut* und *Böse* zu relativen Begriffen. Die gleiche Handlung in der Welt kann für den einen Fortschritt, für den anderen Regression bedeuten. Was für eine junge Seele gut ist, kann für eine ältere, die längst schwierigere Aufgaben anpacken müßte, schlecht sein. Andere zu beurteilen, ist daher ein müßiges Unterfangen, das nur die Aufgabe, die uns persönlich in unserem Leben gestellt ist, auf sie projiziert. Der Begriff des Seelenalters enthält daher implizit die Erlaubnis, unser individuelles Leben ohne verunsicherte Blicke nach rechts oder links zu führen und ohne andere mit unserer Meinung über ihre Fortschritte zu belasten.

Auch wenn es wahrscheinlich unvermeidlich ist, daß wir auf den Begriff des Seelenalters, wenn wir ihn zum ersten Mal hören, zunächst einmal mit dem Versuch reagieren herauszubekommen, an welchem Punkt des Entwicklungsprozesses wir stehen, ist ein solcher Versuch nicht sonderlich produktiv, weil es zu viele unbekannte Faktoren gibt, als daß wir zu einer einigermaßen genauen Berechnung kommen könnten. Statt an Hand der Karte zu versuchen, haargenau festzustellen, auf welcher Entwicklungsstufe wir uns gerade befinden, täten wir meines Erachtens besser daran, uns mit ihrer Hilfe ein genaueres Bild von uns selbst und unseren Lebensaufgaben zu machen. Indem sie uns daran erinnert, daß wir genau so viel Zeit bekommen werden, wie wir zur Vervollkommnung unserer Seele brauchen, macht sie uns Mut, uns zu entspannen und uns keine Sorgen mehr zu machen. Solange wir glauben, wir lebten nur einmal auf der Erde, versuchen wir zwangsläufig, so viele Erfahrungen (oder soviel Wachstum) wie irgend möglich in dieses eine Leben hineinzupacken. Wir haben das Gefühl, daß wir uns beeilen müssen, um vor dem Tod noch schnell alles fertigzubekommen. Wenn wir unsere Perspektive jedoch auf den größeren Horizont der Wiedergeburt hin erweitern, können wir diese angstauslösenden Erwartungen loslassen.

Die Karte des Seelenalters kann auch dazu beitragen, daß wir uns nicht zu ausschließlich mit den Themen identifizieren, die uns in unserem Leben unmittelbar berühren. Zwar liegt unsere Aufgabe hier, in unserem gegenwärtigen Leben, aber dieses ist letztlich nicht mit unserem Wesen identisch. Indem sie uns an das größere Abenteuer, in das wir verstrickt sind, erinnert, kann die Karte uns helfen zu erkennen, daß wir nicht dieses Leben sind, sondern es nur *benutzen.* Ich weiß noch, wie fremd mir dieser Gedanke war, als ich ihm vor vielen Jahren zum ersten Mal begegnete. Aber wenn man immer mehr Einblick in die Tiefenstruktur des gegenwärtigen Lebens bekommt und anfängt, seinen Unterbau in früheren Jahrhunderten aufzuspüren, wird das Denken in solchen Kategorien immer selbstverständlicher. Ich bin nicht nur diese Persönlichkeit, für die ich mich früher immer gehalten hatte. Ich bin mehr. Vor diesem Leben gab es schon ein Leben, und danach wird wieder eines sein. In einem ganz spezifischen Sinne benutze ich dieses Leben nur. Das Nachdenken über diese Dinge führt dazu, daß unsere Identifikation mit unserer Persönlichkeit sich zuweilen lockert. Wir fangen an, uns auszudehnen und kommen mit einer Identität in Berührung, die größer ist als unsere Köper/Geist-Identität. Durch diesen Türspalt können wir – wenn auch nur für einen kurzen Augenblick – in etwas Größerem aufgehen, in einem uns noch unbekannten Bewußtsein, das unser Sein umfängt mit seinem Sein.

Schon die rein intellektuelle Erkenntnis, daß wir mehr sind als unsere gegenwärtige Persönlichkeit, ist der erste Schritt auf einer Reise der Selbstentdeckung. Sobald wir einsehen, daß wir nicht auf dieses eine Leben beschränkt sind, müssen wir auch fragen: «Was bin ich? Wenn ich nicht nur dieses eine Leben bin, bin ich dann meine Überseele?» Aber wenn die Überseele selbst in eine noch umfassendere Über-Überseele eingebettet ist und wenn dieser Prozeß sich wer weiß wie oft wiederholt, dann können wir nicht einfach die Überseele für unsere wahre Identität halten, sondern müssen noch tiefer graben.

Diese Suche nach unserer wahren Identität führt schließlich zur Entwicklung einer Bewußtseinsebene, die traditionell dem siebten Chakra zugeordnet wird. Wenn wir nicht nur dieses Leben sind, sind wir ebensowenig nur die Summe der vorhergehenden und der nachfolgenden Leben. Wenn wir nicht nur diese Persönlichkeit sind, sind wir ebensowenig nur die Überseele. Die Weisen, die diesen Weg vor uns beschritten haben, sagen, daß wir letztlich das Sein selbst sind. Wir sind die Manifestation des *Satchidānanda* – Sein-Bewußtsein-Seligkeit – in der Raum/Zeit. Sobald wir das erst einmal selbst als wahr erfahren haben, wissen wir auch, daß die Identität als dieser Körper/Geist und diese Überseele nur Formen sind, die das BEWUSSTSEIN in dem Abenteuer mit dem Namen SEIN-ALS-FORM annimmt. Wer dies erkennt, hat die Illusion abgeschüttelt und ist zu seiner wahren Natur erwacht. Das ist Erleuchtung.

Es wäre falsch, sich die Chakras zu linear vorzustellen und zu glauben, das erleuchtete Bewußtsein könne sich nur einstellen, nachdem alle anderen Bewußtseinsebenen zur Reife gelangt sind. Manchmal spielt es sich tatsächlich so ab, und es kann so eingerichtet werden, daß es sich so abspielt, aber es muß sich nicht so abspielen. Das ist so, weil die Identität, die in der Erleuchtung entdeckt wird, eine ist, die schon vor der Erleuchtung existiert. Ich bin schon Sein-Bewußtsein-Seligkeit, auch wenn ich mir dessen in diesem Augenblick nicht bewußt sein sollte.

Wenn man der Reinkarnation in dieser Phase des menschlichen Daseins ein Ziel zuschreiben kann, dann ist es dies: die Entdeckung unserer eigentlichen Natur durch eigene Erfahrung. Mit diesem Akt finden wir zu unserer wahren Identität zurück, zu unserer Ganzheit, unserer Einheit mit allem, was ist. In dieser Erfahrung hat alle Angst ein Ende, sind alle Wünsche erfüllt, heilen alle Wunden von der langen Reise. Jene, die diese Erfahrung gemacht haben, versichern uns, daß sie alle Anstrengungen wert ist, die nötig waren, um sie zu erlangen. Sie sagen auch, daß sie nur ein Übergangsstadium ist, nicht das Ende unserer Entwicklung. Von jetzt an ist es für unsere weitere Entwicklung nicht mehr notwendig, daß wir uns in der Raum/Zeit inkarnieren. Wir können kommen und gehen, wie wir wollen.

Es ist wohl leichter, diese Wahrheit über unser Wesen zu erkennen, während wir in der geistigen Sphäre leben. Aber es scheint von besonderer Bedeutung zu sein, wenn es uns gelingt, sie erfahrungsmäßig zu realisieren, während wir an den Körper gebunden sind. Erwachen wir noch auf der physischen Ebene zur Erkenntnis unserer eigentlichen Natur, so fördern wir damit nicht nur unsere persönliche Entwicklung; wir tragen offenbar auch in irgendeiner Weise zu einem kollektiven Entwicklungsprozeß bei, an dem wir teilhaben.[5] Vielleicht ist dies der Ort, an dem unsere individuelle Entwicklung mit der Entwicklung der Gattung verschmilzt. Wenn am Ende die ganze Gattung sich ihrer eigentlichen Natur bewußt würde, würde die Geschichte sicher eine abrupte Wendung in eine aufregende Zukunft nehmen.

6 Reinkarnation und Christentum

Die Bedingungen, unter denen wir in den Tälern der Zeit leben, führen fast zwangsläufig dazu, daß wir die physikalische Welt als die «reale» Welt betrachten. Sie lehren uns, uns mit unserem Körper-Ich zu identifizieren und daher an einem Weiterexistieren über das Grab hinaus zu zweifeln. Dieser Zweifel wird seit zweihundert Jahren dadurch verstärkt, daß die vorherrschende Philosophie – von der Wissenschaft darin unterstützt – die Auffassung vertritt, daß die physikalische Welt die einzige Welt ist, die es gibt, daß sie zumindest die Welt ist, die alles, was es außer ihr gibt, kontrolliert.

Die einzigen bedeutenden gesellschaftlichen Institutionen im Westen, die die Vision eines nichtphysikalischen, geistigen Universums in den letzten Jahrhunderten am Leben erhalten haben, sind die Religionen – das Christentum, das Judentun und der Islam. Während der metaphysische Naturalismus sich immer tiefer in das intellektuelle Gewebe der westlichen Kultur einprägte, waren sie es, die an der Lehre festhielten, daß wir mit einer Überraschung zu rechnen hätten, wenn wir uns von unserem Körper trennen. Nur sie haben sich die Vision bewahrt, daß das Leben mehr ist als bloße physische Existenz und daß sein Vorhandensein im Universum mehr ist als eine Reihe von Zufällen. Leider hat ihre Vision vor der Reinkarnation haltgemacht.

Anstelle der Wiedergeburt haben die westlichen Religionen gelehrt, daß wir – wenn auch unsterblich – nur wenige Jahre dieser Unsterblichkeit auf der Erde zubringen. Ob wir diese paar Jahre nutzen oder nicht – sie sind alles, was wir haben, und wie wir die Ewigkeit zubringen werden, hängt ausschließlich davon ab, wie wir uns hier und jetzt verhalten. Allerdings haben nicht alle westlichen Gläubigen diese Einschränkung akzeptiert. Es hat immer wieder unterschwellige Strömungen gegeben, die die Reinkarnationslehre für die zwingendere Vision vom Leben gehalten haben – das waren der Chassidismus im Judentum, der Sufismus im Islam und die Gnostiker im Christentum. Aber im Prinzip hat das westliche religiöse Denken immer die Philosophie des «Jeder-nur-Einmal» unterstützt.

Es ist daher nicht erstaunlich, wenn viele im Westen der Reinkarnationslehre mit erheblichen Widerständen und Ängsten begegnen. Wenn sie sich schließlich doch von den Forschungsergebnissen überzeugen lassen, dann wissen sie, daß sich in ihrem Leben und Glauben einiges ändern wird, und das ist für viele eine erschreckende Vorstellung. Ich habe Hunderte meiner Studenten diesen schmerzlichen Prozeß durchmachen sehen.

Die Fragen, die auftauchen, kreisen Semester für Semester um die gleichen Themen: Beweisen die für die Reinkarnation sprechenden Fakten, daß die östlichen Religionen recht haben und die westlichen unrecht? Wird diese Untersuchung mich schließlich zwingen, zwischen der östlichen und der westlichen Lebensdeutung zu wählen? Werde ich nicht schon durch die bloße Erwägung der Reinkarnationslehre meinem Glauben untreu? Ist die Reinkarnationslehre mit dem Christentum vereinbar? Wie könnte ein christlicher Glaube aussehen, der sich den Gedanken der Reinkarnation zu eigen gemacht hätte?

In meinen Seminaren sind alle drei westlichen Traditionen vertreten. Aber die meisten der Studenten sind vom Christentum geprägt. Da vermutlich viele Leser dieses Buches – wie auch ich selbst – den gleichen geistigen Hintergrund haben, will ich mich in diesem Kapitel mit den Herausforderungen und Chancen beschäftigen, die der Reinkarnationsgedanke für den christlichen Glauben bedeutet.

Eines möchte ich dabei gleich zu Anfang klarstellen: Ich bin überzeugt, daß die Reinkarnationslehre durchaus mit dem Christentum vereinbar ist, und daß das Christentum, wenn es sich dazu durchringen könnte, den Gedanken der Wiedergeburt zu akzeptieren, keineswegs seinen eigenständigen Charakter verlieren, sondern dadurch vielleicht sogar belebt und gestärkt werden würde.

Meiner Ansicht nach repräsentiert die Reinkarnationslehre ein wichtiges fehlendes Glied der westlichen Theologie. Trotz jahrhundertelanger theologischer Diskussionen ist das Problem des Leidens im westlichen Denken nach wie vor ungelöst. Die Theologen haben nie eine zufriedenstellende Erklärung dafür geben können, welchen Sinn das Leiden in einem von einem gütigen Gott geschaffenen Universum hat und warum es so ungleich verteilt ist. Infolgedessen hat die dem Leben anhaftende Ungerechtigkeit nie aufgehört, unser Vertrauen in die christliche Weltsicht mit nagenden Zweifeln zu untergraben. Nun behaupte ich aber, daß alle diese Probleme sich im wesentlichen aus der Philosophie des Jeder-nur-Einmal ergeben. In dem Moment, wo die christliche Theologie sich auf den Standpunkt stellte, daß unser gegenwärtiges Leben keine Vorgeschichte hat, durchtrennte sie die Fäden der Kausalität, die das Leben zu einem sinnvollen Gewebe machen. Da sich nun die Logik oder der Sinn des Leidens in einem einzigen Lebenszyklus nicht erkennen ließ, konnte man nur noch eines tun: die Last dieser Unerforschlichkeit auf Gottes Schultern abladen, wo sie bis zum heutigen Tage ruht.

Es ist wirklich komisch. Das Christentum hat uns gelehrt, daß Gott – so der christliche Name für die letzte Wirklichkeit – ein liebendes, gütiges und vollkommen vertrauenswürdiges Wesen ist. Und doch hat es uns gleichzeitig den Schlüssel weggenommen, den wir brauchen, um diese Liebe zu erkennen. Wir wollen dem jüdisch-christlichen Gott ja vertrauen. Aber wir können nicht umhin, an ihm zu zweifeln. Wie könnte ein unendlich liebevolles und mächtiges Wesen der Menschheit jene

Qualen auferlegen, die manche von uns ertragen müssen? Es spielt keine Rolle, ob mir persönlich die Tragödie erspart bleibt, denn selbst wenn nur ein Menschenleben vergeudet wäre, kann man diesem Gott nicht restlos vertrauen.

Wenn wir nur ein Leben hienieden zu leben haben, wie soll ein Gott, der uns in so entsetzliche, verzweifelte Verhältnisse hineinsetzt, dann ein gerechter Gott sein können? Das Argument, daß unsere jeweiligen Schicksale Gottes Vorherwissen unserer Entscheidungen widerspiegeln und daher gerechtfertigt sind, hat nie überzeugen können, weil es ein hoffnungloser Zirkelschluß ist. Unsere Entscheidungen spiegeln den Charakter wider, den Gott – entsprechend der Nur-ein-Leben-Perspektive – «aus dem Nichts» für uns bestimmt hat, und für den Er daher auch die Verantwortung übernehmen muß. Wir finden auch nicht viel Trost in dem Gedanken, daß wir das erdrückende Geschick, das nach Gottes Ratschluß nur einige von uns erben, auf Grund irgendeiner Erbsünde alle verdient hätten. Wenn Gott eingreift, um nur einige von uns vor einem Schicksal zu bewahren, das wir alle verdienen, wo bleibt dann die Gerechtigkeit, vom Erbarmen ganz zu schweigen? Wenn schon unsere moralische Sensibilität sich angesichts all dieser Ungerechtigkeit empört – ist Gott in moralischen Dingen etwa weniger sensibel?

Solange unser Denken sich immer nur im Rahmen des Jeder-nur-einmal-Modells bewegt, muß der jüdisch-christliche Gott für uns ein Rätsel bleiben. Die Last der göttlichen Unerforschlichkeit ist so groß, daß das gesamte theologische Gebäude des jüdisch-christlichen Glaubens ständig darunter einzustürzen droht. Das mag der Grund sein, weshalb trotz des Fehlens offizieller Zustimmung laut einer Umfrage 1981 in Amerika 23 Prozent der Befragten bereits die Reinkarnationslehre akzeptiert haben.[1]

Die christlichen Studenten, die sich in meinen Seminaren mit der Wiedergeburtsidee herumschlagen, wissen, daß das Christentum den Gedanken irgendwann verworfen hat, wenn auch nur wenige wissen, wann oder warum das geschah. Die meisten lassen sich jedoch durch verstaubte Edikte nicht daran hindern, die Frage für sich neu zu stellen. Angesichts der ständig wachsenden Belege für die Reinkarnation, ist nicht mehr die Frage entscheidend, was die Kirchengeschichte dazu sagt, sondern ob sich die Vorstellung von Reinkarnation mit den Hauptartikeln des christlichen Glaubens vereinbaren läßt. Gibt es irgendwelche wesentliche Glaubensinhalte, denen sie widerspricht oder die sie schwächt? Stärkt sie die christliche Sicht dessen, was letztlich im Leben wahr und wertvoll ist?

Wie wir diese Frage beantworten, hängt natürlich vor allem davon ab, was unserer Ansicht nach den Kern der christlichen Lehre ausmacht, und was als eher marginal eingestuft werden kann und daher historischen Veränderungen unterliegt, ohne daß die Essenz des Bekenntnisses dadurch verletzt würde. Wird die katholische Kirche Frauen zu Priestern weihen? Wird es je zu einer Wiedervereinigung der verschiedenen christlichen Kirchen und Sekten kommen? Die Antwort hängt weitgehend davon ab, was wir für den Kern der christlichen Aussage halten. Welche überlieferten Prinzipien drücken ewige Wahrheiten aus, und welche lediglich vergängliche kulturelle Werte? Jede Religion, die lange genug besteht, um die Kultur ihres Ursprungslandes zu überleben, muß sich diese Fragen stellen. Je länger sie lebt und je stärker sie im Laufe der Geschichte der kulturellen Diversifizierung unterliegt, desto häufiger muß sie unterscheiden zwischen dem, was wesentlich ist, und dem, was problemlos geändert werden kann.

Ich glaube, daß die Reinkarnationslehre mit dem Kern der christlichen Lehre vereinbar ist. Früher war ich nicht dieser Ansicht. Als ich vor Jahren zu der Überzeugung gelangte, daß die Reinkarnation ein Faktum ist, schien es mir, daß das Christentum, um diese Vorstellung zu integrieren, ihre zentralen Lehren einer drastischen Revision unterziehen müßte. Heute scheinen mir nur wesentlich bescheidenere Revisionen nötig zu sein. Dieser Meinungsumschwung hat zweifellos damit zu tun, daß sich meine Einschätzung dessen, was zum Kernbestand des christlichen Glaubens gehört, seitdem geändert hat, aber er spiegelt auch eine wachsende Sensibilität für die Themen wider, die sich untergründig durch die christliche Symbolwelt ziehen. Der Reinkarnationsgedanke hat meinen Bezugsrahmen für das Verständnis der Wirkungsweise und der Zwecke des Lebens enorm erweitert und geschärft. Ich erkannte jetzt auch in christlichen Quellen die archetypischen Themen der Suche der Seele nach Gott durch viele Leben hindurch, hörte den Widerhall einer größeren Geschichte – von Seelen, die ihr Gottesgewahrsein verloren hatten und sich in der physischen Existenz verloren, von den Gründen, die zu diesen Verhältnissen geführt hatten, und von den kosmischen und individuellen Schritten, die notwendig waren, um das alles wieder rückgängig zu machen.

Ich bin überzeugt, daß das Christentum sich heute ohne erhebliche Abweichungen von seinen dogmatischen Grundanschauungen den Reinkarnationsgedanken zu eigen machen könnte. Der größte Teil der christlichen Lehre könnte im wesentlichen unangetastet bleiben, wenn diese dem Konzept der Überseele einen Platz einräumen würde. Aber selbst wenn die christliche Lehre nur zu geringfügigen Änderungen *gezwungen* wäre, bin ich doch der Ansicht, daß die christliche Theologie durch Einbeziehung der Reinkarnationslehre zu einer weitgehenden Neubesinnung *aufgerufen* wäre. Die Beachtung, die dem Konzept der Wiedergeburt heute im Westen geschenkt wird, ist Teil einer gegenwärtig stattfindenden weitgespannten Begegnung zwischen Ost und West, und diese hat für beide Hemisphären eine tiefe soziale und theologische Bedeutung. Wenn der Gedanke von der Wiederverkörperung unsere Auffassung von der Lebensdauer des Individuums dramatisch erweitert, dann bedeutet das gleichzeitig eine radikale Erweiterung des Bezugsrahmens für unsere Auffassung dessen, was die Christen Heilsgeschichte nennen. Die Logik der Wiedergeburt gibt uns den Mut, die Religionen der Welt als Teil eines kollektiven

Unternehmens zu betrachten und sie in der geschichtlichen Rolle von Mitarbeitern an einer gemeinsamen Sache statt als Konkurrenten zu sehen. Für jeden Christen, der noch nicht gewöhnt ist, in solchen Kategorien zu denken, ist das ein bedeutender Wendepunkt.

In diesem Kapitel möchte ich daher sowohl die Minimal- als auch die Maximallösung betrachten, die der Christenheit heute offensteht. Zuerst möchte ich fragen, zu welchen Veränderungen der christlichen Lehre wir *gezwungen* sind, wenn wir den Reinkarnationsgedanken einbeziehen wollen, und zweitens, zu welchen tiefgreifenderen Neubestimmungen der Stellung des Christentums unter den Weltreligionen wir *aufgerufen* – aber eben nicht gezwungen – sind, wenn wir uns dem Konzept der Wiedergeburt öffnen. Bevor ich diese beiden Optionen darstelle, möchte ich mich jedoch mit zwei Auffassungen zum Thema Reinkarnation und Christentum auseinandersetzen, die mir recht unproduktiv zu sein scheinen.

Falsche Schlüsse vermeiden

Unter den vielen Behauptungen, die man hinsichtlich des Stellenwerts der Reinkarnationslehre innerhalb der christlichen Theologie hören kann, sind zwei, die ich für irreführend halte: einmal die Behauptung, Jesus selbst hätte die Reinkarnation gelehrt, und zum zweiten die entgegengesetzte Behauptung, daß die Reinkarnation, wenn sie im Neuen Testament nicht ausdrücklich erwähnt wird, auch nicht in die christliche Theologie gehört. Ich halte beide Ansätze für nicht überzeugend.

Wenden wir uns zunächst der ersten Behauptung zu: Im Neuen Testament befinden sich mehrere Stellen, aus denen sich bei oberflächlicher Lektüre schließen ließe, daß manche Jünger Jesu und vielleicht sogar Jesus selbst die Lehre von der Wiedergeburt akzeptiert hätten. Ich finde diese Interpretation nicht sehr plausibel, will aber auf die damit verbundenen komplexen Probleme hier nicht näher eingehen. (Die betreffenden Passagen und die von ihnen aufgeworfenen Fragen werden im Anhang behandelt.)

Ein zweiter Versuch, der Reinkarnationslehre einen Platz in der Lehre des historischen Jesus zu verschaffen, räumt zwar ein, daß das Neue Testament den Reinkarnationsgedanken ausgespart hat, unterstellt jedoch, daß das Neue Testament eben nicht über alles berichtet, was Jesus gelehrt hat. Jesus, so wird postuliert, habe seine Ausführungen im Niveau und Tenor dem jeweiligen Publikum angepaßt, und im Neuen Testament seien nur die für einen breiteren Zuhörerkreis gedachten Lehren aufgezeichnet, während die subtileren Ideen den «Eingeweihten» vorbehalten waren.

Dieser alte Gedanke von einer zweigleisigen Lehre hat neue Nahrung bekommen, als im Jahre 1945 in Nag Hammadi zweiundfünfzig alte Manuskripte entdeckt wurden, von denen manche sogar bis in die Entstehungszeit des Neuen Testaments zurückgehen. Diese Texte beschreiben die Glaubensvorstellungen einer frühen Gruppe von Christen, den sogenannten Gnostischen Christen, die sich als Bewahrer einer Lehre betrachteten, die sie Jesus zuschrieben. Hierzu gehörten neben der Reinkarnationslehre noch mehrere andere Vorstellungen, die den Weg in die Orthodoxie nie geschafft haben, als diese durch die großen Konzile während der ersten sechs Jahrhunderte der christlichen Ära definiert wurde. (Auch hier sind die Fragen, die sich aus den Texten von Nag Hammadi ergeben, sehr speziell und werden daher im Anhang behandelt.)

Insgesamt haben mich die Versuche, die Reinkarnation – durch ein paar Blütenlesen aus dem Neuen Testament oder aufgrund der gnostischen Quellen – in die Lehre des historischen Jesus zu integrieren, bisher nicht überzeugen können. Vielleicht werden die Historiker die Geschichte dieser Epoche eines Tages neu zu schreiben haben, aber im Moment ziehe ich die Ansicht vor, daß die Reinkarnationslehre nicht zum Bestand der ursprünglichen Botschaft Jesu gehörte. Das soll jedoch nicht heißen, daß Jesus sich gegen sie ausgesprochen hätte, denn das hat er offenbar nicht. Der im Neuen Testament dargestellte Jesus hat die Reinkarnationslehre nie verworfen.

Als Jesus zum Beispiel (im Johannesevangelium) einem Blindgeborenen begegnet, fragt man ihn: «Wer ist schuld, daß er blind geboren wurde? Er selbst oder seine Eltern?» Dachten die Fragesteller daran, daß die Sünden des Mannes, wenn er selbst gesündigt hatte, aus einem früheren Leben stammen mußten, da er ja von Geburt an blind war? Vielleicht. Aber aus einer derartigen zeitlichen Distanz läßt sich ihr Denken kaum rekonstruieren. Wie dem auch sei, der Jesus des Johannes verzichtet auf die Chance, die in der Frage möglicherweise verborgene reinkarnationistische Auffassung zu kritisieren, und antwortet statt dessen, der Mann sei blind geboren, «damit Gottes Macht an ihm sichtbar wird» (Johannes 9,1–2); das heißt, damit Jesus ihm jetzt das Augenlicht wiedergeben kann. Weder Jesus in den Evangelien noch Paulus in seinen vielen Briefen sprechen sich je gegen die Reinkarnationslehre aus. Beide scheinen zur damaligen Zeit von der vorherrschenden Meinung auszugehen, daß wir nur einmal auf der Erde leben, aber der sicherste Schluß, den wir ziehen können, ist, daß sie sich einfach nicht um die Frage gekümmert haben, ob der Mensch einmal oder viele Male auf der Erde lebt. Das war eine der vielen Lücken, die die christliche Theologie ausfüllen mußte.[2]

Das Neue Testament ist nicht gegen die Reinkarnationslehre. Diese Einschätzung hält auch angesichts einer Stelle im Hebräerbrief stand, die von ihren Gegnern oft zitiert wird. Dort heißt es: «So wie jeder Mensch ein einziges Mal stirbt und dann vor das Gericht Gottes kommt...» (Hebräer 9,27). (Der Hebräerbrief, als dessen Verfasser früher Paulus galt, wird heute von vielen Forschern einem späteren, unbekannten Autor zugeschrieben.) Wenn man diese Stelle allerdings in den Kontext der in dem Brief behandelten Themen rückt, wird klar, daß der Autor hier keine Entscheidung zwischen verschiedenen Theorien über das Leben nach dem Tode treffen will. Ihm geht es darum, den neuen Bund der Christen mit Gott gegenüber dem alten Bund zu verteidigen, in dessen Mittelpunkt der Tempel stand. So vergleicht er Gottes Opfer am Kreuz – das ein Opfer seines eigenen Blutes war, und das nur einmal stattfand – mit den wiederholten Opfern der Tempelpriester.

> Statt dessen erschien er [Christus] jetzt, am Ende der Zeiten, um ein für allemal die Sünde dadurch zu beseitigen, daß er sich selbst opferte. So wie jeder Mensch ein einziges Mal stirbt und dann vor das Gericht Gottes kommt, so hat sich auch Christus einmal geopfert, um die Sünden aller Menschen zu beseitigen. Wenn er zum zweiten Mal erscheint, wird er nicht wegen der Sünde kommen, sondern um alle zu vollenden, die auf ihn warten (Hebräer 9,26b–28).

Der Autor des Hebräerbriefes argumentiert hier nicht gegen die Reinkarnationslehre, sondern gegen die auf dem Tempel aufbauende israelitische Religion. In diesem Zusammenhang erwähnt er als Nebengedanken den verbreiteten Glauben, daß alle Menschen nur einmal sterben. Offenbar ist seine Weltanschauung nicht reinkarnationistisch, aber man kann weder sagen, er spreche sich gegen die Wiedergeburtslehre aus, noch kann man behaupten, er argumentiere gegen sie, weil sie mit der christlichen Botschaft unvereinbar sei. Sein Interesse gilt ganz einfach etwas anderem.

Das führt uns zu der Frage: Sind Christen verpflichtet, jeder Glaubensvorstellung anzuhängen, die im Neuen Testament erwähnt wird, auch wenn sie nur wenig mit der zentralen Botschaft des Evangeliums zu tun hat? Wenn wir der Schrift mit einem Ansatz begegnen, der nicht einmal den Versuch macht, zwischen dem Gewollten und dem Unbeabsichtigten zu unterscheiden, dann schließen wir uns in ein Labyrinth der Antiquiertheit ein und berauben uns der Möglichkeit, das Wesentliche vom Unwesentlichen zu trennen. Aber genau das haben wir viele Male tun müssen, da sich unser Wissen seit biblischen

Zeiten enorm vergrößert hat. Wir haben die neutestamentlichen Glaubensvorstellungen, die eine zentrale Rolle im Evangelium einnehmen, von jenen trennen müssen, die lediglich ein Teil des kulturellen Hintergrundes waren, vor dem das Evangelium in die Geschichte eingetreten ist.

Dennoch, wenn man sich auf das beliebte Spiel der «wörtlichen Interpretation» einläßt, hat der Anhänger der Reinkarnationslehre immer noch einen Trumpf in der Hand. Selbst wenn man diesen Vers für sich und aus dem Kontext gerissen betrachtet, schließt er genaugenommen die reinkarnationistische Deutung nicht aus. In einem naiven Sinne ist es ja wahr, daß die Person, die ich jetzt bin, nur einmal sterben wird und dann die Erfahrung des Gerichts macht. Das schließt die Möglichkeit nicht aus, daß auf dieses menschliche Leben ein weiteres folgt und daß dessen Tod ein weiteres Gericht nach sich zieht. Die wörtliche Bedeutung des Verses läßt sich auch im reinkarnationistischen Rahmen beibehalten.

Wir müssen uns damit abfinden, daß das Neue Testament sich weder für noch gegen die Reinkarnationslehre ausspricht. Es schweigt sich über das Thema einfach aus.

Selbst wenn die Reinkarnationslehre kein Bestandteil der neutestamentlichen Botschaft ist, so bedeutet diese Tatsache allein noch nicht, daß sie nicht Teil der christlichen Lehre werden könnte oder sollte. Damit kommen wir zum zweiten Punkt – zu der Behauptung nämlich, daß die Reinkarnationslehre, wenn sie sich im Neuen Testament nicht nachweisen läßt, auch nicht in die christliche Lehre gehöre. Jede Religion, in deren Mittelpunkt eine historische Persönlichkeit steht, muß sich als lebendige Wirklichkeit verstehen, deren intellektuelles Wachstum auch dann nicht beendet ist, wenn der historische Gründer die Bühne der Welt verlassen hat. Sie muß Wege finden, über die ursprüngliche Inspiration hinauszugehen und diese doch gleichzeitig zu bewahren. Das Christentum hat dieser Notwendigkeit in seiner Lehre vom Heiligen Geist immer Rechnung getragen. Obwohl der historische Jesus nicht mehr auf Erden weilt, bleibt die Verbindung der Kirche mit Gott durch den Geist gewahrt. Diese Verbindung ist es, die es ihr ermöglicht, ihre Lehre zu vertiefen und zu erweitern, wenn sie sich Umständen konfrontiert sieht, die in ihrem urprünglichen historischen Kontext nicht vorhanden waren. Es ist der Geist, auf den sie sich stützt, wenn sie sich Fragen zuwendet, die in der Botschaft des Evangeliums nicht gestellt oder nicht beantwortet wurden.

Das Zeugnis der Bibel stellt für das Christentum den Ausgangspunkt und das Zentrum dar, zu dem es stets zurückkehrt, um sein Gleichgewicht wiederzufinden, aber es hat nie die Grenzen seines Denkens bestimmt. Und das ist gut so. Im Laufe der Zeit hat das Christentum viele Gedanken in sich aufgenommen, die nicht zur ursprünglichen Lehre Jesu gehörten, wie die Trinität, die Kriterien des gerechten Krieges, und die Doppelnatur Christi.[3] Die katholischen Lehren über Maria – sowohl die Lehre von der Unbefleckten Empfängnis als auch die von ihrer Himmelfahrt – gehen über das Zeugnis der Bibel hinaus. Wenn wir uns hieran orientieren, läßt sich jedenfalls folgern, daß es gerechtfertigt sein könnte, die Reinkarnationslehre, selbst wenn sie in der ursprünglichen Botschaft des Neuen Testaments nicht enthalten ist, zu einem Teil der christlichen Theologie zu machen.

Wenn das Christentum heute beschließen sollte, daß die Reinkarnationslehre eine akzeptable Ergänzung des christlichen Glaubens ist, dann müßte es zweifellos mit seiner ganzen Vergangenheit einen Schwenk vollziehen. Auch wenn das bedeuten sollte, daß manche rostigen Gelenke geölt werden müßten, so liegt ein solcher Schwenk doch durchaus im Bereich seiner Möglichkeiten. Das Christentum hat sich immer die Freiheit genommen, seine früheren Entscheidungen neu zu durchdenken und alle, die der Wahrheit nicht mehr voll genügten, rückgängig zu machen. Es hat schon häufig selbst in Fragen, in denen es ganz entschiedene Ansichten vertrat, seine Meinung geändert und wird das zweifellos auch in Zukunft noch öfter tun. Im späten 19. Jahrhundert stand zum Beispiel fest, daß die römisch-katholische Kirche die Evolutionslehre in keiner ihrer Spielarten mit der Schöpfungslehre für vereinbar hielt. Mittlerweile hat sie einfach ihre Meinung geändert, und sieht einige Möglichkeiten, gleichzeitig an die Schöpfung und an die Evolution zu glauben.

Viele Christen sind nicht bereit zu warten, bis die Amtskirche endlich zur Frage der Reinkarnation Stellung bezogen hat. Sollten die christlichen Kirchen sich überhaupt dazu entschließen, die Wiedergeburtslehre zu akzeptieren, dann kann sich der Entscheidungsprozeß über Jahrhunderte hinziehen. Also ergreifen meine Studenten selbst die Initiative und wägen das Für und Wider aufgrund eigenen Materialstudiums ohne geistlichen Beistand ab. Für sie ist letztlich jede Diskussion der Frage, ob Jesus vielleicht die Reinkarnation gelehrt hat oder ob die frühen Kirchenväter weise gehandelt haben, als sie im 6. Jahrhundert die Reinkarnationslehre verwarfen, irrelevant, so faszinierend sie auch für den Kirchenhistoriker sein mag. Solche Feinheiten sind für sie von rein akademischem Interesse, weil das einzige Christentum, das *sie* in ihrem Leben kennengelernt haben, die Philosophie des Jeder-nur-Einmal gepredigt hat. Sie wollen wissen, ob sie dieses bestimmte Brett umdrehen können, ohne daß das ganze Gebäude des Christentums einstürzt. Das bringt uns zurück zu der Frage, was denn den Kern der christlichen Lehre ausmacht.

Ein reinkarnationistischer christlicher Glaube

Wenn wir wollen, daß sich der Kern der christlichen Lehre mit dem Glauben an die Reinkarnation vereinbaren läßt, brauchen wir nichts weiter zu tun als einen einzigen Glaubenssatz zu ändern, nämlich den, der die Seele auf einen irdischen Zyklus beschränkt. Wir brauchen nur die Vorstellung zuzulassen, daß die Seelen auf ihrer langen Reise von Gott weg und zu Gott zurück die Erde viele Male betreten und wieder verlassen; alles andere christliche Glaubensgut kann praktisch so bleiben, wie es war. Veränderungen, die lediglich Nuancen und den historischen Kontext betreffen, wirken sich nicht störend aus auf jene Einsichten, die das Christentum als für seinen Glauben essentiell erachtet. Historisch hat es innerhalb der kirchlichen Orthodoxie immer einen beträchtlichen Spielraum für abweichende Interpretationen der Lehre gegeben. Eine reinkarnationistische Theologie zieht im Rahmen dieses Spielraums deutlich die eine Seite der anderen vor, aber sie bewegt sich durchaus innerhalb der erlaubten Grenzen.

Schauen wir uns einmal die christlichen Glaubensgrundsätze an, die von der Annahme der Reinkarnationslehre unberührt bleiben würden. Das Folgende ist nicht als endgültiges Inventar zu verstehen, sondern als meine persönliche Zusammenstellung, von der ich hoffe, daß sie andere, die sich ebenfalls mit dieser Frage beschäftigen, zur Diskussion anregt.

Gott ist Anfang und Ende aller Dinge. Gott ist die Quelle, die Substanz und das letzte Ziel allen Lebens. Gott ist das Ganze, das alle Teile enthält. Gott ist letztlich jenseits aller Begriffe, Worte und Gedanken, und doch sagen wir voll Vertrauen, daß Gottes Natur die Liebe ist.

Unsere Welt ist geschaffen. Das physikalische Universum ist von einem größeren spirituellen Universum (oder mehreren Universen) umgeben, von dem es erhalten wird und von dem es sich herleitet, und das sich seinerseits von der ersten Wirklichkeit, Gott, herleitet. Die Einzelheiten dieses Prozesses sind zum größten Teil nicht nachvollziehbar, wenn auch Theorien, die die Schöpfung durch Emanation erklären, anderen Schöpfungstheorien vorzuziehen sind. Die biblischen Schilderungen der Schöpfung dürfen als vereinfachte poetische Darstellungen dieser grundlegenden metaphysischen Abhängigkeitsverhältnisse gelten.

Gott ist unsere innere Natur (fakultativ). Wir sind eine Manifestation Gottes in der Raum/Zeit. Wir verhalten uns zu Gott wie das Sonnenlicht zur Sonne – gleichen Wesens, ununterscheidbar, eins, ungetrennt. Obwohl wir ontologisch mit Gott immer eins sind, sind wir uns psychologisch dieser Verbindung meist nicht bewußt. Das ist kein Pantheismus, der Glaube also, daß die physikalische Welt mit Gott identisch sei, sondern Panentheismus, der Glaube, daß die Welt ein Teil von Gott oder «in Gott» ist. Gott ist eine Wirklichkeit, die die physikalische Welt einschließt, aber größer ist als diese.

Unser Leben ist ewig. Unser Körper ist sterblich, aber unser Bewußtsein stirbt nie. Diese Möglichkeit ist aufgrund unserer wesensmäßigen Göttlichkeit für uns einfach nicht vorgesehen.

Die Erde ist nicht unsere Heimat. Wir sind letztlich geistige Wesen, deren natürliche Heimat die geistige Welt ist. Wir leben im Augenblick als Zwitterwesen – halb Geist, halb Materie. Wie eng diese auch miteinander verflochten sein mögen, und wie nützlich unsere Existenz in einem physischen Körper auch für unsere spirituelle Entwicklung sein mag – essentiell sind wir letztlich Geist, und zum Geist kehren wir zurück.

Unser gegenwärtiger Zustand ist nicht unser ursprünglicher Zustand. In der Form, in der wir uns jetzt vorfinden, sind wir uns unserer wahren Natur nur flüchtig und am Rande bewußt. Und doch haben wir einmal über ein dauerhaftes Bewußtsein unseres wahren Wesens verfügt. Diese Veränderung – oder dieser «Fall» – hat unmittelbar mit der Annahme einer körperlichen Existenz zu tun. Die Bedingungen der materiellen Existenz wirken sich so aus, daß wir unsere geistige Identität weitgehend vergessen. Die Gründe und die Umstände dieses Vergessens hängen mit unserer Fähigkeit zusammen, Entscheidungen zu treffen (wozu auch die Entscheidung gehört, uns auf der Erde zu inkarnieren) sowie mit deren Auswirkungen auf unser Leben.

Unser Leben auf der Erde ist zielgerichtet. Das gilt sowohl auf individueller als auch auf kosmischer Ebene. Die Bedingungen unseres Lebens als Individuum sind nicht zufällig, sondern absichtsvoll und damit «durch die Vorsehung bestimmt». Hinter den scheinbar undurchschaubaren Mühen, die wir zu erdulden haben, steckt eine bestimmte Absicht, und hinter dieser Absicht steht letztlich ein Wohlwollen, das nur unsere Vollendung will. Auf höherer Ebene ist unser Leben Teil der absichtsvollen Bewegung Gottes im Universum. Gott ist der Gott der Geschichte, und wir sind Teil dieser Geschichte. Wir sind Teil eines Abenteuers Gottes, dessen Parameter weitgehend unserem Blickfeld entzogen sind.

Die Bewegungsrichtung des religiösen Lebens ist im wesentlichen die der Rückkehr. Der Bewegung aus Gott heraus entspricht eine Zeit der Rückkehr zu Ihm. In der gegenwärtigen Phase der Geschichte befindet sich die Menschheit auf dem Weg zu Gott zurück. Die Religionen haben den Zweck, diese Rückkehr zu Gott zu erleichtern, die als eine Wiedergewinnung unserer ursprünglichen Identität verstanden werden kann.

Gottes Haltung uns gegenüber ist ausschließlich eine der Gnade und Liebe. Es ist für Gott unmöglich, uns in irgendeiner Weise zurückzustoßen. Gottes allumfassende, unwiderrufliche Liebe und Fürsorge gilt unterschiedslos uns allen.

Wir und nur wir sind für den Zustand und die Bedingungen unseres Lebens verantwortlich. Gott kann uns nicht zurückweisen. Wenn wir Gott entfremdet sind, müssen wir selbst die Ursache dieser Entfremdung sein. Die Geschichte von Adam und Eva kann als eine archetypische Darstellung unserer eigenen Vergangenheit betrachtet werden, die Entscheidungen beschreibt, die jeder von uns getroffen hat und die zu unserem jetzigen Zustand geführt haben. Da Gottes Gnade unwandelbar ist, können wir die Bedingungen der Entfremdung jederzeit aufheben, und wir sind auch ständig von Aufforderungen umgeben, dies zu tun. Letztlich kann unsere Rückkehr zu Gott als die Bemühung der Gottheit gesehen werden, Sich selbst zu heilen, denn wir sind ja selbst Gott.

Jesus war der Christus. Sein Amt war ein Amt der Wahrheit; seine Mission war die Erlösung, die Rückführung der Menschheit zu Gott. Nichts an der Reinkarnationslehre ist damit unvereinbar, daß wir Jesus eine bedeutende, ja entscheidende Rolle in der Geschichte zuerkennen. In einer reinkarnationistischen Christologie würde Jesus aber wohl als von uns nicht *wesensmäßig*, sondern nur *graduell* verschieden betrachtet werden. Er ist eine Inkarnation des Göttlichen wie wir alle, aber er realisiert das Göttliche in viel radikalerem Ausmaß als wir und hat daher auch eine viel stärkere geschichtliche Wirkung. Er ist ein Prototyp der menschlichen Entwicklung, der uns fundamentale Wahrheiten über unsere eigene göttlich-menschliche Natur enthüllt. Eine solche Christologie steht am Rand, aber durchaus noch innerhalb der Bandbreite orthodoxer Christologien. Die Reinkarnationslehre schließt zwar nicht absolut aus, daß Jesus einen einmaligen Status oder eine einmalige Rolle in der Geschichte gehabt haben könnte; die überwiegende Tendenz derer, die reinkarnationistisch denken, dürfte aber doch sein, in ihm eines von ganz wenigen hochentwickelten Wesen zu sehen, die man sogar als Inkarnationen des göttlichen Prinzips selbst verstehen kann: Jedes dieser Wesen wäre in einzigartiger Weise auf seine jeweilige Kultur hin ausgerichtet, würde aber gemeinsam mit den anderen den Lauf der menschlichen Geschichte in Richtung auf die Wiederentdeckung des Gottes in Uns beeinflussen.

Liebet einander. Die Liebe ist unser Weg nach Hause. Wir stammen alle aus derselben Quelle: Gott. In dem Maße, in dem wir uns stärker der uns grundsätzlich verbindenden Einheit bewußt werden, bietet sich die Liebe immer mehr als der naheliegendste und natürlichste Weg für unser Leben an. Unsere Liebe zueinander spiegelt eine spirituelle Lebensanschauung wider und sollte daher vom Verhalten der Menschen uns gegenüber unabhängig sein. Wenn wir je im Zweifel sind, was die Liebe von uns verlangt, dann sollten wir dem anderen so begegnen, wie wir es uns von ihm unter vergleichbaren Umständen wünschen würden. Da wir alle an derselben göttlichen Natur teilhaben, fügen wir das, was wir anderen tun, gleichzeitig auch uns zu. Auch wenn das nicht sofort sichtbar ist – eines Tages wird es sich zeigen.

Richtet nicht, damit ihr nicht gerichtet werdet. Wir haben nie das

Recht, die Handlungen unserer Mitmenschen zu verurteilen. Immer wenn wir das tun, verurteilen und beschränken wir uns selbst. In dieser Angelegenheit wie in allen anderen sollten wir uns vom Gesetz der Wechselseitigkeit leiten lassen und den Respekt und das Mitgefühl, die wir ganz selbstverständlich für uns selbst wünschen, auch den anderen gewähren.

Sünde ist bewußte Entfremdung von Gott. Alle Gedanken, Worte oder Werke, die uns in verschiedenem Maße bewußt der Quelle des Lebens – Gott – entfremden, sind Sünde. Daher wird unsere Fähigkeit zu sündigen von unserem Bewußtseinszustand bestimmt und begrenzt und ändert sich mit diesem. Wenn wir wirklich im Zustand der Sünde leben, dann leben wir in größerer Entfremdung vom Wesen des Lebens und unseres eigenen Seins, als unser Bewußtseinszustand zuließe. Im Kern haben wir uns dann dafür entschieden, geringer zu sein als wir eigentlich sind. Sünde ist eine ganz persönliche Sache; wir erben nie die Sünde eines anderen. Und doch haben unsere Handlungen eine kollektive Dimension, der wir nicht entkommen können. Letztlich ist Sünde nur eine Funktion unserer Unkenntnis dessen, wer und was wir sind, und eine Folge der Tatsache, daß wir in falschen Identitäten befangen sind.

Wir sind aufeinander angewiesen. Die Reinkarnationslehre zwingt uns, die Verantwortung für unser eigenes Schicksal zu übernehmen; sie lehrt uns aber auch, daß das Leben ein Netz von miteinander verknüpften Beziehungen ist. Am Ende kommt niemand alleine heim.

Religiöse Gemeinschaft. Aus der Tatsache, daß die Reinkarnationslehre unser Augenmerk auf das Individuum lenkt, ergibt sich keine verächtliche oder ablehnende Einstellung gegenüber der religiösen Gemeinschaft. Die Aufgabe, wieder zu unserem spirituellen Wesen zu erwachen, ist so gewaltig, daß wir sogar aufgefordert sind, uns mit anderen Suchern zu gegenseitiger Hilfe und Förderung zusammenzuschließen. Ebenso werden religiöse Rituale und Liturgien als Hilfsmittel zur Wiedererwekkung unserer Fähigkeit, Transzendenz wahrzunehmen, begrüßt. Letztlich haben jedes Ritual und jede Gemeinschaft jedoch nur praktische Bedeutung, denn das eigentliche Geheimnis der Rückkehr ruht im Wesenskern des Individuums.

Wir werden für alles, was wir tun und lassen, zur Rechenschaft gezogen. Das geschieht nicht, weil irgendjemand von außerhalb des Systems über all unsere Erfolge und Mißerfolge Buch führen würde, sondern weil alles, was wir tun, sagen und denken, sich auf unser inneres Wesen auswirkt und so in uns mitgeführt wird. Es verändert in unmerklich kleinen Schritten, die sich im Laufe der Zeit akkumulieren, unsere Energie. Auf diese Weise definiert unser Verhalten letztlich das Energiefeld, in dem wir später leben, und die Umstände, durch die hindurch wir später die Welt erleben (mehr darüber im achten Kapitel).

Es gibt tatsächlich eine Art Hölle, die oft zwischen den physischen Leben erfahren wird. Die Vorstellung von einer ewigen Verdammnis ist dagegen ganz einfach ein Irrtum.

Wenn wir die Erde für immer hinter uns lassen, kommen wir in ein Land von unbeschreiblicher Schönheit. Die kurzen Einblicke, die wir im mystischen Erleben und bei Nah-Todeserfahrungen gewinnen, sind nur ein schwacher Vorgeschmack auf den jenseitigen Frieden und die Ekstase, die uns im «Himmel» erwarten. Die Freude, die wir dort empfinden werden, beruht letztlich darauf, daß wir in einem dauerhaften Gewahrsein Gottes leben. Dennoch regt uns die Reinkarnationslehre an, vom Himmel keine statische Ruhe zu erwarten, sondern ihn als einen Ort der fortgesetzten Aktivität und des andauernden Wachstums zu betrachten. Die Euphorie und Gottestrunkenheit, die uns dort erwarten, sind der Hintergrund für eine ständige Fortentwicklung unseres Wesens, deren Ende niemand vorhersehen kann.

Der Reinkarnationsgedanke vergrößert die Bühne, auf der das geistige Drama der Menschheit gespielt wird, ohne das zu verändern, was das Christentum dabei für wesentlich erachtet. Immer noch beginnt und endet das Leben in Gott. Gott bleibt derselbe, auch wenn Fragen der Immanenz größere Bedeutung erlangen. Der Zweck des Lebens bleibt derselbe, auch wenn unser spirituelles Wachstum als immerwährend betrachtet wird. Die Vielgestaltigkeit des Lebens wird weiterhin gewürdigt, während gleichzeitig die tiefere Einheit allen Seins betont wird. Die Rolle Jesu bleibt im wesentlichen dieselbe, auch wenn wir angeregt werden, sie uns als Ergänzung der Rolle anderer geistiger Führer in anderen Kulturen vorzustellen. Die moralischen Qualitäten eines auf Spiritualität ausgerichteten Lebens bleiben dieselben. *Das einzige, was sich geändert hat, ist das Alter der Spieler.*

Wir brauchen uns nun nicht mehr vorzustellen, daß die Vorgänge, die sich bis zur endgültigen Erlösung abspielen, in einen einzigen Lebenszyklus gepreßt sind, sondern können ihnen Zeit lassen, sich über viele Leben hinweg in Ruhe zu entfalten. Die Seele, die darum kämpft, den Weg zurück zu ihrem Schöpfer zu finden, ist nicht zehn, fünfzig oder hundert Jahre alt. Ihr Alter mißt sich nach Jahrtausenden. Die Geschichte dessen, was diese Seele zwischen ihrer Trennung von Gott und ihrer endlichen Rückkehr in seinen Schoß erlebt, erstreckt sich über die endlosen Räume und Zeiten der Menschheitsgeschichte. Die Initiativen, die ein Mensch in einem Leben ergreift, wirken sich vielleicht erst in einem anderen Leben aus, aber dem Prozeß wohnt eine einigende Kohärenz inne. Diese Kohärenz wird konstituiert von dem größeren Wesen, das wir im Grunde sind. Wir müssen nur den Begriff der Seele, von dem das Christentum spricht, auf die Überseele beziehen, dann fügt sich alles übrige gut zusammen. Die Grundversprechen, die das Christentum gegeben hat, werden eingehalten. Das Leben ist ewig. Die reinigende Vergebung wird uns ohne weiteres gewährt. Wir können uns im Grunde in einer von einem gütigen Wesen geordneten Welt sicher fühlen. Gott hat im Laufe der Geschichte Initiativen ergriffen, um uns zu sich zurückzuholen.

Wenn die Reinkarnation Wirklichkeit ist, dann gehört sie mindestens schon seit dem Moment zu den Grundbedingungen des Lebens, als der *Homo sapiens sapiens* vor fünfzigtausend

Jahren auftauchte, vielleicht auch schon länger. Jeder von uns hat seine Reise vom Gottesbewußtsein weg und zurück zu ihm vor dem Hintergrund der Geschichte des intelligenten Lebens auf unserem Planeten inszeniert. Durch die Reinkarnation ist die gesamte Evolution des Menschen dem eingegliedert, was das Christentum Heilsgeschichte nennt. Alle Kulturen, alle Völker, alle Zeiten sind in den Plan einbezogen. Die Heilsgeschichte ist die Geschichte der Erlösung der ganzen menschlichen Rasse – oder, anders ausgedrückt, die Geschichte der Wiedergewinnung von Seelen, die sich eine Zeitlang in den sich überschneidenden Echos wiederholter menschlicher Leben verloren hatten.

Das Christentum ist – wie alle großen Weltreligionen – Teil dieses Wiedergewinnungsprozesses. Vor zweitausend Jahren hat es ewige Wahrheiten verkündet, die spirituell wirksam waren und so neue geschichtliche Strömungen freigesetzt haben. Um den eigentlichen historischen Stellenwert des Christentums zu verstehen, müssen wir es in einem größeren Zusammenhang sehen. Dieser Zusammenhang war – und ist noch – die unermüdliche Reinigung der Seelen durch Karma und Wiedergeburt. Der menschliche Zustand der Entfremdung von Gott, um den es Jesus ging, hat sich nicht über Nacht entwickelt. Auch wurde er nicht von irgendeinem Urahnen ererbt. Er hat sich bei jedem von uns durch eine lange Folge individueller Entscheidungen allmählich entwickelt, durch die wir die eine Art des Bewußtseins gegen eine andere eingetauscht haben. Und so hat naturgemäß auch die Lehre Jesu nicht über Nacht oder in einem einzigen Leben ihre ganze reinigende und heilende Wirkung entfalten können. *Man könnte sagen, daß Jesus nicht gekommen ist, um menschliche Wesen zu retten, sondern um Überseelen zu retten, die sich in der menschlichen Gestalt verfangen haben.* Er ist gekommen, um uns an längst vergessene Wahrheiten zu erinnern und uns zu ermöglichen, diese Wahrheiten zurückzuerobern. Er hat gelebt und gewirkt, um den Bogen unseres Lebens wieder auf die Ganzeit Gottes hin zu spannen.

Die Wanderung unseres Lebens von Gott weg und zu Ihm zurück führt uns durch viele Lebenszyklen. Jedes Leben bringt uns ein Stückchen weiter auf unserer langen Reise. Am Ende erwartet uns der Himmel – sowohl nach dem gegenwärtigen Leben als auch am Ende unserer Irrfahrt. Wir dürfen schon zwischen den Zyklen auf der Erde in verschiedenem Maße von ihm kosten, aber erst bei der endgültigen Heimkehr werden wir ihn voll genießen. Wenn wir erschrecken, weil die Reise länger ist, als wir gedacht haben, dann sollten wir uns mit dem Gedanken trösten, daß das Ergebnis dem Unternehmen angemessen ist. Wir sind auf der Erde, um unsere Fähigkeit, der Gottheit teilhaftig zu werden, zu erweitern und zu verfeinern.

Die Hauptstoßrichtung dessen, was ich der christlichen Theologie vorzuschlagen habe, liegt zwar in der Neudefinition der Seele im Sinn des Begriffs der Überseele. Ein weiteres Anliegen sollte hier aber zumindest Erwähnung finden. Ich tue es selbst auf die Gefahr hin, Unklarheit zu schaffen.

Wie wir im vierten Kapitel festgestellt haben, scheinen die einzelnen Leben, aus denen sich eine bestimmte Überseele zusammensetzt, in gewissem Sinne unabhängig voneinander zu sein, autonom, während sie gleichzeitig einer größeren Struktur angehören. Ich will nicht behaupten, daß ich diese Dinge in allen Einzelheiten durchschaue. Ich habe jedoch festgestellt, daß in der Reinkarnationstherapie, wenn sich ein früheres Leben zeigt, das seine karmische Mission erfolgreich erfüllt hat, der oder die Betreffende in weißes Licht getaucht scheint. Wenn also ein einzelnes Leben sein Karma voll erfüllt hat, scheint es zugleich das Ganze um ebendiesen Schritt vorangebracht zu haben, und diesem Leben wird eine Art spiritueller Schau zuteil. Das geschieht auch dann, wenn andere Leben in der Überseele noch unerlöst bleiben und weitere Inkarnationen nötig sind, um diese zur karmischen Vollendung zu führen.

Bei der Begegnung mit den Leben, die dem meinigen in der karmischen Genealogie vorausgehen, wird klar, daß diese auf eine wichtige Art *nicht ich* sind. Es sind meine Leben, weil wir zusammen der Überseele angehören, und sie stellen eine Erbschaft dar, der ich verantwortlich bin, aber ich bin auch von dem, was vorher war, verschieden. Wenn wir auch zusammen einem größeren Ganzen angehören, unterscheiden wir uns doch voneinander.

Aus dieser Sicht könnte man sagen, daß die Religionen des Westens und die Religionen des Ostens die beiden Seiten einer größeren Wahrheit sind. Die eine betont das individuelle Leben, die andere die Genealogie der Leben, die zusammen die Überseele bilden. Man könnte sagen, daß die westlichen Religionen die Wahrheit betonen, daß jedes einzelne Leben die Fähigkeit hat, sich unabhängig von dem, was vorausgegangen ist oder was folgen wird, zur Vollendung zu bringen. Wenn wir uns den Anforderungen stellen, die unser Leben für uns bereithält, können wir damit rechnen, die spirituelle Belohnung zu erhalten, wenn unsere Aufgabe in der irdischen Schule gelöst ist. Die östlichen Religionen dagegen erinnern uns daran, daß die Definition unserer Lebensarbeit sich aus einem unsere gegenwärtige Existenz übersteigenden größeren historischen Kontext herleitet. Sie erinnern uns daran, daß wir, wenn wir auch das gegenwärtige Leben sind, auf einer anderen Ebene viel mehr sind als dieses eine Dasein. Am Ende widersprechen sich die beiden Perspektiven nicht. Sie ergänzen einander.

Je höher wir die relative Autonomie jedes Lebens in der Überseele schätzen, desto besser werden wir die tiefe Bedeutung der christlichen Lehre vom Opfertod Christi zu würdigen wissen. In ihrer klassischen Ausprägung besagt diese Lehre, daß Christus, der selbst von jeder Schuld frei war, für die Sünden der Welt gestorben ist und durch diesen hochherzigen Akt die Menschheit erlöst hat. Doch der Archetyp vom Opfertod hat in einem reinkarnationistisch verstandenen Christentum eine noch umfassendere Bedeutung. Jeder von uns ist bei der Geburt vollkommen unschuldig. Das Individuum, als das ich mich jetzt erlebe, hat vor meiner Geburt nicht existiert. Das Karma, das ich in diesem Leben bearbeite, stammt aus früheren Leben, an die ich mich nicht einmal erinnern kann. Dennoch habe ich mich, indem ich mich auf der Erde inkarniert und dieses Karma auf mich genommen habe, freiwillig bereit erklärt, um der früheren Leben willen zu leiden, damit sie zu ihrer Quelle zurückkehren und ganz werden können. So gesehen nimmt jeder von uns am Mysterium des Opfertodes teil. Vom Kreuz aus weiht Jesus uns alle in das große Geheimnis ein, daß wir unser Leben hingeben müssen, wenn wir es besitzen wollen. Wir müssen unser Lebensskript so, wie wir es vorfinden, akzeptieren, so ungerecht es auch erscheinen mag, und darauf vertrauen, daß unser Opfer eine heilsame Wirkung haben wird. Für uns alle, die wir hier sind, lautet der Auftrag: Erlösung.

Warum hat das Christentum die Reinkarnationslehre verworfen?

Warum hat das Christentum die Reinkarnationslehre überhaupt verworfen? Wenn die Wiedergeburtsidee die Lehren Jesu über Gott, das ewige Leben, die Liebe, seine Aufgabe auf der Erde und die anderen oben erwähnten Elemente seiner Botschaft nicht in Frage stellt, warum schien sie der Kirche dann nicht akzeptabel? Die Texte von Nag Hammadi beweisen, daß die Reinkarnation in der Vorstellung vieler früher Christen durchaus lebendig war. Wenn das stimmt, warum wurde sie dann beim fünften ökumenischen Konzil im Jahre 553 aus der orthodoxen Lehre ausgeklammert? Gab es dafür theologische Gründe, oder haben andere Faktoren eine Rolle gespielt?

Geddes MacGregor hat in mehreren Büchern die Ansicht vertreten, daß die patristische Kirche den Reinkarnationsgedanken nicht zurückgewiesen hat, weil er eine Bedrohung für die Theologie Jesu bedeutet hätte, sondern weil die junge Kirche ihre Macht als Institution bedroht sah:

> [Die Reinkarnationslehre] hat eine besondere Tendenz, jene, die an sie glauben, zu veranlassen, sich berechtigt zu fühlen, auch ohne den *institutionellen* Aspekt des christlichen Weges auszukommen... Denn die reinkarnationistischen Glaubenssysteme lenken die Aufmerksamkeit besonders auf die Rolle des Willens des einzelnen. Sie betonen die Entscheidungsfreiheit des einzelnen und seine Fähigkeit, selbst seines Glückes oder Unglücks Schmied zu sein. Mein Schicksal hängt von mir ab. Die Kirche mag ungeheuer hilfreich sein für mich. Ich mag ihre Lehren zutiefst verehren und nach ihren Sakramenten dürsten... Und doch, wenn ich an die Reinkarnation glaube, erkenne ich an, daß ich im Grunde auch ohne die Kirche auskomme, so wie ein Junge ohne seine Mutter auskommt, so sehr er sie auch lieben mag.

Es war für das kirchliche Denken in der patristischen Zeit bezeichnend, daß die Kirche als unentbehrlich für die Erlösung des Christen galt. Die Priester waren Mittler der göttlichen Gnade, die dem Gläubigen durch die von ihnen kontrollierten Sakramente zuteil wurde. Die Reinkarnationslehre gestand dem Individuum eine große Autonomie zu. Sie barg die Gefahr der Unterminierung der zentralen Autorität, die die römische Kirche als unabdingbar für das Überleben der Christenheit betrachtete.

Aber was in einem Jahrhundert für die Sache des Christentums förderlich ist, kann sich in einem anderen als hinderlich erweisen. Die Entwicklung eines von einer zentralen Macht kontrollierten starken hierarchischen Führungssystems mag in den ersten Jahren das Überleben des Christentums garantiert haben, aber es fragt sich, ob ihm ein solches System heute noch ebensoviel nützt. Der alte Traum von «einem Reich und einer Kirche» mußte einer realiter pluralistischen Welt weichen. Und so haben viele Beobachter den Eindruck, daß das, was früher eine Stärke der christlichen Kirche war, sie heute belastet und daß das Bild, das sie früher von ihrer Rolle in der Welt hatte, durch ein neues Selbstverständnis von der Kirche als einem Mitglied in der Schwesternschaft der Glaubenslehren der Welt ersetzt werden sollte. Zumindest können wir sagen, daß – wenn das Christentum die Reinkarnationslehre nicht deswegen abgelehnt hat, weil sie mit dem Evangelium grundsätzlich unvereinbar wäre, sondern vielmehr, weil sie nicht zur patristischen Kirchenlehre paßte – kein zentraler Glaubenssatz dagegen spricht, sie heute wieder in Erwägung zu ziehen.

Die weiteren Implikationen der Wiedergeburtslehre

Es dürfte klar sein, daß es nur logisch ist, wenn die Christen aus dem Reinkarnationsgedanken die Berechtigung ableiten, bei ihrer Neubesinnung auf die Beziehungen ihrer Religion zu anderen Glaubenslehren der Welt auch in anderer Hinsicht weiterzudenken.

Die Reinkarnation vergrößert unser Blickfeld derartig, daß wir den Anspruch, eine *einzige* Religion besäße die *wahre* Antwort auf die grundlegenden Lebensfragen, während alle anderen Religionen falsch oder unvollständig seien, einfach nicht mehr akzeptieren können. Unsere persönliche Entwicklung hat uns während unserer Reise durch die Zeit in alle Gegenden der Welt geführt. Wir haben uns potentiell auf allen Kontinenten, in allen Kulturen und in allen Religionen inkarniert. Was die eine Religion für diese Kultur leistet, das leistet eine andere für jene. Zusammen erinnern sie uns daran, daß unser irdisches Dasein, wenn auch absichtsvoll, so doch vergänglich ist. In jedem Leben lehren sie uns erneut die Regeln des Spiels, das wir spielen, und richten uns wieder aus auf unser endgültiges Ziel.

Die Reinkarnationslehre ist voll vereinbar mit der christlichen Grundbotschaft, nicht aber mit dem theologischen Chauvinismus, der bis vor kurzem oft das Gefühl des Christentums für seine historische Aufgabe verzerrt hat. Als man Jesus fragte, welches das wichtigste Gebot sei, da antwortete er: «‹Liebe den

Herrn, deinen Gott, von ganzem Herzen, mit ganzem Willen und mit deinem ganzen Verstand.› Dies ist das größte und wichtigste Gebot. Das zweite ist gleich wichtig: ‹Liebe deinen Mitmenschen wie dich selbst›» (Mt. 22,37–39). Als er die Kriterien aufzählte, nach denen die Erlösten im Himmel identifiziert werden, da waren dies: den Hungrigen zu essen geben, die Nackten kleiden, den Durstigen zu trinken geben, für die Kranken sorgen, die Gefangenen besuchen (Mt. 25,31–46). Er sagte kein Wort über die Zugehörigkeit zu einer bestimmten Religion, geschweige denn einer bestimmten Konfession oder Sekte. Wie konnte es geschehen, daß wir diese absolute Aufgeschlossenheit für das Gute, wo immer wir ihm begegnen, verloren haben? Wie konnten wir die Tatsache aus den Augen verlieren, daß Christus überall da wirkt, wo man Gott liebt und der Menschheit dient? Wie konnte es geschehen, daß wir die Stelle «Niemand kommt zum Vater denn durch mich» (Joh. 14,6) so eng wie möglich ausgelegt haben? Statt anzuerkennen, daß hier der universale Christus spricht, faßten wir sie so auf, als müsse man, um Gott zu finden, im Namen des historischen Jesus getauft sein. Hatte der Jesus, der davon sprach, daß Gott reine Liebe sei, wirklich die Absicht, alle von der Erlösung auszuschließen, denen es durch Zeit und Umstände bestimmt war, nie mit dem Evangelium in Berührung zu kommen? Ist die Liebe Gottes so kleinlich, all jene abzuweisen, die, nachdem sie jahrelang von ihrer eigenen Religion Gutes erfahren hatten, dem Glauben ihrer Vorfahren zugunsten dieser neuen Religion der Missionare nicht abschwören wollten? Wie borniert und töricht uns diese Vorstellung heute vorkommt! Vielleicht war sie früher einmal sinnvoll, mittlerweile ist sie jedenfalls unsinnig. Zum Glück schwingt das intellektuelle und spirituelle Pendel heute weg von solcher Kurzsichtigkeit in Richtung eines umfassenderen Ansatzes.

Früher lehrte die katholische Kirche, es könne «keine Erlösung ohne die Kirche» geben. Heute hat sie diesen Standpunkt offiziell aufgegeben. Aber die in der katholischen und protestantischen Christenheit immer noch weitverbreiteten theologischen Ausformulierungen der christlichen Lehre stammen aus einer Zeit, in der diese noch exklusiv gültig war. Die traditionellen Christologien verstehen den historischen Jesus als den *einzigen* Mittler zwischen Gott und den Menschen. Nach ihrer Auffassung ist Jesus wesensmäßig verschieden von jedem Menschen, der je gelebt hat. Seine einzigartige Natur findet demnach ihre Entsprechung in seiner einzigartigen Stellung in der Geschichte. Seine Geburt markiert eine Wende in der Geschichte. Der ganze Kosmos dreht sich um sein Wirken auf der Erde und die darauf folgenden Ereignisse. Aus den traditionellen Christologien ergibt sich der logische Schluß, daß – wie auch immer die universale Gottheit in anderen Kulturen handeln und welchen Kontakt mit dem Geist die Menschen in anderen Weltgegenden auch immer herstellen mögen – nichts dem vergleichbar ist, was vor zweitausend Jahren in Galiläa geschehen ist. So besteht ein bisher nicht völlig aufgelöster Widerspruch zwischen solchen Exklusivitätsansprüchen der christlichen Lehre und dem echten ökumenischen Respekt, den die Christenheit den anderen Weltreligionen entgegenzubringen beginnt. Die Theologie muß heute Wege finden, zwischen einer *schlüssigen* und einer *ausschließlichen* Manifestation göttlicher Wahrheit zu unterscheiden.

Die historische Bedeutung unserer Zeit liegt darin, daß sich heute ein Wechsel des Standpunkts vollzieht: Früher näherte man sich einer Religion im Geist des Entweder-Oder. Eine Religion konnte nur wahr sein, wenn alle anderen falsch waren.

Heute lehnen viele diese Entweder-Oder-Auffassung von Religion zugunsten eines Sowohl-als-auch-Ansatzes ab. Sie sind der Meinung, daß keine Tradition die Wahrheit gepachtet hat, und alle Religionen der Welt gleichzeitig wahr sein können. Und wenn uns nicht unmittelbar einleuchtet, wie das möglich ist, dann sind wir aufgerufen, unser Verständnis der verschiedenen Lehren zu vertiefen und ständig die intellektuellen Prämissen zu überprüfen, die uns daran hindern könnten einzusehen, wie sie alle sich in ein größeres Ganzes einfügen.

Frühe Darstellungen einer solchen kollektiven Perspektive hatten die Tendenz, die Unterschiede zwischen den Weltreligionen herunterzuspielen. Da heißt es dann gewöhnlich, alle Religionen meinten im Prinzip dasselbe, und die Unterschiede seien durch den jeweiligen kulturellen Kontext zu erklären. «Es gibt nur eine Wahrheit, die sich in verschiedenen Ausprägungen zeigt, eine Botschaft mit vielen, kulturell bedingten Variationen.» Aber nach Ansicht vieler vergleichender Religionswissenschaftler ist das eine zu starke Vereinfachung, die die einzelnen Religionen in naiver Weise ihres spezifischen philosophischen Gehalts beraubt.

Man kann die kollektive Perspektive auch differenzierter formulieren: Die grundlegenden Wahrheiten der Weltreligionen sind entweder (1) identisch oder (2) komplementär. Wenn wir alle peripheren Glaubensvorstellungen und Gebräuche überprüfen und den Kern jeder Tradition freilegen, dann stellt sich heraus, daß diese fundamentalen Einsichten entweder kompatibel sind oder sich gegenseitig ergänzen.

Wenn zwei religiöse Traditionen auf philosophischen Einsichten basieren, die einander ergänzen (komplementär sind), dann bedeutet das erstens, daß sie miteinander vereinbar sind und zweitens, daß jede etwas enthält, was der anderen fehlt. Eine Vorstellung, die in der einen Religion voll entwickelt ist, kann in der anderen nur schwach ausgeprägt sein und umgekehrt. Ein Thema, das für eine Kultur zentral ist, kann in einer anderen als eher peripher betrachtet worden sein. Indem wir beide Standpunkte miteinander kombinieren, bekommen wir einen besseren Einblick in das Ganze.

Es ist zum Beispiel allgemein bekannt, daß die Kunst der Meditation im Osten weiter entwickelt ist als im Westen und daß die östlichen Religionen daher meist detailliertere Karten der transzendenten Bereiche der Psyche hervorgebracht haben als die westlichen. Die in westlichen Klöstern entwickelten Techniken der Introspektion, so wirksam sie in sich auch sein mögen, sind im allgemeinen nicht so differenziert wie die der östlichen Klöster. Zu diesem Schluß gelangte jedenfalls Thomas Merton, ein Trappistenmönch, der sein Leben lang in einem der großen christlichen kontemplativen Klöster Amerikas, in Gethsemani, gelebt hatte, nach einer Indienreise, die er in den letzten Monaten seines Lebens unternahm.

Die östlichen Religionen haben also bei den Meditationstechniken die Nase vorn. Wo liegen nun die komplementären Stärken der westlichen Religionen? Da ist zunächst einmal der geschärfte Blick für soziale Ungerechtigkeiten. Ist es nur Zufall, daß alle wichtigen weltweiten Bewegungen auf dem Gebiet der sozialen Reformen – wie der Kampf gegen Rassismus, Sexismus und Kastendenken – von der jüdisch-christlich-islamischen Kultur ausgegangen sind? Darin scheint die Tatsache zum Ausdruck zu kommen, daß eines der Hauptanliegen der westlichen Theologie – zumindest tendenziell – die Umbildung der Gesellschaft nach göttlichen Maßstäben ist. Im Unterschied dazu haben etwa die Religionen Indiens eher das Thema der Befreiung *(moksha)* von den Mühen des irdischen Daseins und das Eingehen in die Seligkeit der Transzendenz betont und daher auf die Umgestaltung der Lebensbedingungen auf der Erde weniger Wert gelegt.

Die introspektiven Meditationstechniken und das extravertierte Streben nach sozialer Gerechtigkeit sind keine einander widerstreitenden Tendenzen, sondern sich gegenseitig ergänzende Komponenten. Gemeinsam schaffen sie ein Ganzes, das größer ist als jedes für sich genommen.

Ich will hier keine langen philosophischen oder historischen Ausführungen machen, um diesen Übergang zu einer kollektiven Perspektive zu verdeutlichen. Statt dessen sollen Ihnen ein paar Bilder helfen, die Religion in einem kollektiven Rahmen zu sehen.

Ich bitte meine Studenten zum Beispiel oft, sich vorzustellen, sie befänden sich vor einem großen quadratischen Gebäude von der Größe der Universitätsturnhalle. Mitten in diesem dunklen und im übrigen leeren Gebäude befindet sich eine moderne abstrakte Skulptur. Jede der vier Wände hat ein großes Fenster; das einzige Licht, das in das Gebäude dringt, kommt durch die Fenster. Wir befinden uns außerhalb des Gebäudes, schauen durch die Fenster und versuchen, die Skulptur im Innern zu sehen und zu verstehen.

In diesem Bild steht die moderne Skulptur für Gott, die letzte Wirklichkeit, oder auch den «Sinn des Daseins». Jedes Fenster steht für eine von ihrer Kultur geprägte Weltreligion. Jede Kultur bietet uns also ein «Guckfenster», durch das wir versuchen können, Gott zu finden und den Sinn des Lebens zu ergründen. Jede Kultur hält einmalige Erfahrungen und Bedingungen bereit, die ihr gestatten, manche Lebenswahrheiten besser zu verstehen als andere. Jede Kultur ist durch ihre Geschichte, ihre Gesellschaftsstruktur, ihre historischen Persönlichkeiten und selbst durch ihre geographische Lage für gewisse Aspekte des Lebens und damit auch für gewisse Aspekte der Transzendenz besonders sensibilisiert.

Durch jedes Fenster strömt das Licht, das jeweils eine Seite der Skulptur beleuchtet. Was wir durch ein Fenster sehen, ist wirklich, aber es ist auch unvollständig. Wenn wir einen möglichst vollständigen und genauen Eindruck von der Skulptur haben wollen, müssen wir sie von allen Seiten ansehen, das heißt, wir müssen um das Gebäude herumgehen und eine Zeitlang durch jedes Fenster schauen. Das unserem eigenen nächstgelegene Fenster zeigt uns einen Ausschnitt, der sich teilweise mit unserem ursprünglichen überschneidet, während wir durch das gegenüberliegende Fenster Teile der Skulptur entdecken, die wir von unserer Seite aus gar nicht sehen konnten.

Nun stellen Sie sich vor, jede Gruppe von Fensterguckern wüßte nichts von der Existenz der anderen Fenster und entwikkelte daher Theorien über die Skulptur, die sich ausschließlich auf ihre eingeschränkte Perspektive stützen. Wenn zum ersten Mal ein Kontakt mit den anderen Fensterguckern hergestellt würde, käme es selbstverständlich zu Diskussionen über die Skulptur. Wie ist es möglich, daß die anderen nicht dasselbe gesehen haben wie wir? Wie kommt es, daß ihre Beschreibung derselben Skulptur so unzutreffend ist? Es würde eine Weile dauern, bis jeder einzelne Betrachter gemerkt hätte, daß die anderen einen anderen Aspekt desselben Gegenstands gesehen haben. Erst wenn wir über die Phase der Diskussion darüber, wer recht und wer unrecht hat, hinaus sind, können wir uns der aufregenden Aufgabe widmen, das *Ganze* zu rekonstruieren, entsprechend dem, was wir teilweise bereits gesehen haben – oder zumindest das Ganze, soweit die Religionen der Erde es bis zum gegenwärtigen Zeitpunkt entdeckt haben. Wenn man in diesem Bild bleibt, dann hat das Christentum von den östlichen Religionen nichts zu befürchten, aber viel zu gewinnen. Je mehr Fenster es gibt, von denen aus sich die Skulptur betrachten läßt, desto vollständiger wird das Bild sein, das wir uns von ihr machen können.

Einer meiner Studentinnen gefiel es nicht, daß Gott in diesem Bild so unzugänglich war, und sie schlug eine interessante Modifikation vor. Nach ihrem Modell sind wir in dem Gebäude, das von allen Seiten von Gott umgeben ist. Statt der Fenster gibt es Türen, denn sie fand, daß die Religionen uns nicht nur ermöglichen sollten, Gott begrifflich zu erfassen, sondern ihn tatsächlich zu erfahren. In dieser veränderten Anordnung sind die verschiedenen Religionen auf die jeweilige Kultur abgestimmte Tore zur Transzendenz. Sie sind Auswege aus unserer begrenzten Situation, die den Sinn haben, den Kontakt mit einer das ganze Leben umgebenden größeren Wirklichkeit herzustellen. Da jedes Tor den Gegebenheiten seiner Kultur angepaßt ist, unterscheidet es sich zwangsläufig ein wenig von den anderen. Und doch ist die Aufgabe, die es für die betreffenden Menschen erfüllt, dieselbe.

Das Element der Erfahrung, das die Version dieser Studentin enthält, findet sich auch in einem dritten Bild, das oft zur Illustrierung der kollektiven Perspektive zitiert wird. Hier werden die verschiedenen Religionen mit Seilschaften verglichen, die einen Berg von verschiedenen Seiten aus besteigen wollen.

Am Abend vor dem Anstieg versammelt sich jede Gruppe in dem am Fuß ihrer Seite des Berges gelegenen Dorf und feiert Abschied nach jeweiliger Landessitte. Dann brechen sie auf. Langsam beginnen sie den Aufstieg über die ersten vorgelagerten Berge. Jede Gruppe kann jetzt die Umrisse der Täler und die dort liegenden Dörfer sehen. Je höher sie steigen, desto weiter breitet sich die Landschaft zu ihren Füßen aus – und desto mehr sehen alle gemeinsam. Aber erst wenn sie am Gipfel angekommen sind, sehen alle rundherum die ganze Weite des Horizonts. Erst von ganz oben können sie endlich sehen, wie all die vielen Einschnitte der tiefergelegenen Hügel miteinander verbunden sind.

Diese Analogie will zeigen, daß der Urgrund, den die eigene Religion mit den anderen gemeinsam hat, um so klarer sichtbar wird, je tiefer (höher) die Grundwahrheiten des eigenen Glaubens erfahren werden. Ich verstehe die Bergsteiger, die den Berggipfel erreichen, als die Mystiker der verschiedenen Religionen, also jene Menschen, die sich durch ihre tiefen spirituellen Erfahrungen von der Masse der Gläubigen abheben. Diese Auffassung von der Konvergenz der Erfahrung wird von der psychologischen Einschätzung des mystischen Erlebens, wie es in verschiedenen Kulturen auftritt, bestätigt. Wenn ein Mystiker zum ersten Mal über die körperliche Welt hinaus in die geistige Sphäre vordringt, sind seine Erfahrungen zunächst noch von seinem kulturspezifischen Erwartungshorizont gefärbt. Mit der Zeit wird sein Erleben jedoch von der persönlichen und kulturellen Programmierung befreit. Die mystischen Traditionen der ganzen Welt betonen, daß jeder, der die Wirklichkeit, die wir Gott nennen, erfahren will, wie sie an sich ist, alle vorgefaßten Meinungen über diese Wirklichkeit loslassen muß. Das heißt, wir müssen jede religiöse Gottesvorstellung und jede Vorstellung davon, wie die Begegnung mit ihm aussehen könnte, aufgeben. Wir müssen den «Schleier des Nichtwissens» passieren, den keine Vorstellung, ja nicht einmal das begriffliche Denken, durchdringen darf. In diesen einsamen, durchgeistigten Sphären schwinden alle Unterschiede. Nicht alle Mystiker dringen in diese erhabenen Bereiche vor, aber alle, die dorthin gelangt sind, erzählen das gleiche. Hinter dem Schleier, so berichten sie, liegt eine Wirklichkeit, die alle Worte, alle Begriffe, alle Dogmen übersteigt. Dort ist nur die ungeheure Transparenz, die der Einheit des Lebens selbst zugrunde liegt.

Ein letztes Bild zur Verdeutlichung der kollektiven Perspektive. Stellen Sie sich einen riesigen Tisch vor, auf dem sich die Teile eines gewaltigen Puzzles befinden. Sie und neun andere sitzen um den Tisch herum, und jeder versucht, einen Ausschnitt des gesamten Puzzles zusammenzusetzen. Während Sie die zu Ihrem Ausschnitt gehörenden Teile suchen und in das Bild einfügen, entdecken Sie ein schönes, komplexes Muster voller archetypischer Themen, das in sich ästhetisch geschlossen ist. Inzwischen machen alle anderen am Tisch eine ähnliche Entdeckung – ein einzigartiges Muster, anders als die anderen, aber mit teilweise vergleichbaren Symbolen. Erst mit fortschreitender Arbeit bemerken die Spieler, daß die zehn Muster miteinander verbunden werden können. Und während sie die einzelnen Teile zusammenfügen, stellt sich etwas ganz Erstaunliches heraus. Jedes einzelne, in sich vollendete Muster fügt sich so zu den anderen, daß alle zusammen ein gewaltiges Bild von unfaßlicher Komplexität und Weite ergeben. So schön jedes einzelne Muster auch ist, die Schönheit des zusammengesetzten Ganzen ist noch um vieles größer.

Ich glaube, wir sind nun endlich soweit, unser Religionen-Puzzle zu einem größeren Ganzen zusammenzufügen. Es ist die große Aufgabe für das 21. Jahrhundert, das größere Ganze zu verstehen, zu dem jede Kultur, jede Rasse und Religion ihr Scherflein beiträgt. Wir müssen Wege finden, zu der in jedem Teil enthaltenen Wahrheit zu stehen, uns aber gleichzeitig für die sich im Ganzen ausdrückende größere Wahrheit zu öffnen. Ist es ein Zufall, daß diese Konvergenz sich just in dem geschichtlichen Moment ereignet, wo wir in einer kollektiven

Anstrengung versuchen, unsere beispiellose Fähigkeit, alles Leben auf dem Planeten zu vernichten, unter Kontrolle zu bringen? Es scheint, daß wir sowohl an der religiösen als auch an der politischen Front durch das Verharren in feindlicher Konfrontation unsere Zerstörung beschleunigen, während wir, wenn wir den Sinn unseres kollektiven Lebens mit neuen Augen sehen, in die nächste Phase der Geschichte eintreten. Unsere Zukunft liegt nach meiner festen Überzeugung in der Erweiterung des Begriffs der Nation, der Geschichte, und des Geistes auf globale Maßstäbe hin.

Daß die Reinkarnationslehre im Westen auf immer größere Resonanz stößt, ist ein Symptom dieser Verschmelzung der Weltanschauungen zu einer größeren Synthese. Was die Reinkarnationslehre den Christen zu bieten hat, ist die Einladung, sich für ein breiteres Verständnis des Handelns Gottes in der menschlichen Geschichte zu öffnen. Die Reinkarnationslehre will ihnen Mut machen, ohne Scheu von den anderen Religionen zu lernen und sich gleichzeitig bewußt zu sein, daß auch sie etwas Einzigartiges zu bieten haben. Sie stärkt jene Kräfte innerhalb des Christentums, die die religiöse Exklusivität der Vergangenheit bereits hinter sich gelassen haben, und hilft, eine gemeinsame Zukunft zu konzipieren, solange noch Zeit ist.

Wenn die Reinkarnation, wie in diesem Buch behauptet wird, ganz einfach eine Naturtatsache ist – eine Tatsache, die sich nicht durch Glauben, sondern nur durch sorgfältige Forschung entdecken läßt –, dann handelt es sich um eine Tatsache, die das Christentum letzten Endes anerkennen wird, denn sein Gott ist der Gott der Schöpfung und kann es daher nichts ablehnen, was Teil der natürlichen Ordnung der Schöpfung ist. Ebensowenig kann irgend etwas, was zur natürlichen Ordnung gehört, der christlichen Botschaft vom ewigen Leben und der immerwährenden Liebe Gottes gefährlich werden.

7 Wiedergeburt und Familie

Für die meisten von uns ist die Familie der Ort, wo wir das Leben zuerst erfahren haben. Hier haben wir gelernt, was Menschen sind, was sie füreinander bedeuten und was es heißt, das Leben miteinander zu teilen. Durch sie sind wir zum ersten Mal uns selbst begegnet und haben durch die Interaktion mit denen, die vor uns da waren, entdeckt, wer wir sind. Schon Jahre, bevor uns klar wurde, was hier eigentlich vor sich geht, hielt die Familie unsere Seele in der Hand und übte so einen bestimmenden Einfluß darauf aus, wie wir später dem Leben gegenübertreten würden.

Wenn die Menschen, mit denen wir diese entscheidenden Jahre zubringen, nur durch Zufall mit uns verbunden sind, dann steht fest, daß der Zufall die Welt regiert und daß jeder Anschein von Sinnhaftigkeit zufällig ist, was heißt, daß auch unsere Existenz ohne Sinn ist. Wir sind eine Anomalie des Lebens, das Ergebnis eines Experiments, das Produkt von Billionen über Jahrmilliarden verstreuter zufälliger Ereignisse. Und doch weiß jeder, der das Wirken der Sinnhaftigkeit in seinem Leben tief in sich erfahren hat, daß das nicht der Weisheit letzter Schluß sein kann. Das sagt uns auch die Reinkarnationslehre, und sie läßt uns begreifen, daß auch die Anfänge des Lebens von Sinn getragen sind.

Vom reinkarnationistischen Standpunkt aus lassen sich unsere Säuglings- und Kinderjahre als ein Prozeß des Erwachens begreifen. Da die meisten von uns schon viele Male auf diesem

Planeten gewesen sind und auch Alter und Tod schon viele Male erlebt haben, ist das alles nicht neu für uns. Und doch ist es immer wieder so, als geschähe es wirklich zum ersten Mal. Wieder hat ein neuer Zyklus begonnen. Es dauert viele Jahre, bis wir entdecken, wer wir sind und worum es im Leben geht, viele Jahre müssen vergehen, bevor wir die Umrisse unseres Lebensprojekts erahnen können, bevor die Aufgaben, die wir bewußt in diesen Lebenszyklus eingebaut haben, von uns erkannt und angepackt werden können. Aber lange bevor das alles geschieht, bereiten wir uns in der Stille und Geborgenheit der Familie auf die Reise vor. Hier wird unser innerster Kern von jenen Menschen geformt, deren Fürsorge uns das Universum, Gott oder das Karma anvertraut hat, als wir uns im sensibelsten und empfänglichsten Stadium unserer Entwicklung befanden.

Wenn wir Tausende von Jahren leben und immer wieder auf die Erde zurückkehren, wenn wir in verschiedenen Körpern, verschiedenen Jahrhunderten und verschiedenen Kulturen erscheinen, wäre es dann nicht die natürlichste Sache von der Welt, unterwegs Reisegefährten zu sammeln? Wenn wir uns erst einmal als Wesen von unbegrenzter Lebensdauer begreifen, dann erscheint es einleuchtend, daß Beziehungen, die sich über viele Lebenszyklen hinziehen, eine Neigung zeigen, sich zu entwickeln. Es wäre höchst unnatürlich, wenn es anders wäre, wenn jede im Leben geknüpfte Beziehung in dem Moment, wo die beiden Körper vergehen, abgeschlossen sein müßte. Wieviel natürlicher ist die Vorstellung, daß wir in jedem Leben manche Beziehungen neu knüpfen, andere weiterentwickeln und wieder andere beenden durch eine Trennung in Frieden und ewiger Freundschaft.

Stimmt es nicht, daß solche Möglichkeiten, sobald wir uns erst einmal auf sie eingelassen haben, mit unserer Erfahrung in Einklang zu stehen scheinen? Angesichts mancher Menschen stellt sich gleich bei der ersten Begegnung ein tiefes, eigentlich «grundloses» Gefühl der Verbundenheit ein, und nicht alles in dieser Hinsicht läßt sich durch Projektion erklären. Wir fühlen uns in ihrer Gegenwart irgendwie wohl, so als hätten wir bereits vieles gemeinsam durchgemacht, und unser Herz fliegt ihnen zu. Es kann sich um Menschen handeln, denen wir nur einmal begegnen, um Menschen, die in irgendeiner Phase unserer Entwicklung in unser Leben treten. Sie mögen im gleichen Alter sein wie wir oder nicht, wir spüren, wie leicht wir sie und sie uns kennenlernen. Oft haben wir das unheimliche Gefühl, da weiterzumachen, wo wir irgendwann stehengeblieben sind. Eine solche Beziehung zwischen zwei Menschen zeugt von vielen Jahren der Zusammenarbeit, in denen so manches gemeinsam erprobt und bewältigt wurde.

Mit anderen stellt sich eine ganz andere Art der Vertrautheit ein. Bei diesen Menschen spüren wir in dem Moment, da wir mit ihnen in Berührung kommen, eine unmittelbare Bedrohung. In ihrer Gegenwart sind wir sofort auf der Hut, so harmlos sie auch anderen und selbst uns vorkommen mögen, wenn wir nur auf den äußeren Anschein achten.

Unabgeschlossene Beziehungen treten in unendlicher Vielfalt auf. Gelegentlich begegnen wir einem Menschen, zu dem wir uns sofort stark hingezogen fühlen. Aber wir spüren, daß da trotz einer tiefen Verbindung noch «Unerledigtes» ist. Vielleicht ist einmal eine Liebesbeziehung angeknüpft worden, ohne zu einem wirklichen Abschluß gebracht worden zu sein. Vielleicht wird die nächste Entwicklungsphase in diesem Leben stattfinden, vielleicht ist sie auch für ein anderes Leben vorgesehen, aber wir spüren die Verbindung, während sich unsere Wege in der Zeit kreuzen.

Vom reinkarnationistischen Standpunkt gibt es zwei Arten von Familien – Seelenfamilien und biologische Familien. Der Begriff der Seelenfamilie hat nicht für jeden Autor die gleiche Bedeutung, aber er meint im allgemeinen eine Familie von Wesen, deren Beziehungen sich über einen Lebenszyklus hinaus erstrecken. Manchmal spiegelt der Begriff die Vorstellung wider, daß die Betreffenden die Reise vom Anfang bis zum Ende ihrer menschlichen Erfahrung in Gruppen unternehmen. Wir können sie uns als Klassen vorstellen, die die Schule gemeinsam durchlaufen. Es kann sein, daß sich die Mitglieder einer solchen Familie während eines physischen Lebenszyklus gar nicht begegnen, aber psychisch stehen sie immer miteinander in Verbindung. Wenn es einem von ihnen gelingt, eine besondere Lebensaufgabe zu bewältigen, wirkt sich das auf alle positiv aus, so wie alle anderen auch vom Mißerfolg eines «Seelenverwandten» berührt werden.

Im weiteren Sinne, so wie ich den Begriff hier verwenden werde, besteht die Seelenfamilie aus jenen, mit denen man gemeinsam Abenteuer erlebt, die sich über viele Lebenszyklen erstrecken. Das können Menschen sein, die wir in früheren gemeinsamen Leben kennen- und liebengelernt haben und denen wir vertrauen, oder auch solche, denen wir Schaden zugefügt haben. Im Laufe unserer vielen Leben haben wir natürlich Fehler gemacht und dadurch andere Menschen verletzt. Die daraus entstandenen Ressentiments schaffen Bindungen zwischen uns. Und so können zwischen uns und anderen Mitgliedern unserer Seelenfamilie Konflikte schwelen, weil Mißverständnisse nicht aufgelöst, Verletzungen nicht vergolten und Wunden nicht vergeben sind. Auch diese Menschen werden unsere Reisegefährten und plagen uns so lange, bis wir sie mit dem gebührenden Respekt behandeln oder sie für den Verlust, den sie durch uns erlitten haben, entschädigen.

Unsere Seelenfamilie besteht – in gemeinsamen Träumen und Projekten, in Kampf und Konflikt, in Liebe und Haß – aus jenen Menschen, mit denen wir in diesem Lebenszyklus zusammenarbeiten. Sie spielen die Rollen, die in unserem karmischen Skript vorgesehen sind. Sie kennen uns besser, beeinflussen uns tiefer und empfangen mehr von uns als die meisten, und sie sind auch für gewöhnlich die Schlüsselfiguren, um die es in den wichtigsten Entscheidungen unseres Lebens geht. Das sind die Menschen, die in unserem Leben – in diesem oder einem späteren – wiederauftauchen werden, wenn wir jetzt nicht «recht an ihnen handeln». Sie sind mit uns verbunden, weil wir in ihnen den grundlegenden Ursituationen begegnen, in denen wir uns entscheiden müssen: an den Ereignissen zu wachsen oder uns gegen unsere Entwicklung zu sträuben. Wenn wir uns sträuben, müssen wir früher oder später an den Punkt zurückkehren, wo dieselbe Entscheidung erneut von uns verlangt wird, denn alles Leben strebt nach Vollendung. Wenn wir an den Punkt zurückgeführt werden, dann geschieht das oft – wenn auch nicht immer – zusammen mit demselben Menschen, der aus Gründen, die in seiner eigenen Entwicklung liegen, auf der anderen Seite in unsere Ursituation verwickelt ist.

Es leuchtet ein, daß die Seelenfamilie für die Zukunft unserer Reise von größerer Bedeutung ist. Mit ihr zusammen werden wir den nächsten Entwicklungsschritt tun, um uns zu reinigen, um mehr zu werden als wir sind. Ist es da erstaunlich, daß häufig manche Mitglieder unserer Seelenfamilie auch zu unserer biologischen Familie gehören? Ist es nicht ganz natürlich, daß wir in diesen uns so tief prägenden Enklaven Menschen finden, zu denen die Lebensbindungen besonders stark sind? Karma ist durch die Intensität der Beziehungen gekennzeichnet, und hier finden sich oft manche unserer intensivsten Beziehungen.

Wie würde die Annahme des reinkarnationistischen Standpunkts sich auf unsere Einstellung gegenüber unserer biologischen Familie auswirken? Welche neuen Perspektiven würden sich eröffnen, wenn wir unsere Familienmitglieder als Zeitreisende sehen könnten, die sich in dieser besonderen Konfiguration zum gemeinsamen Wachstum getroffen haben? Bei der Erforschung dieser Möglichkeiten müssen wir sowohl unsere Ursprungsfamilie als auch die Familie, die wir selbst gründen, im Auge behalten. Wir wollen zunächst einen Blick auf die Geburt und das Erlebnis der ersten Elternschaft werfen.

Wenige Erfahrungen im Leben kommen dem Erlebnis gleich, einem anderen Menschen das Leben zu schenken. Es ist ein ehrfurchtgebietendes Ereignis, dem Worte kaum gerecht werden können. Wir können noch so lange von der Energie reden, der Gewalt, den Einsichten, der Liebe, wenn derjenige, dem wir davon erzählen, das Ganze nicht selbst erlebt hat, wird er oder sie nur höflich nicken angesichts unserer Begeisterung.

Für die Anhänger des Nur-einmal-Denkens ist eine Geburt oft mit dem numinosen Gefühl verbunden, Leben zu schaffen, vielleicht als Partner Gottes Leben mitzuschaffen. Ein solches Paar hat oft das Gefühl, das Baby käme «von ihnen», weil sich ihrer beider Natur in ihm mischt und so ein Ausdruck ihrer Liebe und ihrer Entscheidung füreinander als Lebensgefährten ist. Sie halten gespannt Ausschau, ob sie nicht ein körperliches Merkmal, eine Eigenheit oder einen Charakterzug entdecken, der sie an ihren Partner oder an sie selbst erinnert und gehen oft weit im Familienstammbaum zurück, um Ähnlichkeiten festzustellen. Und bevor sie noch zwei Wochen alt ist, ist die kleine Stefanie schon hundertfach von ihren Großeltern, Tanten und Onkeln, Freunden und Nachbarn in dieser Hinsicht begutachtet worden. Sie ist ein neues Geschöpf, eine einmalige Mixtur aus zwei Stammbäumen, die weiter zurückreichen als unsere Ahnenforschung.

Die Reinkarnationslehre negiert diese Gefühle nicht, sie stellt sie nur in einen größeren Zusammenhang, indem sie das Augenmerk auf die präexistierende (Über)seele lenkt, die in diesem Kind auf die Erde zurückkehrt. Weil Stefanie vor dieser Geburt als ihre Überseele schon existiert hat, sind der Körper und die Persönlichkeit, die sie von uns übernimmt, nicht das, was sie *ist*, sonder eher das *Medium*, das sie für ihr Leben und ihre Arbeit gewählt hat. Unter all den Tausenden möglicher Eltern hat sie sich entschieden, ihre Form von uns zu beziehen und mit uns die nächste Phase ihrer Entwicklung in Angriff zu nehmen. Der Reinkarnationsgedanke entwertet nicht die Elternschaft, wie die Anhänger des Nur-einmal-Denkens oft befürchten. Unsere Beziehung zur ihr ist nicht weniger einzigartig oder weniger heilig, weil Stefanie in einem anderen Leben schon anderer Leute Kind gewesen ist. Durch die Tatsache vieler Lebenszyklen wird die Bedeutung oder die Erfahrung dieses Lebens nicht verwässert. Die Reinkarnation stellt die Elternschaft lediglich in einen neuen Rahmen. Sie gibt uns die Chance, uns als *Mitarbeiter* an schöpferischen Prozessen von ungeheurer Komplexität zu sehen. Wir öffnen unser Leben dem Universum, zu uns kommt ein Wesen, das uns zu seiner eigenen Vollendung braucht – und das wir brauchen, um uns selbst zu vollenden. Die Zusammenführung von Eltern und Kindern ist ein komplexer Vorgang von atemberaubender Treffsicherheit. Es ist eine Verknüpfung von Schicksalen, die bis ins kleinste ebenso präzise ist wie die genetische Verknüpfung, mit der sich die Biologen beschäftigen. Alles paßt immer genau zusammen; es ist ein sensibles Geflecht von Notwendigkeiten und Chancen, von Möglichkeit und Zwang.

Wenn wir die Logik der Reinkarnation verstehen, dann verstehen wir auch besser, was Mütter schon immer gewußt haben: das Phänomen nämlich, daß jedes unserer Kinder von Anfang an einmalig ist, mit seinen eigenen Vorlieben und Neigungen, seinen Ängsten und Begabungen. Jedes bringt seinen eigenen Lebensplan mit, jedes verhält sich schon im Mutterleib anders. Wir konditionieren ihre Persönlichkeit nicht erst, sondern haben es von vornherein mit einer fertigen Persönlichkeit zu tun.

Vom reinkarnationistischen Standpunkt gesehen, haben wir als Eltern die Aufgabe, unseren Kindern zu helfen, die Person zu entdecken und zu werden, die sie schon sind. Bei uns liegt die Verantwortung, über diese Entfaltung zu wachen, unseren Kindern über Schwierigkeiten hinwegzuhelfen, vielleicht auch ihnen zu helfen, sich mit den Beschränkungen gewisser Seinsweisen in der Welt zurechtzufinden, aber immer von Anfang an den Menschen, der vor uns steht, zu akzeptieren. Der Reinkarnationsgedanke ermutigt uns, unser Kind sorgfältig zu beobachten und uns nicht von vornherein darauf festzulegen, was unser Kind sein oder nicht sein sollte. Als Hüter seiner Seele müssen wir auf Anzeichen für seinen Lebensplan achten. Wir haben es nicht geschaffen, und wir besitzen es in keiner Weise, nicht einmal vorübergehend.

Wir sind Gärtner, die bei der Schöpfung mithelfen, diese aber nie beherrschen. Wir bereiten den Boden vor, aber wir schaffen nicht eigentlich das Wesen, das zu uns kommt, selbst wenn seine Gestalt unserem genetischen Code entspricht. Wir sind Verwalter des Lebens, Hüter der nächsten Generation sich inkarnierender Seelen.

Es gibt so vieles, was wir von dem Kind nicht wissen. Welche Erfahrungen hat es schon vor diesem Leben gesammelt? Welche Lektionen hat es gelernt, und welche Gaben bringt es mit, um sie mit uns zu teilen? Wir wissen ja noch nicht einmal, wie alt es ist. Wir kennen zwar die Minute seiner Geburt, aber wie alt ist seine Seele? Ist es eine junge Seele, die erst wenige Zyklen auf dem Buckel hat, oder ist es eine jener alten Seelen, von denen wir gehört haben, bereits voller Weisheit nach jahrtausendelanger zyklischer Wiederkehr? So eine elementare Sache, und wir haben keine Ahnung! Wir wissen nicht einmal, ob sie älter oder jünger ist als wir. Die Seele des kleinen Bündels, das wir da in dunklen Nachtstunden auf den Arm nehmen, ist vielleicht Tausende von Jahren älter als unsere eigene...

Das große Geschenk, das die Reinkarnationslehre für die Eltern-Kind-Beziehung bereithält, ist eine neue Offenheit. Die Reinkarnationslehre gibt uns die Chance, unsere Kinder wirklich als Gäste in unserem Heim zu sehen, die uns zum Zweck der beiderseitigen Entwicklung anvertraut sind. So führt sie zur Wiederherstellung echter geistiger Gleichberechtigung, ohne daß wir unsere Elternrolle aufgeben müßten.

Das Bewußtsein, daß unsere Kinder eine ihrem gegenwärtigen Leben vorausgehende Geschichte haben, sollte uns nämlich nicht vergessen lassen, daß sie jetzt Kinder und wir ihre Eltern sind. Im größeren Plan der Dinge mag mein Kind um Jahrhunderte älter sein als ich, aber in diesem Leben bin ich immer noch sein Vater und muß als solcher die oft unerfreuliche Verantwortung für Disziplin und Ausbildung auf mich nehmen. Dabei darf ich aber nie das größere Ganze aus den Augen verlieren, das mir eine Seele zeigt, die für ein paar Jahre im Körper eines Kindes wohnt. Der Körper ist trügerisch. Wenn wir nur auf ihn achten, wird er uns immer verleiten, die tiefere Wahrheit der Person zu unterschätzen.

Unser Geschick ist untrennbar mit dem unserer Kinder verbunden. Vom reinkarnationistischen Standpunkt gibt es im Leben keinen Zufall. Schicksal ist Karma, und das Karma unserer Kinder liegt nicht außerhalb unseres eigenen, es ist ein Teil davon – und umgekehrt. So können wir den tragischen und den glücklichen Ereignissen in ihrem Leben mit derselben Offenheit begegnen, als wären sie in unserem Leben geschehen. Wie können wir uns den karmischen Herausforderungen gewachsen zeigen und den darin versteckten Fallen entgehen? Was sollen wir daraus lernen?

Das gilt sowohl für äußere Ereignisse wie Autounfälle und vorzeitige Todesfälle als auch für das Karma ihrer Persönlichkeit. Hinter der unheimlichen Gabe dieser Kinder, jeden Charakterfehler bei uns aufzuspüren, scheint sich eine der unseren diametral entgegengesetzte Natur zu verbergen. Mal verlangen sie Dinge von uns, von denen wir nicht wissen, wo wir sie hernehmen sollen, mal verweisen sie durch ihr bloßes So-Sein auf unsere wunden Punkte. Vom reinkarnationistischen Standpunkt müssen diese Konflikte als karmisch akzeptiert werden und daher nicht dem Kind zur Last gelegt werden, das in diesem Fall nur das Instrument von Kräften ist, die größer sind als es selbst. All diese Schwierigkeiten haben in unserem Leben Ursache und Zweck. So schwierig diese karmisch bedingten Konflikte anfangs auch sein mögen, sie enthalten immer eine große Chance für uns, wenn wir uns den darin liegenden Herausforderungen stellen und sie bewältigen.

Wenden wir uns nun unserer Ursprungsfamilie, also unseren eigenen Eltern und Geschwistern zu. Welche Möglichkeiten eröffnen sich für die Einschätzung dieser frühen Beziehungen durch die Annahme der Reinkarnationslehre? Kann sie uns helfen, die Vergangenheit zu bewältigen, und wenn ja, dann wie?

Als grobe Richtschnur für die Wiedergeburt kann der Satz gelten: «Die Probleme, mit denen ich im Leben zu kämpfen habe, rühren nicht daher, daß ich die Eltern habe, sondern ich habe diese Eltern, weil ich mich für die Arbeit an bestimmten Problemen entschieden habe.» Unsere Existenz geht unserer Geburt voraus. Unsere größere Geschichte hat uns an diesen Platz gestellt, damit wir in diesem Lebenszyklus an ganz bestimmten Problemen arbeiten. Sie werden in der einen oder anderen Form immer wieder auftauchen – in Kinderfreundschaften, bei der ersten Liebe, in der Ehe, im Beruf, in Gesundheitsfragen, in der Beziehung zu den Kindern und zu uns selbst. Sie werden uns so lange plagen, bis wir sie gelöst haben, bis wir ihren Code entschlüsselt haben, bis wir uns von der inneren Programmierung befreit haben, die uns an sie bindet.

So gesehen sind unsere Eltern nicht die Ursache für unsere Probleme, sondern die erste Gelegenheit in unserem Leben, bei der sie sich zeigen. Letzlich kann alles, was sich in unserem Leben manifestiert, nur aus uns selbst kommen. Unsere ersten Betreuer schaffen nur die Bedingungen, durch die gewisse in uns schlummernde Muster an die Oberfläche kommen, wo wir uns mit ihnen auseinandersetzen können. Diese Muster setzen sich in den frühen prägenden Jahren in der Persönlichkeitsstruktur fest, um uns unser Leben lang zu helfen – oder uns so lange zu quälen, bis wir uns um sie kümmern. Im Hinduismus heißen diese bestimmenden Lebensmuster *Samskāras*. Die Samskāras bilden das Flußbett, in dem unsere Lebenswahrnehmung dahinfließt. Die Dynamik des durch unsere Eltern wirkenden Karmas ist dieselbe wie die des Karmas in anderen Bereichen. Das Karma richtet die Umstände und Ereignisse unseres Lebens so ein, daß schon in uns vorhandene Haltungen, Gefühle oder Überzeugungen zum Vorschein kommen. Karma ist nicht etwas, das mit uns geschieht, sondern immer der Ausdruck einer schon existierenden Konditionierung, die wir aus einer anderen Zeit und von einem anderen Ort mitgebracht haben. Indem wir diese Konditionierung reaktivieren, schaffen wir die Gelegenheit, sie aufzulösen und über sie hinauszuwachsen.

Auch die Schwächen unserer Eltern haben eine karmische Bedeutung für uns. Ihre Unvollkommenheiten dienen unserer Vervollkommnung, indem sie unsere eigenen Unvollkommenheiten in uns wecken, uns zwingen, sie zu erkennen und sie möglichst zu überwinden. Und was für unser Verhältnis zu unseren Eltern gilt, das gilt auch für das Verhältnis unserer Kinder zu uns. Wir können uns noch so sehr bemühen, perfekte Eltern zu sein, es gelingt uns nicht. Wenn wir nicht die Fehler wiederholen, die unsere Eltern bei uns gemacht haben, machen wir andere. Unsere Kinder müssen mit den Unvollkommenheiten ringen, die wir in ihnen wecken, so wie wir mit denen ringen, die unsere Eltern in uns geweckt haben. So rätselhaft das auch zunächst scheinen mag – unsere Unvollkommenheiten sind genau zugeschnitten auf die uns anvertrauten Wesen.

Der Weg zur Vollendung durch das Leben ist lang, und viele Wahrheiten gilt es, am Wegrand zu entdecken und zu kultivieren. Es kann zum Beispiel geschehen, daß man in einem Leben bedingungslosen Respekt und unverbrüchliche Treue für Kirche oder Staat entwickelt, die in einem anderen Leben durch die Erkenntnis aufgewogen werden müssen, daß es nicht ohne Folgen bleibt, wenn man irgendwelchen Institutionen zuviel Verantwortung für das eigene Leben überträgt. Oder man erwirbt vielleicht in einem Leben die Grundbegriffe der Selbstaufopferung, muß aber in einem späteren Leben ein entsprechendes Gegengewicht dazu schaffen, indem man lernt, welche Dinge selbst für das Wohl anderer nicht aufgeopfert werden dürfen. Es ist nicht möglich, alles, was das Leben uns zu lehren hat, zu katalogisieren, und es wäre töricht, Noten und Lehrpläne definieren zu wollen. Wenn wir uns umsehen, sehen wir Millionen von Menschen im Kampf mit ihren ganz spezifischen Problemen, und wir dürfen sicher sein, daß sie alle Teil des Curriculums sind.

Welchen Abschnitt dieses Lehrplans wir uns ausgesucht haben, deutet sich oft schon in unserer Kernfamilie an. Die Familie hat einen – nicht unabänderlichen, aber tiefgreifenden – Einfluß auf die Art, wie wir ans Leben herangehen. Der Dienst, den sie uns leistet, besteht letzlich darin, uns auf das Abenteuer vorzubereiten, das wir in diesem Leben bestehen sollen. Wie befreiend ist es für alle Beteiligten, wenn wir schließlich so viel über das Leben wissen, daß wir unsere Eltern und Geschwister von all dem vermeintlich durch sie erfahrenen Unrecht freisprechen können. Vom reinkarnationistischen Standpunkt trifft sie keine Schuld, selbst wenn sie an unserem Mißgeschick mit «schuld» sind. Wir allein sind für alles verantwortlich, was in unserem Leben geschieht, und darin liegt eine große Freiheit. Sobald wir die volle Verantwortung für unser Schicksal übernehmen, wird es plötzlich leichter, das Geschehen zu beeinflussen. Wenn wir uns für die Abfassung des Skripts verantwortlich fühlen, ist es nur natürlich, den Schauspielern die Rolle zu verzeihen, die sie in dem Drama gespielt haben, und mit diesem Verzeihen beweisen wir, daß wir gelernt haben, worum es in dem Stück geht, jedenfalls bis zu diesem Akt. Vergebung ist eine schwierige Sache. Wir müssen tiefer und tiefer dringen, ehe wir auf sicheren Grund stoßen, ehe wir rückhaltlos vergeben können. In der tiefsten Schicht müssen wir jener Wirklichkeit vergeben, die hinter allen Realitäten steht. Wir müssen dem Universum selbst vergeben, dem Tao, Gott, oder wie immer wir die Quelle allen Seins nennen mögen. Erst mit dieser ultimativen Vergebung fangen wir an, wirklich große Fortschritte zu machen.

8 Das Netz des Lebens

Die Reinkarnationslehre kündet von Verbundenheit mit dem Leben. Sie besagt, daß der gegenwärtige Zeitpunkt mit anderen Momenten in der fernen Vergangenheit und Zukunft verknüpft ist. Sie erinnert uns an die Existenz untergründiger Strömungen in der Geschichte, an Verbindungslinien über Hunderte und Tausende von Jahren hinweg. Sie reiht unsere Gegenwart ein in eine Geschichte, die länger währt als unser physischer Körper. Sie erinnert uns daran, daß wir essentiell geistige Wesen sind, deren Konturen sich erst jenseits des physischen Körpers abzeichnen, jenseits der geschichtlichen Zeit.

Aber die Verbundenheit, von der die Reinkarnationslehre spricht, ist mehr als eine Verbundenheit über mehrere Leben hinweg; sie durchzieht auch unser gegenwärtiges Leben. Wenn wir uns die Verbundenheit über die Leben hinweg als vertikal vorstellen, ist dies eine horizontale Verknüpfung. Es ist unsere Verbindung mit bestimmten Menschen, Orten und Umständen. Sie umfaßt die Gegebenheiten der Geburt und die «Zufälle» der Geschichte, aus deren Zusammenwirken unser persönliches Schicksal entsteht. Ich nenne diese horizontale Verbundenheit das *Netz des Lebens.*

Das Netz des Lebens ist ein Netz von Energie, das den anderen Kausalitäten unseres Lebens als stützendes Fundament zugrunde liegt. Es ist der geistig-kausale Nährboden unseres physischen Lebens, die energetische Konstellation unserer miteinander verzahnten karmischen Skripts. Das Netz des Lebens schließt alle Menschen ein, die an unserem Leben und an deren Leben wir teilhaben. Dazu gehören unsere Eltern und Geschwister, unsere Männer und Frauen und all jene, die an strategisch wichtigen Punkten in unser Leben eingreifen. Dazu gehört jeder, der uns stark beeinflußt und den wir beeinflussen. Dazu gehört sogar der Autofahrer, der vielleicht in zwanzig Jahren ein Rotlicht überfährt und diesen Zyklus für mich beendet.

Obwohl wir uns vorstellen können, wir lebten im Zentrum dieses Netzes, gibt es in Wirklichkeit kein Zentrum. Oder, besser gesagt, es gibt viele Zentren, aber *kein absolutes Zentrum.* Jeder einzelne ist das Zentrum seines eigenen Netzes, befindet sich aber gleichzeitig an der Peripherie der anderen Netze. Mit manchen sind wir lebenslang zusammen, während mit anderen nur kurze Begegnungen stattfinden. Das Karma dieser Interaktionen ist immer ausgewogen. Ich wäre nicht in Ihrem Leben und Sie nicht in meinem, wenn die karmische Anziehungskraft nicht von beiden Seiten aus wirken würde. Wenn wir zusammenkommen sollen, muß der karmische Faden an beiden Enden befestigt sein. Aufgrund dieser Wechselseitigkeit ist es eigentlich sinnlos, von «meinem» oder «deinem» Netz zu sprechen. Das kann zur Verdeutlichung eines bestimmten Aspekts nützlich sein, aber eigentlich widerspricht die Metapher vom Netz solchen Unterscheidungen. Sie betont vielmehr die größeren Lebensmuster, in die wir eingefügt sind. Bei diesen Lebensmustern handelt es sich nicht um unbestimmte, formlose Felder, sondern um strukturell deutliche, abgegrenzte Beziehungen. Karma hat nichts Verschwommenes an sich, und daher ist auch unser persönliches Netz nicht unklar.

Das Netz des Lebens ist eine Metapher, die uns zu einem neuen begrifflichen Verständnis nicht nur unserer sozialen Einbettung, sondern auch unseres Verhältnisses zur Zeit verhelfen kann. Wenn wir uns die Vorstellung zu eigen machen, wir befänden uns im Zentrum einer Energiekonstellation, die manche Menschen, manche Orte und manche Ereignisse in unser Leben zieht, dann entwickeln wir allmählich ein Gefühl dafür, daß wir ein Wesen sind, das außerhalb dieses Augenblicks existiert, das sich sozusagen über die Zeit hin erstreckt. Wenn Menschen und Ereignisse, die sich später einmal für meine Entwicklung als wichtig erweisen werden, durch das Wirken einer gegenseitigen Attraktion schon jetzt allmählich zu mir hingezogen werden, dann kann ich mir mich in gewisser Weise als das Heute überschreitend vorstellen. Wenn es Teil meines karmischen Skripts ist, jemand Bestimmtes zu finden, mich in ihn zu verlieben und ihn zu heiraten, dann streckt ein Teil von mir in diesem Moment über die Zeit hinweg seine Fühler aus, um diesen Menschen in mein Leben zu bringen und mich in seins. Daher ist ein Teil meiner Energie – ein Teil *meiner selbst*, wenn Sie so wollen – nicht auf die Energie dieses Zeitraums von vierundzwanzig Stunden beschränkt, sondern erstreckt sich in eine Zukunft, die – zumindest in mancher Hinsicht – unausweichlich ist. Wenn meine Energie nicht auf die Gegenwart beschränkt ist, dann bin auch ich in gewissem Sinne nicht auf die Gegenwart beschränkt. Ich bin auch dann, nicht nur jetzt.

Ähnlich können wir die Metapher vom Netz des Lebens benutzen, um uns eine neue Vorstellung von unserer räumlichen Identität zu machen, indem wir uns als eine Entität begreifen, die außerhalb des von unserem Körper eingenommenen begrenzten physikalischen Raums existiert. Wenn mein Leben mit anderen Leben verbunden ist, die von mir nicht nur durch die Zeit, sondern auch durch große Entfernungen getrennt sind, dann muß mein Wesen selbst irgendwie so geartet sein, daß solche Verbindungen möglich sind. Letztlich wäre es dann konstruiert, zwischen der Energie, aus der ich bestehe, und der Energie, welche die Beziehungen schafft, in denen der Schlüssel zu meiner künftigen Entwicklung liegt, unterscheiden zu wollen. Ich bin kein festes «Ding», das mit anderen Dingen durch Energiefäden verknüpft ist. Ich existiere vielmehr als lebendige Energie, die zusammen mit anderen lebendigen Energien das Gewebe oder Netz des Lebens bildet.

Je mehr wir unsere Verbundenheit mit anderen Menschen

spüren, desto umfassender wird unsere Vorstellung von den Wesen, die diese Verbundenheit schaffen. Wenn unsere miteinander verknüpften Netze Raum und Zeit übergreifend sind, dann sind auch wir es. Nur unser Körper und der am engsten mit dem Körper verbundene Teil unseres Geistes ist an dem Raum/Zeit-Schnittpunkt des Hier und Jetzt gefangen. Die geistige Seite unseres Wesens bleibt von diesen Beschränkungen unberührt. Wir können uns deshalb unseren Körper und unseren Körper/Geist als in der Raum/Zeit kristallisierte Ausprägung einer größeren Lebensform vorstellen, die auch in diesem Moment jenseits der Raum/Zeit existiert.

Die Arbeit mit dem lebendigen Netz

Wir haben im letzten Kapitel gesehen, daß karmische Skripts keine Prädestination bedeuten, die das Leben jeder freien Entscheidungsmöglichkeit beraubt. Sie sind vielmehr sorgfältige Pläne zur Zusammenführung von Menschen und Umständen, um Situationen zu schaffen, die Lernen ermöglichen. Die Entscheidungen, die wir im Rahmen dieser Situationen treffen, beeinflussen nicht nur unsere fernere karmische Zukunft, sondern auch unsere Gegenwart. Damit kommen wir zu der wichtigsten aller Eigenschaften des Netzes: Es ist lebendig. Das Netz des Lebens ist bewußt und reaktiv. Es reagiert auf so subtile Weise, daß wir es mit unseren gewohnten Vorstellungen kausaler Zusammenhänge nicht begreifen können. In seinen Reaktionen auf die Entscheidungen, die wir auf unserem Lebensweg treffen, zeigt es schöpferische Intelligenz. Und der Fluß der Ereignisse, in dem wir leben, ist seinerseits unseren Entscheidungen gegenüber offen.

Wie eigenartig berührt uns dieser Gedanke, wo wir doch gelernt haben, die Natur als massive leblose Maschine zu betrachten – Quantenphysik hin oder her. Und so sind auch die einzigen Wirkungsverhältnisse, die wir kennen, jene, die sich quantifizieren und in mathematischen Gleichungen fassen lassen. Die von uns quantifizierte Welt ist auf ihre Art intelligent, aber es ist eine Intelligenz niederer Art als die menschliche. Sie ist nicht wie wir denk- und entscheidungsfähig.

Was für die Natur gilt, gilt auch für die Geschichte, die nach landläufiger Ansicht jeglicher Intentionalität entbehrt. Wenn wir etwas aus der Geschichte lernen, dann ist das ein Ergebnis unserer Eigenschaft als bewußte Wesen, liegt aber nicht in der Absicht der Geschichte selbst.

Es ist ein alter Gedanke – daß die Rythmen unseres Lebens eine Intentionalität ausdrücken, die über die molekulare, elektromagnetische oder genetische Intentionalität hinausgeht. Daß im Pulsieren unseres Lebens eine Zielgerichtetheit verborgen ist, die nicht nur auf die Entscheidungen reagiert, die wir in früheren Leben getroffen haben, sondern auch auf jene, die wir jetzt treffen. Auch wenn wir diese Reaktionen nicht quantifizieren oder zu unserer vollen Zufriedenheit erklären können, sind sie oft zu bemerken. Wir müssen das Leben nur sorgfältig betrachten und wissen, wo wir zu suchen haben.

Der Schlüssel zur Arbeit mit dem Netz liegt darin, daß wir die Rhythmen unseres Lebens als einen fortlaufenden Dialog verstehen, der dazu dient, unser persönliches Wachstum zu erleichtern. Das Netz ist lebendig und reaktiv. Wir treffen Entscheidungen, und es reagiert auf unsere Entscheidungen. Es formt sich um uns herum neu, läßt neue Situationen entstehen und gibt uns so seine Rückmeldung hinsichtlich der von uns getroffenen Entscheidungen. Wenn die Chinesen das *I-ching* befragen, um besser zu verstehen, was das Leben ihnen in einer bestimmten Situation sagen will, sprechen sie davon, daß sie «den Weisen befragen».

C. G. Jung hat in Therapien oft bemerkt, daß sich im Leben von Patienten, die die von ihm so genannte archetypische Bewußtseinsebene erreichten, häufig Synchronizitäten ereigneten. Er definierte die *Synchronizität als Prinzip akausaler Zusammenhänge* (so auch der Titel seiner Arbeit darüber), das heißt, daß zwei Ereignisse sinnvoll miteinander verknüpft sind, auch wenn keine physikalische Verbindung zwischen ihnen besteht. (Ich möchte hier nicht von akausalen Ereignissen sprechen, sondern davon, daß ihre Kausalität nichtphysikalisch statt physikalisch vermittelt ist.) Wenn Jungs Patienten diese ganz tiefe Ebene der Selbsterforschung und Heilung erreichten, begann die Welt um sie herum sich oft gewissermaßen magisch zu verhalten. Mit einem Mal häuften sich in ihrem Leben sinnvolle «Zufälle». Es war, als hätte sich das Universum selbst verschworen, ihre Suche nach Ganzheit zu unterstützen. Jung spekulierte, daß durch das Erreichen der archetypischen Ebene der Psyche starke Energien freigesetzt oder angezapft werden, die in der Lage sind, selbst physikalische Ereignisse auf unerklärliche Weise zu ordnen.

Synchronizitäten treten in vielerlei Zusammenhängen und in vielerlei Gestalt auf. Sie kommen häufiger vor, als man meinen könnte. Viele Menschen sind schon mal mitten in der Nacht von einem lebhaften Traum geweckt worden, in dem ein naher Verwandter sie aufsucht, um ihnen Lebewohl zu sagen. Nachdem er versichert hat, daß alles in Ordnung ist und ihm nichts fehlt, geht er fort. Am nächsten Morgen kommt die Mitteilung, daß der Betreffende letzte Nacht ganz unerwartet gestorben ist. Eine meiner Studentinnen hat in ihrem Tagebuch ein ähnliches Erlebnis festgehalten. Sie schreibt: «Vor kurzem war ich beim Golfspielen und hatte auf einmal das überwältigende Gefühl, daß irgend etwas Schlimmes passiert sei. Ich konnte es nicht näher erklären, aber es war irgend etwas Schreckliches geschehen. Als ich nach Hause kam, sagte mein Mann, er hätte eben telefonisch vom Tod einer engen Freundin in North Carolina erfahren.» Zwischen dem plötzlichen Gefühl der Frau und dem Tod der Freundin gab es keine uns bekannte Verbindung, aber dennoch scheinen sie in einem sinnvollen Zusammenhang zu stehen.

Es kann vorkommen, daß wir an einem wichtigen Projekt sitzen und nicht weiterkommen. Alles scheint sich verschworen zu haben, uns am Erreichen unseres Ziels zu hindern. Jetzt halten wir inne und versuchen, die Situation mit anderen Augen zu sehen. Vielleicht ändern wir nur unsere Einstellung zu dem Projekt – da plötzlich öffnen sich die Türen, und die Telefone fangen an zu läuten. In solchen Situationen ist es nicht nur Wunschdenken, wenn wir einen Zusammenhang zwischen einer Veränderung in unserem Innern und der plötzlichen Zugänglichkeit der Außenwelt sehen.

Wenn in unserem Leben Synchronizitäten auftauchen, ist es, als spräche das Universum zu uns. Es macht uns auf sich aufmerksam oder dirigiert uns in eine bestimmte Richtung. Synchronizitäten tauchen vorzugsweise in besonders wichtigen Lebensphasen auf. Manchmal zeigen sie uns die Richtung, in die wir gehen sollen, und warnen uns vor Fehlentscheidungen. Zu anderen Zeiten stellen sie sich erst ein, nachdem wir eine schwierige Entscheidung getroffen haben, so als wollten sie sich dazu äußern.

Eine meiner Studentinnen hat mir vor kurzem ein Erlebnis der eben erwähnten Art mitgeteilt. Sie ist eine Frau Ende Dreißig, geschieden und Mutter von zwei kleinen Kinden. In ihrem Tagebuch schreibt sie:

> Diese Woche hatte ich ein Erlebnis, das mir etwas bewiesen hat, was ich schon immer gewußt, woran ich aber manchmal gezweifelt habe. Wer auf dem richtigen Weg ist, kann nicht fehlgehen. Das habe ich oft gesagt, aber ich habe es wohl nicht so recht geglaubt, denn als es passierte, dachte ich: «Toll! Das ist ja wirklich so!» Ich will versuchen, so knapp wie möglich zu schildern, was passiert ist.
> Ich habe vor drei Wochen eine langjährige Freundschaft beendet, nachdem ich festgestellt hatte, daß mein Partner nicht mehr an der Beziehung arbeiten wollte. Ich hatte das Gefühl, wenn ich mit ihm zusammenbliebe, würde das meine Integrität verletzen, weil ich wußte, wie schädlich es für mich wäre, wenn ich einfach so weitermachte. Finanziell war der Bruch

verheerend. Ich habe zwar ein Vierjahresstipendium zum Besuch der Universität, aber das Bewußtsein, daß ich meinen Haushalt und meine Kinder mit fast nichts unterhalten muß, macht mir angst. Also habe ich mir gesagt, wenn ich das tue, wovon ich weiß, daß es das Richtige ist, dann wird sich auch alles andere ergeben. Ich bin seit Jahren dieser Ansicht, aber es ist schwer, etwas zu glauben, was man nie praktisch erprobt hat.

Also habe ich den Bruch vollzogen, und die nächsten zwei Wochen, in denen mein Partner auszog, waren die Hölle. Manchmal hielt ich mich – vielleicht aus schierer Verzweiflung – an den erwähnten Grundsatz. Wie dem auch sei, gestern hat mir mein Professor mitgeteilt, daß ich für die Forschungsarbeiten, bei denen ich assistiere, in Zukunft bezahlt werde, und außerdem ist unerwartet zum ersten Mal das längst fällige Kindergeld gezahlt worden.

Nun, was hat das alles mit Reinkarnation zu tun? Eine ganze Menge. Wir sind geistige Wesen, die auf dieser physischen Ebene leben und dazu neigen, in allzu menschliche Fallen zu tappen und zu vergessen, wer sie sind und in welchem größeren Rahmen ihre Existenz zu sehen ist, und diese Woche wurde ich an diesen größeren Rahmen erinnert und durch positive Verstärkungen ermutigt, ihm entsprechend zu handeln.

Während ich an der Endfassung dieses Buches saß, stieß ich auf eine Stelle bei Joseph Campbell, die mir fast wie ein Kommentar zu dem Erlebnis dieser Frau vorkam:

> Aber wenn ein Mensch den Anruf gespürt hat – das Gefühl, daß ein Abenteuer auf ihn wartet –, und wenn er ihm nicht folgt, sondern in der Gesellschaft bleibt, weil das schön sicher ist, dann verdorrt das Leben. Und dann sieht er sich gegen Ende seiner mittleren Jahre in dieser Lage: Er ist endlich ganz oben auf der Leiter angekommen, aber er stellt fest, daß sie an der falschen Wand lehnt.

> Wenn Sie jedoch den Mut haben, das Risiko einzugehen, dann öffnet sich das Leben ganz ganz weit. Ich bin nicht abergläubisch, aber ich glaube an geistige Magie, könnte man sagen. Ich glaube, wenn der Mensch dem folgt, was ich seine «Glückseligkeit» nenne – die Sache, die ihn wirklich innerlich ergreift und von der er das Gefühl hat, es sei sein Leben –, dann gehen die Türen auf. Wirklich! Das war bei mir so und auch bei vielen anderen Menschen, von denen ich gehört habe.

Die taoistischen Weisen sagen, wir könnten sicher sein, daß ein bestimmter Weg unser eigener Weg ist, wenn er «bergab, wohin das Wasser fließt» führt. Wenn wir mit unserem karmischen Skript in Einklang sind, fühlt sich unser Leben so an wie Wasser, das den Berg hinabfließt. Ohne große Anstrengung erledigen sich die Dinge dann wie von selbst, es ist, als täte man das, «was man sowieso gerade tun müßte». So hält uns der Taoismus dazu an, unser Geschick zu erfüllen, indem wir den Weg des geringsten Widerstandes gehen. Das bedeutet nicht, daß es keine Arbeit und kein Opfer verlangen würde, den Weg zu finden und ihm zu folgen. Es bedeutet vielmehr, daß der für uns richtige Weg, wenn wir ihn einmal gefunden haben, als der für uns natürlichste erscheint und uns daher letztlich den geringsten Widerstand bietet.

Da wir uns inkarnieren, um durch Herausforderungen zu lernen, finden wir den Weg «bergab, wohin das Wasser fließt» nur, wenn wir die in unser Leben eingebauten Herausforderungen auch annehmen. Die dramatischsten Fälle von Synchronizität habe ich immer dann beobachten können, wenn ein Mensch sich mit jenen grundlegenden Fragen auseinandersetzte, die für lange Zeit den weiteren Verlauf seines Lebens bestimmten sollten. Diese Auseinandersetzungen sind es, die unserem Leben seine unverwechselbare Gestalt geben. Es sind die großen Entscheidungen: Was soll ich werden? Kann ich den langgehegten Groll vergessen, oder werde ich mich rächen? Habe ich den

Mut, den Beruf zu wechseln? Lasse ich mich scheiden, oder versuche ich es noch einmal mit ihr/ihm? Gestehe ich mir endlich ein, daß ich süchtig bin? Manchmal springen uns die Krisen plötzlich an – wie im Fall von Steve Logan, der sich innerhalb von Sekunden zu entscheiden hatte, ob er seinem Vater verzeihen oder ihn unversöhnt sterben lassen sollte. Die wichtigsten karmischen Entscheidungen sind jedoch meist die, um die wir jahrelang kämpfen müssen.

Ich habe den Eindruck, daß wir im Grunde genommen unser Leben lang mit dem Erlernen ganz weniger Lektionen beschäftigt sind. Hinter allen beruflichen, gesundheitlichen Schwierigkeiten usw. verbirgt sich eigentlich nur der Kampf um ein paar zentrale, immer wiederkehrende Fragen. Das sind die wirklich großen Probleme oder Blockaden, die uns immer wieder behindern: «Wenn ich mich bloß ein bißchen entspannen könnte»; «Wenn ich bloß aufhören könnte, das Leben der Menschen um mich herum kontrollieren zu wollen»; «Wenn ich bloß der Kreativität trauen könnte, die ich in mir spüre»; «Wenn ich mich bloß so annehmen könnte, wie ich bin»; «Wenn ich bloß dieses Temperament zügeln könnte»; «Wenn ich bloß einmal etwas zu Ende bringen könnte, was ich angefangen habe». Worum es auch gerade gehen mag, wir wissen, daß ein neues Leben beginnen würde, wenn wir bloß dieses bestimmte Problem lösen könnten.

Wir entscheiden uns, eine bestimmte Verantwortung zu übernehmen oder ein Wagnis einzugehen, und plötzlich ordnen sich die Dinge. Ich habe auch schon gesehen, wie scheinbar das Gegenteil passierte. Ich habe einmal beobachtet, wie jemand, dem sich eine Gelegenheit zum Wachstum bot, diese nicht genutzt hat. Kurz darauf wurde er bei der Besetzung einer wichtigen Stelle, für die er hervorragend geeignet war, übergangen. Diese Dinge sind nie leicht zu interpretieren, aber ich habe mich oft gefragt, was wohl geschehen wäre, wenn er die erste Herausforderung angenommen hätte.

Manchmal liegen die Blockaden in unserem Leben nicht in

uns selbst und spiegeln Umstände wider, über die wir scheinbar keine Kontrolle haben. Die nationale Wirtschaftslage treibt unser Geschäft in den Konkurs. Eine Dürreperiode hat unsere Ernte in zwei aufeinanderfolgenden Jahren vernichtet. Ein Autounfall hat unsere Familie dezimiert. Eine Krankheit saugt mir nach und nach das Leben aus. Und doch gehören all diese Ereignisse – wenn Karma, Reinkarnation und karmische Skripts verläßliche Begriffe sind – ebenso zu unserem Lehrplan. Wir haben uns – aus Gründen, die nur wir entdecken können – selbst mitten in diese Erfahrungen hineingesetzt. So unverständlich sie uns im Augenblick auch vorkommen mögen, irgendwie sind wir auf diese Erfahrungen angewiesen, sie sind nützlich für uns, sonst gäbe es sie nicht. Von uns wird nicht unbedingt verlangt, ihre Bedeutung auf der Ebene des kognitiven Verstandes zu erfassen, sondern auf sie so intensiv, wie wir können, zu reagieren. Unsere Aufgabe ist es, diese Erfahrungen so weit wie möglich zu nutzen und ihnen zu folgen, wo immer sie uns auch hinführen.

Irgend etwas in unserem Innern hat uns diese Erfahrungen zugeteilt. Sie bergen einen Schlüssel für uns. Wenn wir ihn finden und benutzen können, kann zweierlei geschehen. Manchmal beginnen die äußeren Lebensumstände sich zu ändern, wenn wir den Schlüssel im Schloß umdrehen. Die dunklen Wolken, die sich am Horizont zusammengeballt haben, beginnen sich langsam zu verziehen. Nun, da sie ihr Ziel erreicht haben und nicht länger gebraucht werden, ändern sich unsere Lebensumstände. Es kommt aber auch vor, daß die äußeren Bedingungen unverändert bleiben, wir selbst uns aber verändern. Manchmal weigert sich das Leben einfach, uns so weiterleben zu lassen, wie wir waren. Es zerstört unser altes Ich. Vielleicht sterben wir, bevor unsere Kinder erwachsen sind. Vielleicht erhalten wir nie die erhoffte große Chance. Vielleicht werden wir nie das bekommen, was wir uns im Leben am meisten gewünscht haben. Manchmal stellen wir beim Umdrehen des Schlüssels fest, daß etwas in uns verschwindet – zum

Beispiel die Überzeugung, ohne diese oder jene Sache glücklich sein zu können. Manchmal kann das Leben uns nur dadurch, daß es uns der Sache beraubt, die wir uns am meisten gewünscht haben, zeigen, daß wir mehr sind, als wir glaubten zu sein.

Es gibt ein ganz bestimmtes Gefühl, das sich mit dem Finden und Benutzen dieses Schlüssels einstellt. Was immer nachher geschieht, wir wissen, daß wir das getan haben, was von uns verlangt wurde; wir haben einen Teil unseres Schicksals erfüllt. Dieses Gefühl, daß wir auf dem für uns bestimmten Pfad sind, daß wir gerade einen wichtigen Test bestanden und die richtige Wahl getroffen habem, ist unverwechselbar. Es bringt einen Frieden, der völlig unabhängig ist von äußeren Umständen. Es ist das, was das *I-ching* meint, wenn es davon spricht, daß das größte Gut im Leben ist, «ohne Makel zu leben». Ohne Makel zu leben heißt, unser karmisches Skript erfüllen. Nur dieses Gefühl, sein Schicksal zu erfüllen, bringt dauerhaften Frieden im Leben.

Wie ich im vierten Kapitel schon gesagt habe, bin ich nicht der Ansicht, daß *alles*, was geschieht, einer karmischen Absicht entspringt. Es kann durchaus vorkommen, daß sogar einige der Hauptschwierigkeiten, mit denen wir im Leben zu kämpfen haben, in unserem karmischen Skript gar keine zentrale Rolle spielen. Vielleicht galten sie als Unbequemlichkeiten, die zu erdulden, oder als Risiken, die einzugehen wir bereit waren, um andere in diesem bestimmten Leben liegende Möglichkeiten zu nutzen. Vielleicht waren sie auch gar nicht vorgesehen. Letztlich macht das kaum einen Unterschied, weil nicht vorhergesehene Ereignisse ebensogut für das persönliche Wachstum genutzt werden können wie vorhergesehene. Wichtig ist nicht, was mit uns geschieht, sondern wie effektiv wir damit umgehen. Die Frage «Warum geschieht das mit mir?» ist weniger produktiv als die Frage «Wie kann ich am besten auf das, was da mit mir geschieht, reagieren?» Unsere Anstrengungen sind nie vergeblich. Wir werden die Gründe herausfinden, wenn der Kurs vorbei ist, und ohne Zweifel werden wir einige Überraschungen erleben. Was uns im Tal bedeutungsvoll erscheint, sieht vielleicht vom Gipfel her betrachtet ganz anders aus, und es kann sein, daß wir dann Bedeutungen entdecken, deren wir uns hier gar nicht bewußt sind.

Veränderungen des Netzes

Karmische Kausalitäten sind Variationen über das Thema des Wachstums. Wir treffen eine Wahl, und das Netz reagiert mit plötzlich oder allmählich sichtbar werdenden Veränderungen. Die plötzlichen Veränderungen sind leichter zu bemerken, aber ich vermute, daß die meisten Veränderungen ganz allmählich erfolgen – so allmählich, daß wir sie vielleicht gar nicht registrieren oder keine Verbindung zu den von uns getroffenen Entscheidungen herstellen.

Um die kausalen Rhythmen unseres Lebens zu sehen, müssen wir in größeren Zeiteinheiten denken. Um die Verbindung zwischen von uns getroffenen Entscheidungen und Änderungen in unseren Lebensverhältnissen zu erkennen, müssen wir ein Gefühl für unser Leben als organisches Ganzes entwickeln. Jedes Leben ist ein höchst komplexer organischer Vorgang und hat deshalb die Tendenz, sich langsam zu bewegen. Jedes unserer Leben hat seine Bahn, einen Bogen, der ihm seinen besonderen Charakter verleiht, an dem es erkennbar ist. Dieser Bogen, der unseren karmischen Impetus in der Raum/Zeit ausdrückt, wird durch unsere Beziehungen, unseren Beruf, unsere Lebensumgebung usw. definiert. *Dieser Impetus läßt sich nicht plötzlich verändern.* Wie auch immer sich eine Veränderung in unserem Leben manifestiert, ihre Wurzeln reichen tief in die Struktur unserer Entscheidungen hinein. Wenn plötzlich bedeutende Wendepunkte auftauchen, sind sie der kumulative Ausdruck vieler über Jahre hinweg getroffener kleinerer Entscheidungen.

Wenn wir eine Wachstumschance zurückweisen, verliert unser Leben etwas von seiner Wandlungskraft. Weisen wir eine weitere Chance zurück, verliert es wieder ein wenig. Bleiben wir so passiv, beginnen die Gelegenheiten zum Wachstum allmählich zu verschwinden, unser Leben wird flach, und es geschieht kaum noch etwas, was über die tägliche Routine hinausginge. Weit und breit taucht nichts Neues mehr auf, nichts Aufregendes, nichts, was unsere Kräfte herausfordert. Unser Leben ist in der niedrigsten evolutionären Bahn festgefahren. Wir erleben nun unser Dasein immer mehr als etwas, das wir einfach geerbt haben, nicht als etwas, das wir selbst schaffen. Und das Schlimmste ist, daß wir an diesem Zustand scheinbar nichts ändern können.

Wenn wir jedoch anfangen, uns ernsthaft um Wachstum zu bemühen, ja bereits wenn wir es uns nur sehnlichst wünschen, wird sich auch eine Gelegenheit dazu ergeben. Gewöhnlich müssen wir etwas aufgeben, um für etwas Neues Platz zu schaffen, und normalerweise sehen wir das, was wir aufgeben, klarer als das, was wir bekommen. Was es auch sein mag, es ist jedenfalls fremd und verlangt etwas von uns. Wenn wir das geben, erhält das Wachstum in unserem Leben neuen Schwung. Dem Universum ist daran gelegen, unser Wachstum zu fördern. Aber es kann auf unsere Bemühungen um Wachstum nur durch das Angebot immer neuer Möglichkeiten reagieren. Wie das Sprichwort sagt: «Hilf dir selbst, so hilft dir Gott.»

Jedesmal, wenn wir eine Wachstumschance ergreifen, verändert sich unser Leben ein wenig mehr. Wenn wir dem persönlichen Wachstum gegenüber offen sind, werden wir feststellen, daß die Gelegenheiten, die sich uns bieten, immer mehr in diese Richtung weisen. Immer größer werden die Opfer, die von uns verlangt werden, immer schwieriger die Auseinandersetzungen und immer größer der Lohn. Das ist ganz einfach deshalb so, weil Wachstum der normale Lauf der Dinge ist. Wenn wir uns für das Wachstum entscheiden, stellen wir uns in den Fluß der Natur und kommen daher in den Genuß ihrer vollen Aufmerksamkeit und Unterstützung.

Es kann sein, daß der Betreffende einen gewissen materiellen

Aufschwung in seinem Leben bemerkt oder ein subtileres, aber dennoch unmißverständliches Gefühl des inneren Aufschwungs. Bei jenen, die sich ernsthaft dem persönlichen Wachstum verschrieben haben, kann sich dieser Aufschwung in Form von weiteren Wachstumschancen zeigen. Äußerlich mag es scheinen, als sei ihr Leben nichts als eine Aneinanderreihung von Plagen, und doch steckt gerade in diesen Prüfungen die Chance, sich zu engagieren und Karma abzuarbeiten.

Da es sich hierbei um gesetzmäßige Prozesse handelt, treten diese mit einer gewissen Vorhersagbarkeit auf, wenn auch nicht mit der Präzision kontrollierter Laborversuche. Im Labor vereinfachen wir die natürlichen Bedingungen, indem wir möglichst viele Variable ausschalten, um die eine Variable, die uns interessiert, besser verfolgen zu können. Beim Studium der Natur außerhalb des Labors haben wir es nur selten mit so idealen Verhältnissen zu tun. Mit der karmischen Vorhersagbarkeit ist es eher wie mit geologischen Ereignissen – Erdbeben und Vulkanausbrüchen etwa. Wir können einigermaßen sicher vorhersagen, daß das Erdbeben «bald» stattfinden wird, aber an welchem Tag genau, wissen wir nicht. Es gibt noch unidentifizierte theoretische Variable und unquantifizierbare Faktoren. Und doch können wir den Druck, dem die Verwerfung ausgesetzt ist, überwachen und prognostizieren, daß die Platten sich «sehr bald» gefährlich übereinanderschieben werden.

Das Netz kann uns genau in dem Moment, da wir sie brauchen, Menschen, Informationen oder Gelegenheiten präsentieren, wenn wir nur fest entschlossen sind, sie zu nutzen. Ich habe das so oft beobachten können, daß es mich inzwischen schon kaum mehr überrascht. Wie häufig so etwas geschieht, wurde mir erneut gezeigt, als ich gerade anfangen wollte, dieses Kapitel zu schreiben. Nachdem ich das siebte Kapitel abgeschlossen hatte, brauchte ich einen klaren Kopf, ehe ich weiterschreiben konnte, und nahm mir einen Tag frei, um an die Küste von Oregon zu fahren. Im Verkehrsverein einer kleinen Stadt dort kam ich mit einer charmanten älteren Dame ins Gespräch.

Nachdem sie mir die erbetene Auskunft erteilt hatte, fragte sie, was ich von Beruf sei. Ein Wort gab das andere, und als sie hörte, daß ich unter anderem Religionspsychologie unterrichte, was sie höchst interessiert und sagte, sie beschäftige sich selbst mit diesem Gebiet. Jetzt im Alter habe sie endlich Zeit und Ruhe, sich dem Studium und der persönlichen Entwicklung zu widmen, deren Wert sie im Laufe der Jahre so schätzen gelernt habe. Dann fragte sie, ob ich einen bestimmten Autor kenne, was nicht der Fall war, und erklärte, die Bücher dieses Autors seien ihr vor kurzem aufgefallen und hätten ihr genau die Informationen vermittelt, die sie brauchte, um den nächsten Schritt auf dem Weg ihrer persönlichen Entwicklung zu tun. Als sie meine lächelnde Zustimmung bemerkte, erklärte sie weiter, so etwas passiere ihr in letzter Zeit andauernd. Nach einer Pause fuhr sie fort: «Das ist der Grund, weshalb ich jetzt endlich dem Leben traue. Wissen Sie, das war früher nicht der Fall. Aber jetzt, nach all den Jahren, traue ich dem Leben. Das ist das größte Geschenk für mich.» Ich sah an ihrem Gesicht und spürte an der Art, wie sie danach schwieg, wieviel diese Veränderung für sie bedeutete.

Diese zufällige Begegnung – wenn es denn eine zufällige war – erinnerte mich daran, daß diese Grundwahrheiten zu unser aller Leben gehören und daß jeder sie entdecken wird, der sich ihnen öffnet. Sie haben nichts Geheimes oder Esoterisches. Das Leben ist einfach so, wir brauchen uns nur zu erlauben, es zu bemerken. Vom reinkarnationistischen Gesichtspunkt erscheinen diese Ereignisse als vollkommen sinnvoll. Da es im Leben selbst ums Lernen geht, ist es nicht verwunderlich, daß wir die Verfahren, mit denen das Leben unsere entsprechenden Bemühungen unterstützt, beobachten können.

Wenn wir den Plan, den unsere geistigen Führer uns vorschlagen, nicht zurückweisen, treten wir mit einem karmischen Skript bewaffnet ins Leben ein. Von Anfang an sind wir in ein Netz von Beziehungen eingebunden. Wenn wir zum Bewußtsein erwachen, fangen wir an, Entscheidungen zu treffen, und von da an wird aus unserem Leben ein Dialog zwischen unseren Entscheidungen und diesem Netz. Dieser Dialog findet unabhängig davon statt, ob wir uns seiner bewußt sind oder nicht. Sobald wir uns dessen, was da geschieht, bewußt geworden sind, können wir anfangen, das Feedback, das wir von dem Netz bekommen, besser auszunutzen. Wir können aufmerksamer hinhören und effektiver daraus lernen. Sobald wir einmal die Spielregeln begriffen haben, können wir zu bewußteren Spielern werden. Der Zweck des Spiels ist das Lernen, und wir alle haben die Möglichkeit, bewußtere Lernende zu werden.

Der innere Kompaß

Jedes Curriculum ist ganz auf den einzelnen abgestimmt. Unser Vertragspartner ist allein unser Höheres Selbst. Niemand anders kann uns sagen, worum es in unserem Skript geht – die Eltern nicht, nicht die Lehrer, die Saufkumpane, die Priester, die Therapeuten. Meine Aufgabe kann es sein, mich von traditionellen Werten zu lösen, während jemand anders vielleicht gerade von ihnen lernen soll. Keine äußere Regel sagt uns, wie wir mit den schwierigsten Prüfungen unseres Lebens fertig werden sollen. In diesen Momenten leitet uns nur eine feine innere Stimme, ein instinktives Gefühl für den richtigen Weg.

Manchmal fordere ich meine Studenten auf, sich Gedanken darüber zu machen, wofür sie sich entscheiden würden, wenn sie zwischen einer Karte ihres ganzen karmischen Skripts und einem inneren Kompaß zur Orientierung auf ihrer Reise durchs Leben wählen könnten. Eine Karte würde ihnen die allgemeinen Merkmale ihres Pfades zeigen, während ihnen der Kompaß nur sagen würde, ob sie auf dem richtigen Weg sind oder nicht. So reizvoll es auch sein mag, eine Karte unseres Lebens zu besitzen, der Kompaß ist immer die bessere Alternative. Selbst mit einer Karte können wir uns verirren, mit einem Kompaß nie. Unser innerer Kompaß ist ein lebendiges Bewußtsein unserer Übereinstimmung mit dem karmischen Skript. Wenn wir lernen, mit ihm umzugehen, wissen wir immer, ob wir auf dem richtigen Weg sind oder nicht, ob wir dem Plan vorauseilen oder hinter ihm zurückbleiben. Es ist ein inneres Wissen, das zu einem hochsensiblen, uns von einem Moment zum anderen führenden Leitsystem verfeinert werden kann. Es gehört zu den Hauptfächern in der irdischen Schule.

Freud hat uns einen schlechten Dienst erwiesen, als er uns glauben machte, unser Gewissen sei nur unser Über-Ich, und unser Über-Ich nur die Internalisierung der elterlichen Verbote. Diese elterlichen Skripts sind nur die oberste Schicht einer viel tieferen lebendigen Stimme. Der Begriff des Gewissens ist selbst zu oberflächlich, um dem gerecht zu werden, was dieses innere Wissen für uns bereithält. Es ist die Lebensader, die uns mit unserer Überseele verbindet. Als solches hat es Zugang zu Informationen, über die unser rationaler Verstand nicht verfügt. Es ist nicht wie dieser durch Raum und Zeit begrenzt und sieht die Dinge deshalb aus einer interessanten Perspektive, um es vorsichtig zu formulieren. Am wichtigsten aber ist, daß es unser karmisches Skript kennt. Es ist die leise Stimme, die uns zu den Auseinandersetzungen hin- und durch sie hindurchführt, die wir vor unserer Geburt gewählt haben. Es hat Zugang zu allen Informationen, die nötig sind, damit unser Leben über unsere kühnsten Träume hinaus fruchtbar wird.

In der Gegenwart leben

Die Reinkarnation kündet von einem Verbundensein, das sich über die Jahrhunderte hin erstreckt und das ganze Gewebe unseres gegenwärtigen Lebens durchzieht. Dennoch: Je tiefer wir dieses Verbundensein verstehen, desto mehr fühlen wir uns gedrängt, unsere Aufmerksamkeit dem Hier und Jetzt zuzuwenden. Wenn wir geistig wachsen wollen, brauchen wir unsere Energien nur auf unsere Gegenwart zu konzentrieren, wie sie heute ist, nicht, wie sie unserer Ansicht nach sein sollte, wenn wir uns auf spirituelle Dinge einlassen. Der richtige Umgang mit der Gegenwart ist der Schlüssel zur Verbesserung unserer Lebensqualität. Deshalb liegt im Verstehen der Reinkarnation und des Netzes des Lebens etwas ungemein Erdendes. Es empfiehlt uns, das zu tun, womit wir sowieso gerade beschäftigt waren – unser Leben so zu leben, wie es nun mal ist –, dabei aber so bewußt wie irgend möglich zu Werke zu gehen. Es lehrt uns, uns der vollen Bedeutung der von uns verlangten Entscheidungen bewußt zu sein und dann beherzt unsere Wahl zu treffen. Alle Bewegung kommt aus unserer bewußten Achtsamkeit auf die ewig sich wandelnde Gegenwart.

Es gibt eine Zen-Geschichte, die diesen Punkt illustriert. Einmal wurde ein Zen-Meister von einem Kaiser gebeten, die Essenz der Weisheit des Buddha, das Geheimnis seiner Lehre, auf eine Schriftrolle zu malen. Der Meister setzte sich nieder, pinselte rasch das Zeichen für «Achtsamkeit» und reichte dem Kaiser die Rolle. Der Kaiser war überrascht und sagte: «Aber es gibt doch gewiß noch mehr als nur das.» Der Meister nahm die Rolle höflich wieder an sich und schrieb unter das erste Zeichen noch einmal «Achtsamkeit». Jetzt wurde der Kaiser, der glaubte, verspottet zu werden, zornig und verlangte von dem Meister, wenn ihm sein Leben lieb sei, zu tun, was man von ihm verlangte. Der Meister griff noch einmal zum Pinsel und schrieb ein letztes Mal: «Achtsamkeit». Es gab einfach nicht mehr zu sagen.

Die spirituellen Meister haben uns immer gesagt, daß der Schlüssel zum Leben direkt vor unserer Nase liegt. Die spirituelle Reise fängt dort an, wo wir gerade stehen. Das Wesen der Spiritualität ist, voll in der Gegenwart zu leben. Das bedeutet zunächst, unser karmisches Skript zu erfüllen, ein Skript, das für unser spirituelles Erwachen geschaffen wurde. Viele der exotisch anmutenden Praktiken, die wir mit Spiritualität verbinden, sind einfach Techniken, durch die unsere Fähigkeit, den gegenwärtigen Moment voll und ohne Verzerrung zu erleben, gesteigert werden soll. Die buddhistische *Vipassanā*-Meditation, das japanische *Kinhin* (Übung des Zen im Gehen) und die christliche Praxis der Vergegenwärtigung Gottes bündeln unsere Aufmerksamkeit auf die Erfahrung der unmittelbaren Gegenwart hin. Die Gegenwart ist das Tor zu unserem letzten spirituellen Ziel. Wir sind – im Dialog mit der Weisheit – seit dem Tag unserer Geburt auf unserem spirituellen Weg. Sobald wir begriffen haben, wie das Netz wirkt, können wir diesen Dialog bewußter führen. Denn nun kennen wir die Spielregeln und wissen, worum es geht.

Die Reinkarnation lehrt uns, daß es im Leben ums Lernen geht, und daß das ganze Drum und Dran nur Requisiten sind, die das Lernen erleichtern sollen. Nur Requisiten. Alles, unsere Karriere, unsere alltäglichen Aufgaben, unsere Tragödien, unsere Persönlichkeit, unsere sozialen Verpflichtungen, unsere Anliegen. Nichts als Requisiten. Nichts ist so, wie es uns vorkommt, während wir uns noch im Tal befinden. Wir sind so fest davon überzeugt, daß dieser oder jener Aspekt des Lebens von vitaler Bedeutung ist. Dieses ist wirklich oder jenes ist wirklich. Meine Kinder sind wirklich oder meine Krankheit ist wirklich. Aber das alles wäre nicht in unserem Leben, wenn es nicht eine Rolle innerhalb eines größeren Entwicklungsprozesses spielte. Vergessen wir nicht, daß wir an jedem beliebigen Punkt der Erde wieder ins Leben hätten eintauchen können. Wir hätten in jede beliebige Familie, jeden Körper, jede Kultur, jede Nation, ja vielleicht selbst in jede historische Epoche unserer Wahl kommen können. Wir sind an *diesem* Ort, zu *dieser* Zeit mit *diesen* bestimmten Menschen zusammen, wir leben entsprechend *diesem* bestimmten Skript, um unsere Entwicklung und die der anderen voranzutreiben. Alles in unserem Leben hat seine eigene Wirklichkeit, jede Person ist hier, um mit uns gemeinsam ihre eigene Erziehung zu vervollkommnen, und doch ist das alles im tiefsten Verständnis nicht wirklich. So wie wir hier in diesem Tal existieren, haben wir keine letztgültige Wirklichkeit. Wenn die Zeit in diesem Tal abgelaufen ist, werden wir alle den Berg hinaufsteigen und wieder eine wahrere Identität annehmen. Alles, was uns hier unten umgibt, ist nur Requisit. Selbst der Tod ist ein Requisit, vielleicht das größte von allen.

Das ist es, was die Hindus meinen, wenn sie von der Welt als *Māyā* sprechen, «Illusion». Die Dinge sind nicht das, was sie zu sein scheinen. Wenn sie behaupten, die Welt sei im tiefsten Sinne eine Illusion, so wollen sie damit nicht das Leben entwerten; sie wollen uns an den größeren Kontext erinnern, in dem das physische Universum lebt. So vollkommen ist im Tal unsere Amnesie, so sehr sind wir von unseren individuellen Lebenslektionen absorbiert, daß diese Aufforderung, uns an eine andere Welt zu erinnern, uns zunächst lächerlich vorkommt. Es fällt uns schwer, uns neben unser persönliches Skript zu stellen, um uns klarzumachen, daß es nur Mittel ist, nicht Selbstzweck. Es gibt eine andere Welt, eine Welt des Geistes, eine Welt jenseits der linearen Zeit. Von dort kommen wir und dorthin werden wir schließlich zurückkehren. So groß unser physikalisches Universum auch sein mag, jene, die sich an mehr erinnern können als wir, versichern uns, daß das geistige Universum noch viel viel größer ist. So schön unsere physikalische Welt auch sein mag, die Schönheit der geistigen Welt übertrifft sie. So befriedigend das Leben auch sein kann, es ist nichts im Vergleich zu dem, was uns nach der Vollendung unserer Arbeit erwartet. Alles Diesseitige ist Teil eines größeren Dramas.

Die Weisen versichern uns, daß zur Teilnahme an diesem Drama nichts nötig ist außer «Achtsamkeit». Achten wir nur auf das, was sich direkt vor unseren Augen abspielt, und entscheiden wir uns weise. Wir sind genau da, wo wir hingehören. Es gibt keinen Grund, den Ort zu wechseln. Nur achtsam sein. Zu einer Zeit, als wir noch mehr verstanden, als wir jetzt verstehen, zu einer Zeit, als uns der Rat der Weisen zugänglich war, haben wir dieses Leben gewählt. Wir haben die Ereignisse gewählt, die uns bis zu diesem Moment gebracht haben, und wir dürfen uns auf die Richtigkeit dieser Entscheidung verlassen. Wir dürfen uns auf alles verlassen, was zu ihr geführt hat und auf das ganze System, das sie ermöglicht hat. Wir dürfen auf das Wohlwollen des Universums setzen und gewiß sein, daß wir letztlich in ihm geborgen sind. Wir werden nie den Tod schmecken, und es gibt keinen Grund, warum das Leben von nun an nicht immer besser werden sollte.

Wie wir uns auch immer entscheiden, das Netz des Lebens wird unweigerlich antworten. Seine Antwort ist nicht magisch, sondern vollkommen natürlich. Wir sind durch die kollektive Energie unserer früheren Entscheidungen im Netz des Lebens verankert. Da unsere gegenwärtigen Entscheidungen das Gleichgewicht dieser Energie verändern, kann das Netz nicht umhin, sich anzupassen. Im nächsten Kapitel wollen wir diese Prozesse genauer untersuchen.

9 Der Feldeffekt

Der erste Vers des *Dhammapada*, einer wichtigen buddhistischen Schrift, lautet: «Du bist alles, was du je gedacht hast.» Das heißt, daß das, was wir jetzt *sind*, sich herleitet von dem, was wir in früheren und in diesem Leben *gedacht* haben. In der nicht abreißenden Kette von Ursache und Wirkung folgt alle Erfahrung dem Geist. Die Dinge, die uns immer wieder wichtig waren, haben die Lebensform geschaffen, als die wir jetzt existieren. Unser Körper, unsere Lebenssituation, unsere Tragödien und unser Glück, alles folgt dem Geist. Was in unserem Leben bedeutend ist, ist nicht einfach aus dem Nichts entstanden, sondern von Anfang an sorgfältig gepflegt worden. Was heute als Talent und «Naturbegabung» erscheint, beruht auf Fähigkeiten, die an einem anderen Ort erworben wurden. Die Fragen und Probleme, die unser heutiges Leben prägen, haben eine Geschichte. Und stets ist es der Geist, der bestimmt, was für uns immer wichtiger wird und was unwichtiger. Und so sind wir *selbstselektierende Erfahrungsfelder*, und diese Felder haben zwei Seiten.

Das zweiseitige Feld

In jedem Augenblick unseres Daseins leben wir inmitten eines Erfahrungsfeldes, das wir durch zahllose Einzelentscheidungen geschaffen haben; gleichzeitig treffen wir ständig neue Entscheidungen, die dieses Feld entweder verstärken oder verändern. Dieses Feld hat zwei Seiten. Auf der einen Seite ist es das Feld unserer inneren, subjektiven Erfahrung – unserer Interessen, Fähigkeiten, Wünsche, Träume, Ängste und dergleichen. Auf der anderen Seite ist es das Feld der äußeren, objektiven Umstände unseres Lebens. Diese zwei Seiten sind eng miteinander verknüpft und bilden gemeinsam eine einzige karmische Gestalt. In diesem Kapitel wollen wir verschiedene Arten der Wechselwirkung zwischen den beiden Seiten erkunden. Insbesondere soll untersucht werden, wie eine Veränderung des inneren Feldes manchmal erstaunliche Veränderungen des äußeren Feldes hervorrufen kann. Jede von uns getroffene Entscheidung schafft eine Erfahrung, die eine gewisse emotionale Energie besitzt. Auf unserem Weg durchs Leben kommt die Energie aus jeder neuen Erfahrung zu der bereits durch frühere Erfahrungen gesammelten Energie hinzu, so daß etwas entsteht, was man die Gesamtenergiemasse nennen könnte. Diese Masse muß naturgemäß die Inhalte unserer Erfahrungen widerspiegeln. Wer Humor kultiviert, sammelt Humor; wer Angst kultiviert, sammelt Angst und so fort. Wir tragen die Reste der Gefühlsqualitäten aller Erlebnisse, die wir je gehabt haben, in uns. Wir sind der wandelnde Fundus all unserer Erfahrungen.[1]

Sobald eine Erfahrung in unser System eindringt, bleibt ihre emotionale Energie solange im System, bis sie losgelassen wird. Die Natur hat uns mit vielen einfallsreichen Methoden ausgestattet, diese Energie loszulassen. Beunruhigende Erfahrungen verfolgen einen in Gedanken weiter und zwingen einen, sich mit Dingen zu beschäftigen, von denen man sich wünscht, sie wären nie geschehen. Unsere Muskeln verspannen sich und fordern uns damit auf, unseren Körper durch Massage von den angesammelten Belastungen zu befreien. Nacht für Nacht vertreiben wir unverdaute Energie, die sich im Laufe des Tages bei uns angesammelt hat, durch Träume. Und vergessen wir nicht, wie oft wir unsere Familie anschreien, weil wir einen schweren Tag im Büro gehabt haben. Worauf es hier ankommt, ist die

Tatsache, daß trotz all dieser Methoden, unser psychophysisches System von emotionaler Energie zu reinigen, die Energie, die wir auf diese Weise nicht haben verarbeiten können, im System eingesperrt bleibt. Was wir nicht täglich entfernen – entweder spontan oder durch bestimmte Übungen –, das sammelt sich im Körper oder in der Psyche an. Je länger eine Erfahrung im System verweilen kann, desto weiter entfernt sie sich vom Augenblicksbewußtsein, und desto schwerer ist es, sie aufzuspüren und loszulassen.

Die Energie, die wir im Laufe der Zeit in uns ansammeln, muß auf die Dauer eine Reaktion im Energiefeld unseres Netzes heraufbeschwören. Das ist ein ganz natürlicher, unvermeidbarer Vorgang. Da es aus Energie besteht, muß das Netz des Lebens auf die Energie reagieren, die wir Tag für Tag in uns zurückbehalten. Früher oder später müssen Veränderungen unserer inneren Energie zu Änderungen der äußeren Lebensumstände führen. Die beiden Seiten unseres Energiefeldes stehen in ständiger Wechselwirkung miteinander. Um meinen Studenten diese Vorstellung zu verdeutlichen, zeichne ich manchmal eine kleine Skizze an die Tafel (Abb. 9.1). Ich ziehe die Linien mehr-

Abbildung 9.1

mals nach, um anzudeuten, daß es dabei um einen sich wiederholenden, zyklischen Prozeß geht. Der Punkt in der Mitte stellt den gegenwärtigen Moment dar. Die rechte Schleife steht für die äußere, physikalische Welt und die linke für unsere innere, geistige Welt. Das Diagramm soll die durch unsere in der Gegenwart getroffenen Entscheidungen vermittelte Wechselwirkung zwischen unserer Innen- und Außenwelt darstellen. Es zeigt auch die ständige zyklische Wiederkehr der Vergangenheit in der Zukunft.

Die rechte Schleife stellt den Fluß der Ereignisse dar, wie sie uns in der physikalischen Welt begegnen. Der Punkt in der Mitte ist unser je aktuelles Bewußtsein. Wenn ein Ereignis diesen Punkt erreicht, tritt es in unser gegenwärtiges Bewußtsein ein, und wir müssen uns entscheiden, wie wir darauf reagieren wollen. Unsere Entscheidung verstärkt oder schwächt das jeweilige Thema in unserem Leben. Durch unsere Reaktion schaffen wir eine Erfahrung. In diesem Moment wird aus dem physischen ein geistiges Ereignis, das von nun an als dynamische Kraft in unserem Inneren weiterlebt.

Wenn wir uns entscheiden, uns auf eine bestimmte Sache einzulassen, wenn der Kontakt mit ihr zustande kommt, verstärken wir das jeweilige Thema in unserem Leben und erhöhen so seine Energie innerhalb des Systems. Wenn uns zum Beispiel etwas irritiert und wir mit einem Wutausbruch reagieren, verstärken wir unsere Veranlagung zum Zorn. Entscheiden wir uns jedoch, auf diesen Auslöser nicht mit Wut zu reagieren, so wird die Macht des Zorns in uns abgeschwächt. Durch die Art, wie wir auf die uns im Fluß der Erfahrungen begegnenden Ereignisse reagieren, ändern wir ständig die Energiemasse, die uns in unserem Netz gefangenhält.

Die Millionen von Entscheidungen, die wir im Laufe eines Lebens treffen, sammeln sich in uns an und konzentrieren ihre Energie, bis die Energie endlich den Kreis schließt und sich wieder in der physikalischen Welt zeigt, wo sie neue Ereignisse auf uns zieht, die unseren sich wandelnden inneren Zustand reflektieren. Aber selbst in diesem fortgeschrittenen Stadium ist es noch möglich, auf den Prozeß einzuwirken, wie wir gleich sehen werden. Auf diese Weise wird dieser weit zurückliegende Vorgang ebenfalls in die Gegenwart hineingezogen, wenn auch in eine spätere Gegenwart als vorher. So zirkuliert die Energie ständig – das Netz des Lebens reagiert auf unsere Entscheidungen, und unsere Entscheidungen geben unserem Leben in der Zeit eine neue Richtung. Selbstselektierende Energiefelder.[2]

Eingriffe in die karmischen Zyklen

Wie Abb. 9.1 zeigt, kreuzt das Karma unser Bewußtsein in einem doppelten Zyklus, und wir können an beiden Punkten in den Zyklus eingreifen. Zum ersten Mal tun wir das, wenn wir uns entscheiden, wie wir auf bestimmte Ereignisse in der Realität reagieren werden. Die Art unserer Reaktion auf alles, was das Leben für uns bereithält, wirkt sich auf die karmischen Themen in unserem Leben entweder verstärkend oder abschwächend aus. Aber auch nachdem wir diese Entscheidung getroffen haben und ein Ereignis auf der geistigen Seite des Zyklus präsent ist, können wir es noch beeinflussen. Wir können es durch mentale Wiederholung oder durch Phantasien verstärken, oder wir können es neutralisieren. Das ist ein wichtiger Punkt. Wir sind nicht darauf festgelegt, unser gesamtes karmisches Feedback in der physikalischen Welt – zu einem späteren Zeitpunkt dieses Lebens oder in einem zukünftigen Leben – zu erfahren. Wir haben immer die Möglichkeit, den Zyklus zu unterbrechen, bevor aus dem geistigen Karma weiteres physisches Karma wird.

Das Intervenieren auf der geistigen Seite des Zyklus hat den Vorteil der Effizienz. Wie die Räder der Justiz mahlen auch die Räder des Karma in der physikalischen Welt langsam. Wenn wir uns dafür entscheiden, unser Karma durch wiederholte Geburten anzugehen, können wir bei jedem Zyklus nur jeweils einen bestimmten Teil davon bewältigen. Um auf der physikalischen Ebene die Umstände, Bedingungen und Begegnungen herbeizuführen, die für die Erweiterung unseres Bewußtseins nötig sind, braucht es Zeit. Wenn wir daran interessiert sind, den Vorgang zu beschleunigen, können wir zum Glück auf der geistigen statt auf der physikalischen Ebene an unserer Vergangenheit arbeiten. Wir können zum Beispiel durch irgendeine Form von Reinkarnationstherapie unsere Aufmerksamkeit auf die tiefen Unterströmungen unseres Innenlebens richten. Wir können mit unseren früheren Leben ein Gespräch aufnehmen und die in ihnen enthaltenen Lehren bewußt verinnerlichen, ohne darauf zu warten, daß sie sich auf der physikalischen Ebene manifestieren. Das Karma verlangt lediglich, daß wir die Folgen unserer Entscheidungen tragen lernen; wie dieses Lernen ablaufen soll, können wir uns selbst aussuchen.

Der Feldeffekt

Wenn wir die Erfahrungen aus früheren Leben ins Bewußtsein heben und aus ihnen lernen, können wir die karmische Erblast aus diesen früheren Leben in unserem gegenwärtigen Leben neutralisieren. Wenn wir das tun, dann sollten wir damit rechnen, daß vor unseren Augen in unserer physikalischen Welt Veränderungen eintreten, weil die äußeren Bedingungen unseres gegenwärtigen Lebens in diesem Karma verwurzelt sind. Und genau das geschieht gelegentlich wirklich. Ich nenne dieses Phänomen den *Feldeffekt*. Wer auf der psychotherapeutischen Reise bis zur Ebene der früheren Leben vorstößt, setzt sich mit den Ereignissen auseinander, die die Matrix seiner gegenwärtigen Lebenserfahrung bilden und verändert dabei diese Matrix. Die Veränderung des inneren Feldes löst – zuweilen dramatische – Veränderungen des äußeren Feldes aus.

Wie wir im letzten Kapitel gesehen haben, sind wir stets von Menschen umgeben, mit denen uns noch ungelöstes Karma verbindet. Vielleicht sind wir mit ihnen verheiratet, sind ihre Eltern, Angestellten oder Lehrer, kaufen ein Haus von ihnen, machen mit ihnen Geschäfte usw. Es kann eine intime Verbindung sein, oder der andere «wartet» bloß in der Nähe auf den geeigneten Moment, um dann in unser Leben zu treten. Wenn wir durch irgendeine Form von Reinkarnationstherapie anfangen, das uns mit diesen Menschen verbindende Karma anzupacken und zu klären, bemerken wir oft in dem Maße, in dem das Netz des Lebens auf unsere Schritte reagiert, wie unsere Beziehungen zu diesen Menschen sich dramatisch verändern. So können Beziehungen, die kurz vor der Auflösung standen, aufblühen, während andere, die eben erst angeknüpft wurden, abrupt enden, sobald das Karma, das ihnen zugrunde lag, bewußt gemacht und freigesetzt ist. Neue Menschen treten in unser Leben, während andere es verlassen. Aus Randfiguren können plötzlich zentrale Gestalten werden, die unsere sofortige Aufmerksamkeit verlangen.

Die Erfahrung des Feldeffekts kann den Betreffenden verwirren und erschüttern, besonders wenn er nicht versteht, was da mit ihm geschieht. Wenn Sie sich auf Ihre früheren Leben einlassen, kann es passieren, daß Fremde Ihnen plötzlich mit einer Intensität begegnen, die sie selbst überrascht. Es kann sein, daß sie ohne rechten Grund wütend auf Sie sind oder schuldbewußt oder hilfsbereit oder verliebt. Oft verstehen sie selbst nicht recht, weshalb sie so fühlen und handeln. Inzwischen spüren Sie vielleicht, wie in Ihnen Gefühle hochkommen, die zu Ihrer Seite dieser karmischen Dyade gehören. Vielleicht spüren Sie plötzlich, wie Sie emotional von einem Menschen angezogen oder von ihm abgestoßen werden oder fühlen sich für seine Probleme verantwortlich usw. Wenn es Ihnen gelingt, sich nicht in die von diesen Menschen angebotenen Szenarien hineinziehen zu lassen und ruhig Ihren Weg der Vervollkommnung weiterzugehen, werden Sie schließlich die Verbindung entdecken, die Sie in einem früheren Leben aneinandergekettet hat und nun zwingt, diesen Pas de deux miteinander zu tanzen. Wenn es gelingt, diese Verbindung bewußt zu machen und aufzulösen, ist das Band zerschnitten. Langsam oder auch ganz plötzlich verschwindet der Betreffende aus Ihrem Leben. Wenn Sie trotzdem Freunde oder gute Bekannte bleiben, ist jedenfalls diese Phase Ihrer Beziehung abgeschlossen.

Selbst wenn nur Sie die bewußte Integrierung der Erinnerungen an frühere Leben vornehmen, sind doch beide Seiten davon betroffen. Es ist so, als hielten zwei Menschen ein Gummiband fest und einer läßt los – schon schnellen beide auseinander. Ihr Loslassen kann sich auf die anderen verschieden auswirken.

Entweder werden auch sie vollständig von diesem ganz bestimmten karmischen Szenario befreit, oder sie unterliegen weiterhin dem Zwang, dieses erneut zu inszenieren – aber nicht mit Ihnen. Auf jeden Fall sind Sie nicht mehr beteiligt. Wenn sie das Szenario im Hinblick auf ihren eigenen Lernprozeß wiederholen müssen, werden sie schließlich einen Menschen an sich ziehen, der Ihre Rolle übernimmt. Das kann jemand sein, mit dem sie durch ein ähnliches karmisches Band verknüpft sind oder ein karmischer Ersatzmann, das heißt ein Mensch, der für diese bestimmte Rolle karmisch geeignet ist, aber selbst eine andere karmische Geschichte hat.

Zwar ist die Hypnotherapie heute wohl die verbreitetste Methode zur Erforschung früherer Leben. Aber der Feldeffekt läßt sich durch jede therapeutische oder spirituelle Praxis auslösen, die stark genug ist, in diese tiefe Bewußtseinsschicht vorzudringen. Zu diesen Methoden gehören die Psychoanalyse nach C. G. Jung, die Meditation und verschiedene Formen dezidiert erfahrungsorientierter Psychotherapien.

Stanislav Grof zum Beispiel leistet seit über dreißig Jahren Pionierarbeit bei der Entwicklung dieser Formen erfahrungsorientierter Psychotherapie. Bei diesem therapeutischen Ansatz geht es zwar nicht in erster Linie um die Erinnerung an frühere Leben; es kommt aber dennoch manchmal zu lebhaften Erfahrungen früherer historischer Perioden, die seine Klienten selbst auf Erlebnisse in früheren Leben zurückführen. Während dieser Erfahrungen gelingt es ihnen oft, bestimmte Personen aus ihrem gegenwärtigen Leben als karmische Nachfahren der Hauptpersonen aus früheren Leben zu identifizieren.[3] Grof schreibt dazu:

> In diesen Fällen werden häufig gegenwärtige Spannungen, Probleme und Konflikte mit diesen Personen erkannt oder als Abkömmlinge der destruktiven karmischen Muster interpretiert. Das Wiedererleben und Lösen solcher karmischen Probleme geht in der Regel mit dem Gefühl einer tiefen Erleichte-

rung, einer Befreiung von den «Fesseln des Karmas» und dem Empfinden höchsten Glücks einher.[4]

Noch auffälliger ist in unserem Zusammenhang die Wirkung, die solche intrapsychischen Begegnungen auf die anderen Beteiligten haben. Grof berichtet, daß viele seiner Klienten, die während einer Sitzung ein karmisches Muster wiedererlebt und geklärt haben, den Eindruck hatten, daß auch ihr jeweiliger Partner im gegenwärtigen Leben eine ähnliche Befreiung erlebt hat. Da die betreffende Person manchmal Hunderte von Kilometern entfernt lebte und von dem, was Grofs Klient gerade machte, überhaupt nichts wußte, konnte Grof sich zunächst nicht erklären, wie diese Wirkung zustande kam und achtete nicht weiter darauf. Später jedoch schreibt er:

> Als ich innerlich weit genug aufgeschlossen war, um den Versuch zu machen, diese Angaben wissenschaftlich zu untermauern, entdeckte ich zu meiner großen Überraschung, daß das subjektive Empfinden der betreffenden Personen häufig objektiv zutraf. Ich fand heraus, daß in vielen Fällen genau die Menschen, die als Hauptfiguren in den karmischen Erlebnissen erkannt wurden, zur gleichen Zeit eine dramatische Einstellungsveränderung in die Richtung erfuhren, die durch die Auflösung dieser Erlebnisse vorgezeichnet war. Diese Wandlung geschah auf eine Weise, die nicht mit Hilfe der linearen Kausalität erklärt werden konnte. Die Menschen, die davon betroffen waren, befanden sich oft an einem Hunderte oder Tausende von Kilometern entfernten Ort, sie wußten nichts über das Reinkarnationserlebnis des anderen, und die Veränderungen in ihnen wurden durch eine völlig unabhängige Kette von Ereignissen bewirkt. Sie hatten ein eigenes tiefgehendes Transformationserlebnis, erhielten Informationen, aufgrund derer ihre Sicht des anderen sich völlig veränderte, oder wurden durch irgendeine andere unabhängige Entwicklung in ihrer Umgebung beeinflußt. Die

zeitliche Übereinstimmung zwischen diesen synchronistischen Ereignissen war häufig bemerkenswert. Nicht selten betrug der Zeitunterschied zwischen ihnen nur wenige Minuten.[5]

Wenn die therapeutische Reinigung besonders tief und intensiv ist, reagiert unser Netz also fast sofort, so daß der Feldeffekt leicht zu bemerken ist. Der Feldeffekt kann auch durch eine Reihe psychotherapeutischer Begegnungen ausgelöst werden, die nicht direkt mit früheren Leben zusammenhängen. In den extrem tiefen Bewußtseinszuständen, die durch Grofs innovative Techniken hervorgerufen werden, erleben die Klienten immer wieder ein breites Spektrum transpersonaler Phänomene, die nichts mit früheren Leben zu tun haben, aber dennoch den Feldeffekt auslösen. Das kann eine Begegnung mit Jungschen Archetypen sein oder das Erleben von mythologischen Sequenzen oder anderen kollektiven Elementen bestimmter Kulturen aus irgendeinem Teil der Welt. So berichtet Grof zum Beispiel, daß die Konfrontation in der Analyse «mit den Problemen des Animus, der Anima oder der bösen Mutter ... in der Regel ideale Repräsentanten dieser archetypischen Bilder im Alltag» des Klienten auftauchen läßt. Oder wenn die betreffende Person sich mit bestimmten kulturspezifischen, aus dem kollektiven Unbewußten aufgetauchten Fragen beschäftigt, «dann kann dies in ihrem Alltagsleben verblüffend häufig von Ereignissen begleitet sein, die mit der betreffenden geographischen oder kulturellen Zone in Verbindung stehen: Angehörige dieser bestimmten ethnischen Gruppe tauchen in ihrem Leben auf, sie erhält unerwartete Briefe oder Einladungen zum Besuch des betreffenden Landes, oder es häufen sich die spezifischen Themen in Büchern, die ihr geschenkt werden, bzw. in Filmen oder Fernsehprogrammen, die zu dieser Zeit laufen.»[6] Wenn die Person die jeweilige Phase der therapeutischen Arbeit abschließt und die kulturspezifischen Themen aus ihren Sitzungen verschwinden, hören diese Synchronizitäten auf.

Wenn wir uns – mit welcher Methode auch immer – mit Erinnerungen an frühere Leben auseinandersetzen, sind wir oft nicht sicher, ob es sich bei den Menschen, die in unserem Leben auftauchen, um die gegenwärtige Inkarnation unseres früheren karmischen Partners oder um einen karmischen Ersatzmann handelt. Aber das spielt letztlich auch keine so große Rolle. Wenn unser ursprünglicher karmischer Partner zu dem Zeitpunkt, da wir mit dieser Arbeit beschäftigt sind, nicht in unserer Nähe ist, oder wenn er aus anderen Gründen nicht zur Verfügung steht, dann kann jemand anders auftauchen, der von der Energie, die wir durch unsere Konfrontation mit der Vergangenheit in das Netz eingespeist haben, zu uns hingezogen wird. Wenn ein Ersatzmann auftaucht, spiegelt unsere Beziehung zu dieser Person die ursprüngliche karmische Beziehung in ihren wesentlichen Zügen wider. Wenn das geschieht, sorgt das Karma des Ersatzmanns dafür, daß er oder sie in dieser bestimmten Eigenschaft in unser Leben tritt. Die Anziehung wirkt immer von beiden Seiten. Wer auch immer sich zu einem bestimmten Zeitpunkt in unserem Netz befindet, und wie auch immer er dort hingekommen sein mag – er ist am richtigen Platz.

Der Feldeffekt führt dazu, daß alle Probleme, die wir im Innern unserer Psyche anpacken, sich in den Umständen unseres äußeren Lebens widerspiegeln. Wenn es dabei um eine gefühlsmäßige Bindung aus einem früheren Leben geht, reagiert das Netz vielleicht, indem es uns wieder eine Liebesaffäre anbietet. Oder vielleicht habe ich früher einmal einem Menschen auf eine Art geholfen, die ihn von mir abhängig gemacht hat, und diese Abhängigkeit zeichnet sich jetzt wieder ab. Vielleicht hat mich vor langer Zeit einmal jemand verletzt, und jetzt fühlt sich sein Nachkomme oder Ersatzmann mir gegenüber schuldig, ohne zu wissen, weshalb. Wie auch immer die karmische Verknüpfung beschaffen sein mag, wenn die Beziehung in eine neue Runde tritt, steht es uns frei, zu einer neuen Fahrt durch die Schleife aufzuspringen oder die Sache zu klären.

Natürlich ist nicht alles in unserem Leben wiederkehrende Karma unerfreulich. Viele der karmischen Szenarien, die der Feldeffekt uns präsentiert, können sehr reizvoll sein. Aber ob wir es nun als positiv oder negativ empfinden, Karma bleibt Karma. Es gibt selbstverständlich keine zwei Arten von Karma. Karma ist einfach Karma, das heißt Ursachen und deren Wirkungen. Wenn wir ein gewisses Karma als lästiger und ein anderes als wenig lästig empfinden, so sind das rein irdische, taltypische Unterscheidungen. Spirituell gesehen bindet uns jedes Karma an zukünftige Täler, und die Täler sind nicht unsere eigentliche Heimat. Sie sind nicht der Ort, wo wir die größte Freude erleben. Und so wären wir, auch wenn die karmische Versuchung süß erscheint, gut beraten, unsere Entscheidungen sorgfältig abzuwägen, bevor wir handeln.

Leider werden die östlichen spirituellen Lehren oft so dargestellt, als predigten sie den Verzicht auf alle Wünsche, damit wir jede karmische Verstrickung abstreifen und so schnell wie möglich in unsere spirituelle Heimat zurückkehren können. Da aber nur die wenigsten von uns sich ein Leben ohne Wünsche vorstellen können, tun wir diese Philosophien nur zu leicht als unrealistisch ab oder denken, sie hätten uns einfach nichts zu sagen. Gewiß stehen manche östlichen Lehrer auf diesem kompromißlosen Standpunkt, aber eine differenziertere Betrachtung der östlichen Lehren würde diesen eher gerecht. Diese Philosophien raten uns nämlich im Prinzip nur, uns ganz klarzumachen, welche Konsequenzen die Verstärkung unserer Wünsche hat, und dann im Rahmen unserer Möglichkeiten eine bewußte Entscheidung zu treffen. Wir entscheiden uns auf Schritt und Tritt dafür, manche Wünsche im Leben aufzugeben, während wir an anderen festhalten, und es wird uns immer freistehen, so zu handeln. Haben wir erst einmal verstanden, daß das Festhalten an diesen karmischen Schleifen uns an künftige Täler der Wiedergeburt bindet, so scheint es mir ganz natürlich zu sein, daß wir in der Auswahl unserer Schleifen sehr wählerisch sein werden.

Wenn wir endlich erfahren, wie Karma und Wiedergeburt wirken, haben wir ohne Zweifel viele Wünsche angesammelt und Bindungen an viele Menschen geschaffen. Je mehr – erfreuliche oder unerfreuliche – Beziehungen wir jetzt zum Abschluß bringen können, um so eher werden wir unser volles spirituelles Potential verwirklichen. Mit diesem Bewußtsein bleibt es völlig uns überlassen, ob wir uns entscheiden, auf die sich in unserem Leben anbietenden Zyklen der Neubindung so bald wie möglich zu verzichten oder langsamer voranzuschreiten. Es gibt keinen Zwang außer unserem eigenen Wunsch nach spiritueller Ekstase.

Wenn wir uns entscheiden, auf ein angenehmes karmisches Szenario zu verzichten, so tun wir das nicht aus Gefühlskälte, sondern aus Erbarmen. Das ist eine äußerst wichtige Unterscheidung. Wir wenden uns nie von der Person ab, sondern nur von der karmischen Schleife, die sie für uns bedeutet. Wenn wir ihre Einladung ablehnen, so weisen wir damit nicht sie selbst zurück, sondern nur den Zyklus der Gefühle, der uns zu einem erneuten Tanz mit ihr zwingt. Letztlich ist Freiheit das größte Geschenk, das wir mit jemand anderem teilen können, und wir können ihm dieses Geschenk nur machen, wenn wir es für uns selbst erwählt haben. Darin liegt das größte Erbarmen.

Karma, Meditation und Liebe als Agape

Obwohl es zwei Punkte gibt, an denen wir in unsere karmischen Schleifen eingreifen können, zeigt der Feldeffekt, daß diese in der Praxis häufig miteinander verflochten sind. Innere Initiativen rufen oft plötzliche Änderungen in unserer äußeren Umgebung hervor, während Veränderungen in der Umgebung uns auffordern, uns unserem inneren Prozeß zu stellen. Wenn uns das immer bewußt ist, können wir diese beiden Interventionspunkte benutzen, um zu beobachten, wie verschiedene spirituelle Praktiken an verschiedenen Stellen in der karmischen

Schleife ansetzen. Bei dieser Gegenüberstellung möchte ich an das Ende des sechsten Kapitels (über Reinkarnation im Christentum) anknüpfen, wo es um die Komplementarität der Religionen ging. Die Untersuchung der karmischen Schleifen gibt uns Gelegenheit, ein Beispiel für diese Komplementarität anzuführen.

Wenn ein solcher Vergleich die Dinge auch vereinfacht darstellt, läßt sich doch sagen, daß gewisse, gewöhnlich mit den östlichen Religionen verbundene Meditationspraktiken auf der geistigen Seite des karmischen Zyklus ansetzen, während der christliche ethische Imperativ der Liebe im Sinne der Agape auf der physischen Seite ansetzt. Das ist insofern eine Vereinfachung, als sowohl die östlichen wie die westlichen Religionen Praktiken lehren, die in beide Seiten des Zyklus eingreifen. Aber trotz seiner begrenzten Gültigkeit ist der Vergleich lehrreich. Wenn wir verstehen, daß Meditation und Agape komplementäre Methoden sind, in die karmischen Zyklen einzugreifen, gelingt es uns besser, das größere Ganze zu verstehen, zu dem beide Religionen gehören.

Es gibt natürlich viele Meditationstechniken, und jede hat eine andere Wirkung auf das Bewußtsein zum Ziel. Eine ganze Gruppe von Meditationstechniken hat den Zweck, unser System durch Konzentration des Bewußtseins auf den ewig sich wandelnden gegenwärtigen Moment vom Karma zu reinigen. Im Buddhismus heißt diese Meditationsform *Vipassanā*-Meditation, Meditation der «Einsicht». Der Schlüssel zur Vipassanā-Praxis liegt in der Übung der gebündelten, aber dennoch offenen, urteilsfreien Aufmerksamkeit. Nachdem der Meditierende gelernt hat, den Geist zu beruhigen und das Geschwätz im Hintergrund zum Schweigen zu bringen, wird er angewiesen, einfach sein Bewußtsein zu beobachten, wie es von Augenblick zu Augenblick ist. Nichts wird daran gehindert, ins Bewußtsein einzutreten, wenn es auch nicht lange dort verweilen darf. Spezielle Techniken ermöglichen es, für alles, was aus den Tiefen der Seele aufsteigt, offen zu sein, ohne daran festzuhalten, ohne darauf zu reagieren. Darauf kommt es an. Das wird *reines Gewahrsein* oder nichtreaktives Gewahrsein genannt. Sobald ein Gedanke in das leere Feld unseres Bewußtseins eindringt, akzeptieren wir ihn, schieben ihn aber dann sanft weiter. Das ist keine Verdrängung, denn Verdrängung sucht das Auftauchen eines Gedankens zu verhindern. Hier wird alles akzeptiert, ohne ihm nachzugeben.

Wenn wir uns täglich eine Zeitlang von der Welt zurückziehen und unsere Aufmerksamkeit nichtreaktiv auf den gegenwärtigen Augenblick richten, stellen wir fest, daß der Geist sich von den Giften, die er im Laufe der Zeit angesammelt hat, zu befreien beginnt. Immer wenn wir mit der Welt interagieren, ist der Geist gezwungen, Erfahrungen zu machen und zu speichern. Nicht alles, was er aufnimmt, ist ihm zuträglich, und in der Meditation sehen wir, wie der Geist die ungesunden Elemente abstößt und das System wieder in einen harmonischen Gleichgewichtszustand bringt. Wenn wir diese Praxis ein paar Jahre lang beibehalten und zusätzlich zu den täglichen Meditationsstunden von Zeit zu Zeit intensive Meditationsseminare besuchen, werden Gifte aus immer tieferen Schichten der Psyche auftauchen. Zuerst zeigen sich Spannungen aus der Gegenwart, gefolgt von Restspannungen aus dem letzten Jahr und dem Jahr davor. Schließlich kommen Traumata oder schleichende Gifte aus der Kindheit zum Vorschein, die inhaltlich manchmal aussagekräftig genug sind, um ihre genaue Lokalisierung in unserer Vergangenheit zu gestatten. Es kommt aber auch vor, daß wir einfach nur intensive Gefühle empfinden, ohne genau zu verstehen, aus welchem Lebensabschnitt sie stammen. Doch da wir ja nichts weiter getan haben, als unsere Aufmerksamkeit nach innen zu richten und sie zu lehren, urteilsfrei wahrzunehmen, was auch immer auftaucht, wissen wir, daß alles, was sich zeigt, nur von uns stammen kann.

Mit fortschreitender Übung wird die Reinigung immer tiefer, bis schließlich Fragmente aufzutauchen beginnen, die aus unseren früheren Leben stammen. Auch diese sind manchmal so zusammenhängend, daß wir die ursprünglichen historischen Umstände erkennen können; aber das ist nicht immer der Fall. Manchmal werden wir einfach mit Erfahrungen oder Urgefühlen konfrontiert, die nicht zu unserem gegenwärtigen Leben gehören. In solchen Zeiten der intensiven Reinigung kann der Feldeffekt ausgelöst werden. Das geschieht besonders dann, wenn die in der Meditation auftauchenden Elemente wesentliche Themen in unserem gegenwärtigen karmischen Skript darstellen.

Der in der Vipassanā-Meditation in Gang gesetzte Läuterungsprozeß ähnelt in mancher Hinsicht dem Vorgang, der sich in der Reinkarnationstherapie abspielt. Wenn auch beide auf verschiedene Weise Zugang zu den Archiven unseres Bewußtseins suchen, decken sie doch beide Karma aus früheren Lebenszyklen auf. Der karmische Zyklus wird auf der geistigen Seite der Feedback-Schleife unterbrochen, und Karma wird «verbrannt». Langsam klärt sich unser Energiefeld. Unsere transzendente Natur wird Stück für Stück freigelegt, wobei wir gelegentlich in ihre Weiten hineingezogen werden und Einblick erhalten in das, was uns erwartet, wenn die Reinigung abgeschlossen ist.

Auch im Christentum hat es stets eine meditative Tradition gegeben, aber die Hauptströmung des Christentums hat immer eine andere Form der spirituellen Praxis betont: die Agape. Die Ethik der Agape postuliert die radikale Gleich-Achtung, die alle Menschen als gleichwertige Mitglieder einer Familie betrachtet und uns auffordert, unsere Mitmenschen nicht nach dem «Wie du mir, so ich dir»-Schema zu behandeln, sondern nach einer höheren Ethik, um so auch die Liebe deutlich zu machen, die Gott ihnen entgegenbringt. Wir sollen sogar unsere Feinde lieben und jenen vergeben, die uns verletzen. Wir sollen uns der «Witwen und Waisen» annehmen, also all jener Mitglieder der Gesellschaft, die niemanden haben, der sich um sie kümmert. So zeigen wir, daß wir Gott als die Quelle allen Lebens anerkennen und Jesus als den, der uns in seiner selbstaufopfernden Liebe Gottes wahre Natur vor Augen geführt hat.

Wenn wir dieser Ethik folgen, so greifen wir damit stark in die physische Seite unseres karmischen Zyklus ein, denn wir neutralisieren damit die karmischen Schleifen, die uns im täglichen Leben zu schaffen machen. Indem wir uns weigern, jenen, die uns grob und ungerecht behandeln, die uns manipulieren und ausbeuten, mit gleicher Münze heimzuzahlen, weigern wir uns gleichzeitig, diese negativen karmischen Zyklen in unserem Leben zu verstärken. Wenn wir auf die Ungerechtigkeiten mit Mitgefühl und Vergebung reagieren, die in der Überzeugung gründen, daß die Liebe allem äußeren Anschein zum Trotz die höchste Kraft im Universum ist, dann verwandeln wir täglich schlechtes Karma in gutes. Wenn wir die Geisteshaltung der Vergebung und der Liebe täglich im Gebet verstärken, lösen wir sogar noch mehr negatives Karma auf.

Vergebung ist eine sehr wirkungsvolle Methode, unser Leben von Karma zu befreien. Wer ehrlich vergibt, übt damit große Macht und Kontrolle über sein Schicksal aus. Vielleicht ist das der Grund, weshalb folgende Maxime in den Religionen der Welt so verbreitet ist: «Vergib uns unsere Schuld, wie auch wir vergeben unseren Schuldigern.» – «Richtet nicht, damit ihr nicht gerichtet werdet.» Auf allen Kontinenten ist es zu hören: So wie ihr vergebt, so wird auch euch vergeben werden. Oft geht es bei dem, was wir anderen geben sollen, um die gleichen Verfehlungen, die wir auch bei uns erkannt haben, denn auch hier wirkt sich der Feldeffekt aus.

Manche religiösen Praktiken lösen den Feldeffekt aus, ohne daß wir es bemerken. Das gilt für manche Gebete ebenso wie für die Praxis positiver Affirmationen. Wenn wir im Gebet um Vergebung für einen bestimmten Charakterfehler oder um Befreiung davon bitten, oder wenn wir durch positive Affirmationen eine diesem Fehler entgegenwirkende Eigenschaft zu entwickeln suchen, dann kann es sein, daß wir uns unversehens in der Gesellschaft eines Menschen wiederfinden, der mit ebender Unzulänglichkeit geschlagen ist, die wir bei uns selbst zu überwinden suchen. Wenn wir jetzt nicht zwei und zwei zusammenzählen, kann es geschehen, daß die Chance, die sich uns bietet, unbemerkt verstreicht. Wir erhalten hier nämlich die Gelegenheit, unsere Bitte dadurch erfüllt zu bekommen, daß wir unseren Fehler bei einem anderen Menschen vergeben. Indem wir einem anderen verzeihen, daß er uns in der gleichen Weise verletzt wie wir oft genug andere verletzt haben, lösen wir ein Stück Karma auf und entfernen es aus unserem System. Sollten wir es jedoch versäumen, die Vergebung, die wir für uns selbst wünschen, anderen zuteil werden zu lassen, so werden wir in einer Sackgasse steckenbleiben.

Die hier wirkenden geistigen Mechanismen sind subtil, aber im Grunde ganz einfach. Unsere Bitte ist ernst genommen worden. Um Vergebung zu erfahren, müssen wir selbst vergeben. Das Gesetz der Wechselseitigkeit wirkt mit strenger Präzision. Das Universum besteht auf unbedingter Parität. Seine Barmherzigkeit zeigt sich indessen in der Tatsache, daß es uns niemals verloren gibt. Es wiederholt die Lektionen, die wir zu lernen haben, so lange, bis wir den Widerstand gegen die kosmischen Prozesse, deren Teil wir sind, aufgeben. Sobald wir das tun, erfahren wir die ungewöhnliche Güte und das Wohlwollen, die hinter all dem Schmerz, den wir von anderen zu erleiden hatten, verborgen sind.

Schlußüberlegungen

Für alle, die sich auf intensive therapeutische Arbeit einlassen, ist es wichtig, den Feldeffekt zu verstehen und aufzuspüren. In der heutigen Zeit, wo wirkungsvolle therapeutische Interventionen an Bedeutung zunehmen, ist zu erwarten, daß im Laufe der Zeit immer mehr Menschen diese komplizierte Wechselwirkung zwischen der inneren und der äußeren Welt erfahren werden. Der Feldeffekt räumt auf mit der Illusion, daß zwischen dem, was in der Praxis des Therapeuten geschieht, und dem, was sich in der Welt draußen abspielt, eine klare Grenze gezogen werden könnte. Wer auf seiner spirituellen Reise bis zu dieser tiefen Ebene der Psyche vordringt, der findet sich im Leben oft in einer Welt wieder, die voll ist von Chancen und bedeutungsvollen Ereignissen. Nur wenn wir die natürlichen Prozesse verstehen, die hinter diesen Ereignissen stehen, können wir in uns die Mitte und das Gleichgewicht finden, die wir brauchen, um mit ihnen umzugehen.

Aber auch für jene, die sich nicht mit so intensiven Methoden um ihr persönliches Wachstum bemühen, ist der Feldeffekt von Bedeutung, zeigt er doch die Dynamik, die dem Netz des Lebens zugrunde liegt, die Wechselwirkung zwischen unseren inneren Entscheidungen und den äußeren Umständen. Er wirft Schlaglichter auf einen Zusammenhang, der in seiner Wirkungsweise so subtil ist, daß er sich gewöhnlich der Beobachtung entzieht. Er erinnert uns daran, daß wir uns immer in einem lebendigen Energiefeld befinden, das auf unsere Entscheidungen antwortet. Wenn wir dem Fluß der Ereignisse begegnen, die uns als lebendiges Netz umgeben, wird aus dem Leben ein Spiel von Wirkung und Gegenwirkung, und jeder von uns wird zu einem mächtigen Spieler, der die Ereignisse auf dem Brett lenkt. Wenn man das Leben als bewußtes Spiel der persönlichen Entwicklung begreift, wird es zum Sport von Königen und Königinnen.

Und schließlich: Wenn wir begreifen, daß unsere innere und äußere Welt zusammenwirken, um unsere geistige Entwicklung zu garantieren, dann erkennen wir, daß es sich bei der christlichen Liebe im Sinne der Agape und der buddhistischen Vipassanā-Meditation um komplementäre spirituelle Praktiken handelt. Beide unterbrechen den Zyklus des Karma, wenn auch jede an einer anderen Stelle. Wenn es die Reinkarnation gibt, dann geht jeder, der dem von Jesus gelehrten ethischen Kodex folgt, demselben spirituellen Ziel entgegen wie derjenige, der die Meditationspraktiken ausübt, die Buddha gelehrt hat. Es sind zwei Wege. Aber sie führen auf denselben Berg.

Nachwort

Wenn es die Reinkarnation gibt, dann handelt es sich um eine Lebenstatsache, die älter ist als alle heute existierenden Religionen. Das läßt vermuten, daß die meisten von uns, lange bevor Jesus, Lao-tzu oder Buddha lebten, schon eine geistige Entwicklung durch wiederholte Erdenleben hinter sich hatten, die sich über Tausende von Jahren erstreckte. Die Reinkarnation ist Teil eines Entwicklungsprozesses, der älter und in gewisser Hinsicht fundamentaler ist als jede Religion der Welt. Das führt zu einer provozierenden Frage. Wenn die Wiedergeburt und die von ihr gewährleistete spirituelle Entwicklung seit prähistorischer Zeit zu den Lebenstatsachen gehören, was haben dann eigentlich die großen geistigen Lehrer Neues gebracht?

Ich denke, die Antwort ist, daß sie unser Bewußtsein geschärft und uns dadurch geholfen haben, unsere Kräfte souveräner einzusetzen. Ich will hier nicht weiter darauf eingehen, wie die modernen Weltreligionen entstanden sind und welche besondere Rolle ihre jeweiligen Gründer dabei gespielt haben; aber ich denke, diese Glaubenssysteme haben die Aufgabe gehabt, uns durch den auf Karma und Wiedergeburt beruhenden Evolutionsprozeß als Ganzes hindurchzuführen. Dabei ist es nicht so wichtig, ob sie ausdrücklich die Reinkarnation gelehrt haben. Worauf es ankommt, ist, daß die Lehren, die in den Tempeln, Kirchen und Synagogen der ganzen Welt verkündet wurden, uns die Mittel zu unserer persönlichen Fortentwicklung an die Hand gegeben und so allmählich die Bahn der kollektiven Entwicklung der Menschheit verändert haben.

Es ist eine weitverbreitete Volksweisheit, daß «Erfahrung der beste Lehrmeister» ist, und die meisten Menschen werden gewiß der Ansicht zustimmen, daß man nichts so sicher weiß wie das, was man selbst erfahren hat. Wenn das Leben der beste Lehrer ist, dann können wir die Lehren der großen spirituellen Meister als Hinweise betrachten, wie wir vom Leben lernen sollen. Sie haben uns übereinstimmend versichert, daß wir weiterleben, wenn wir die Erde verlassen, und daß unsere irdische Existenz in mancher Hinsicht eine Prüfung oder ein Test ist. Immer wieder haben sie betont, daß wir geborgen sind und daß wir, auch wenn noch so viel dagegen spricht, von der Quelle des Seins selbst geliebt und genährt werden. Und sie haben uns weiter gezeigt, wie wir den Herausforderungen, denen wir uns im Leben ausgesetzt sehen, am besten begegnen können. Es gibt keinen schnelleren Weg als die Erziehung in der irdischen Schule, aber es gibt Haltungen und Werte, die den Lernprozeß beschleunigen und erleichtern können.

Die Religionen der Welt zeigen in ihrer Ethik erstaunliche Übereinstimmung. Die fundamentalen Werte wie Erbarmen, Fair play und Versöhnlichkeit sind auf der ganzen Welt anerkannt. Wir werden angehalten, allem, was uns widerfährt, mit Gleichmut und Nachsicht zu begegnen. Im Umgang miteinander sollen wir uns stets an die Goldene Regel halten. Wenn wir diesem Prinzip der Gleich-Achtung folgen, durchbrechen wir die Zyklen des Karma, die seit unvordenklichen Zeiten unser Leben bestimmt haben. Wenn wir unsere Mitmenschen so behandeln, wie wir selbst behandelt werden möchten, und Böses nicht mit Bösem vergelten, dann gleichen wir die Fehler der Vergangenheit aus und schärfen unser Bewußtsein für die grundlegende Einheit des Lebens. Vor allem sollten wir wissen, daß wir geborgen sind, daß keine Macht uns auf Dauer von der Quelle unseres Lebens trennen kann und daß die Härten des Lebens letztlich zu unserem Vorteil sind.

Der eigentliche Sinn des menschlichen Daseins liegt im spirituellen Wachstum. Wir sind in die irdische Schule hineingeboren, um zu lernen und zu wachsen. Aber es gibt verschiedene Wege durch die Schule. Der langsamste besteht darin, passiv seinem Karma zu folgen, während es sich träge Tal für Tal seinem Ziel entgegenschlängelt. Ein gewisser Fortschritt ist immer gewährleistet, aber je weniger wir uns der Spielregeln bewußt sind, desto langsamer kommen wir voran. Indem wir uns über die dem Prozeß zugrundeliegenden kausalen Gesetze klarwerden, werden wir zunehmend fähig, unsere Entscheidungen auf Einsicht zu gründen, und so kommen wir schneller und ungehinderter voran. Seit über zweitausend Jahren lehren die spirituellen Traditionen der Welt uns diese fundamentalen Prinzipien und geben uns damit die Mittel, die wir brauchen, um dem Labyrinth unserer Konditionierung zu entkommen, das unsere wahre Natur in eine Reihe aufeinanderfolgender Körper/Geist-Identitäten eingesperrt hat.

Aber das ist noch nicht alles, was die großen Religionen zur geistigen Entwicklung der Gattung beigetragen haben. Die esoterischen Strömungen dieser Traditionen haben zahlreiche Praktiken entwickelt, die unsere Dekonditionierung weiter beschleunigen und so unsere Befreiung von den durch die körperliche Existenz bedingten Illusionen vorantreiben können. Solche Praktiken sind zum Beispiel ein einfacher Lebensstil, Fasten, ausgedehnte Schweigeperioden, Gruppengesang, Meditation, verschiedene Atem- und Körperübungen usw. Ohne die Bedeutung der unterschiedlichen Wirkungen zu schmälern, die diese verschiedenen Praktiken auf Körper und Seele ausüben, läßt sich sagen, daß sie insgesamt eine Beschleunigung der Entwicklung zur Folge haben, die sich bei bloßer Befolgung moralischer Lebensprinzipien langsamer vollziehen würde. Je fortgeschrittener die von uns ausgeübten Praktiken sind und je konsequenter wir sie in unser Leben integrieren, desto schneller kommen wir voran. Letztlich läuft alles auf die Frage hinaus, wie bewußt wir sein wollen und wie aggressiv wir unsere Entwicklung vorantreiben wollen. Die intensivste Form spiritueller Praxis liegt im Grunde darin, ganz im Jetzt zu leben und sich in jedem Moment voll des sich um uns herum und durch uns entfaltenden Lebens bewußt zu sein. Das Jetzt ist zugleich das Mittel und der Zweck unseres Erwachens.

Zwei Bemerkungen zum Schluß. Erstens: Obwohl die Religionen uns eine bewußtere Teilnahme an unserer eigenen Entwicklung ermöglichen können, ist es klar, daß sie das spirituelle Wachstum nicht für sich gepachtet haben. Wir leben auf der Erde, um zu wachsen, und dieses Wachstum geschieht unweigerlich, ob wir einer Religion angehören oder nicht, von einer bestimmten Glaubensrichtung gar nicht zu reden. Die Religionen sind nicht die einzigen Institutionen, die diesen Entwicklungsprozeß gefördert haben, und wir müssen zugeben, daß es zuweilen scheinen konnte, als setzten sie eher alles daran, ihn zu behindern. Die Geschichte des Scheiterns der Religionen ist nur allzu bekannt. Auch sie sind, wie alle geschichtlichen Institutionen, den Zyklen von Verfall und Erneuerung unterworfen. Nichtsdestoweniger haben sie die gesamte Menschheit beeinflußt und bedeutende Wahrheiten bewahrt, die sonst hätten verlorengehen können.

Zweitens: Jedes Stadium menschlichen Wachstums hat, auch wenn wir die spirituelle Reise gern von ihrem Ziel her beschreiben, Anteil an unserer spirituellen Entwicklung. Wenn jemand davon spricht, daß er einen «spirituellen Weg» beschritten hat, so kennzeichnet er damit nur den Punkt, an dem er sich für den spirituellen Weg, den er immer schon gegangen ist, bewußt entschieden hat. Das ist ein bedeutender Wendepunkt auf der Reise, aber es ist nicht ihr Beginn. Um unser persönliches Leben steht es nicht anders als um den Planeten als Ganzes: Wir befinden uns seit Milliarden Jahren auf dem Weg. Nur erwachen wir erst jetzt zum Bewußtsein dieses Weges. Bei den Themen, die in der Endphase der Reise wichtig werden, geht es darum, unsere wesensmäßige Gottgleichheit wiederzugewinnen und zu lernen, Vereinzelung und Ganzheit miteinander zu versöhnen. Aber vorher hat es schon viele andere Themen gegeben, und alle waren sie wichtig.

Daher wagen wir – im Gegensatz zu der üblichen Vorstellung – die Feststellung, daß wir alle einer spirituellen Berufung folgen und nicht nur jene, die ein formelles Gelübde abgelegt haben. Unsere Anwesenheit auf der Erde beweist an sich schon, daß wir alle uns auf ein rigoroses spirituelles Trainingsprogramm eingelassen haben. Es gibt also keinen Menschen, der nicht unseren tiefsten Respekt verdienen würde.

Anhang
Reinkarnationslehre und Urchristentum

1. Die Reinkarnation im Neuen Testament

Es gibt eine Reihe von Stellen im Neuen Testament, aus denen man den Schluß ziehen könnte, daß manche der Juden, zu denen Jesus damals sprach, und sogar manche seiner Jünger Anhänger der Reinkarnationslehre gewesen sind. Wenn das stimmt, so wurde argumentiert, und wenn Jesus sich nicht die Mühe gemacht hat, diesen Glauben zurückzuweisen, wäre es dann nicht möglich, daß Jesus selbst die Reinkarnation akzeptiert hat? Wenn er sie nicht gelehrt hat, könnte das einfach daran liegen, daß er annehmen konnte, daß seine Anhänger sowieso daran glaubten? Als Jesus zum Beispiel seine Jünger fragte: «Für wen halten die Leute den Menschensohn?» da antworteten sie: «Einige halten dich für Johannes den Täufer, andere für Elija, und wieder andere meinen, du seist Jeremia oder sonst einer von den Propheten» (Mt. 16,13). (Vergleiche die Parallelstellen bei Mk. 8,27–28 und Lk. 9,18–19.) In diesem Zusammenhang ist argumentiert worden: Wenn die Leute die Wiederkehr eines der Propheten als Menschensohn erwarteten, dann muß man annehmen, daß sie an die Reinkarnation geglaubt haben, denn wie sonst könnte ein toter Prophet auf die Erde zurückkehren?

Dieses Argument greift jedoch nur, wenn man als sicher annimmt, daß die Leute sich den «Menschensohn» als menschliches Wesen vorstellten, das auf eine Wiedergeburt als Mensch angewiesen war. So wird die Titulierung von der christlichen

Theologie meist interpretiert. Es wäre aber ein Anachronismus anzunehmen, daß auch die Juden zur Zeit Jesu unbedingt so gedacht haben. Zur Zeit Jesu stellte man sich den Menschensohn oft gar nicht als Menschen vor, sondern als Engelsgestalt, die bei Gottes letztem Eingreifen in die Geschichte zugegen ist. Die Gestalt ist dem siebten Kapitel des Buches Daniel entnommen und kehrt auf vielfältige Weise in der intertestamentarischen Literatur wieder (Werke, die zwischen dem Alten und dem Neuen Testament geschrieben wurden). Angesichts dieses komplexen Hintergrundes haben wir kein Recht zu der Annahme, die in Mt. 16 erwähnten Leute hätten sich den Menschensohn unbedingt als menschliches Wesen vorgestellt und dürfen daher auch nicht annehmen, sie hätten reinkarnationistisch gedacht.

Eine zweite Gruppe von Bibelstellen betrifft Johannes den Täufer und zeigt den unter den Juden weitverbreiteten Glauben, der Prophet Elija würde als Vorläufer des Messias wiederkehren. In diesen Passagen behauptet Jesus entweder direkt oder indirekt, Johannes der Täufer sei Elija, womit die Prophezeiung erfüllt sei (Mt. 11,2–15; Mt. 17,10–13; Mk. 9,9–13). Wenn Jesus die Vorstellung akzeptierte, daß Johannes der Täufer der wiedergekehrte Elija war, und wenn Johannes «von einer Frau geboren» wurde, wie Lk. 1,13–17 zu entnehmen ist, würde das nicht bedeuten, daß Jesus selbst reinkarnationistisch dachte?

Das Problem ist hier nur, daß diese Stellen historisch nicht gesichert sind. Viele Bibelforscher bezweifeln, daß sie auf tatsächliche Äußerungen des historischen Jesus zurückgehen. Sie scheinen eher aus einer späteren Zeit zu stammen, als die Jünger Jesu mit denen des Johannes um die gleiche Anhängerschaft stritten. Indem die frühen Christen Johannes auf den Platz eines Vorläufers verwiesen, sicherten sie gleichzeitig Jesus die Vorherrschaft, wobei sie sich noch dazu auf die Erfüllung einer alten Prophezeiung berufen konnten. Obwohl diese Passagen also erst entstanden, als Jesus schon gestorben war, wurden sie ihm viele Jahre nach seinem Tod bei der Abfassung der Evangelien in den Mund gelegt.

Die gleichen historischen Zweifel sind gegenüber anderen Stellen anzumelden, die zuweilen als Beleg für einen möglichen Glauben Jesu an die Reinkarnation angeführt werden. Joh. 10,15b–18a sagt Jesus zum Beispiel:

> Ich bin bereit, für sie [meine Schafe] zu sterben. Ich habe noch andere Schafe, die nicht zu diesem Schafstall gehören; auch die muß ich herbeibringen. Sie werden auf meine Stimme hören, und alle werden in einer Herde unter einem Hirten vereint sein. Der Vater liebt mich, weil ich bereit bin, mein Leben zu opfern, um es aufs neue zu erhalten. Niemand kann mir das Leben nehmen. Ich gebe es aus freiem Entschluß. Es steht in meiner Macht, es zu geben, und auch, es wieder an mich zu nehmen.

Wollte Jesus damit sagen, daß er sich mehr als einmal im Laufe der Geschichte inkarniert hatte, um außer den Juden auch noch anderen Menschen Heil zu bringen? Das ist möglich, wenn auch meiner Ansicht nach nicht sehr wahrscheinlich. Selbst wenn Jesus diese Worte wirklich gesprochen hätte, so wäre mit der Macht, sein Leben «wieder an sich zu nehmen» höchstwahrscheinlich die Auferstehung gemeint, und die «anderen Schafe» sind wohl die Heiden, denen das Evangelium erst nach den Pfingstereignissen gepredigt werden würde.

Ebenso ist eine sinnvolle Interpretation von Joh. 8,56–68, wo Jesus sich gegen den höhnischen Vorwurf wehrt, er wolle sich über Abraham stellen, nicht auf die Annahme angewiesen, Jesus hätte reinkarnationistisch gedacht. Er sagt dort:

> «Euer Vater Abraham freute sich darüber, daß er mein Kommen erleben sollte. Er erlebte es und war glücklich.» Da sagten sie [die Juden] zu ihm: «Du bist noch keine fünfzig Jahre alt und willst Abraham gesehen haben?» Jesus erwi-

derte: «Ich versichere euch, bevor Abraham geboren wurde, war ich schon da.»

Wenn diese Stelle historisch zuverlässig ist, was ich vermute, sollte sie als Hinweis Jesu auf seinen präexistenten göttlichen Status verstanden werden, nicht als Anspielung auf ein früheres Leben.

Wie ich es sehe, kranken diese Versuche, der Reinkarnation einen Platz in der Zeit und in der Lehre Jesu einzuräumen, an zweierlei. Erstens berufen sie sich auf das Neue Testament, ohne gewisse Entwicklungen in der Bibelforschung im Laufe der letzten hundert Jahre gebührend zu berücksichtigen. In dieser Zeit haben wir gelernt, daß die Evangelien erst niedergeschrieben wurden, als Jesus schon geraume Zeit tot war (zwischen vierzig und achtzig Jahre), und daß sie zudem nicht von Augenzeugen des Wirkens Jesu stammen. Die altehrwürdige Anschauung, nach der die Evangelien von den Jüngern Jesu selbst verfaßt wurden, hält der textkritischen Forschung nicht stand. Offenbar haben sich weder die Jünger Jesu selbst noch irgendwelche anderen Christen der ersten Generation die Mühe gemacht, die Lehren Jesu niederzuschreiben, wahrscheinlich weil sie glaubten, Jesus würde in naher Zukunft, und zwar sicher noch zu ihren Lebzeiten, zur Erde zurückkehren. (Diese Erwartung scheint unter den frühen Christen weit verbreitet gewesen zu sein und ist aus den frühen Paulusbriefen – besonders 1. Thess. 4,13–18 und 1. Korinth. 7, die aus den Jahren 51 bzw. 54/55 n. Chr. stammen – deutlich abzulesen.) Für sie hatte es offensichtlich wenig Sinn, die Lehre Jesu dauerhaft zu fixieren, wo er doch schon bald wieder selbst unter ihnen sein würde. Erst der Tod der ersten Generation von Gläubigen und der Schock über den Verlust der Jerusalemer Gemeinde nach der Eroberung der Stadt durch Titus 70 n. Chr. zwangen die Christen, diese Erwartungen aufzugeben und mit der schriftlichen Sammlung ihrer bis dato nur mündlichen Überlieferungen zu beginnen.

Die in den Evangelien enthaltenen Informationen wurden also viele Jahre lang mündlich weitergegeben, bevor sie von den Christen der zweiten Generation zusammengefaßt und aufgeschrieben wurden. Während dieser mündlichen Phase und selbst noch bei der schriftlichen Abfassung wurde das Material vielfach ergänzt und verändert. Vom historischen Standpunkt aus wäre es also naiv anzunehmen, daß jede angebliche Äußerung aus dem Munde Jesu in den Evangelien vom historischen Jesus tatsächlich so getan wurde. Aber genau das tun jene, die aus einzelnen Stellen reinkarnationistische Schlüsse ziehen. Sehr oft sind die zitierten Aussagen solche, an deren Authentizität die Historiker berechtigte Zweifel haben und die zu einem späteren Zeitpunkt dem wachsenden Kanon von Geschichten über Jesus hinzugefügt wurden.

Der zweite Grund, weshalb es problematisch ist anzunehmen, Jesus hätte an Reinkarnation geglaubt, ist dieser: Warum wird sie dann in den Evangelien nirgendwo konkret erwähnt? Warum haben wir nur diese indirekten, verschleierten Anspielungen auf eine derartig grundlegende und wichtige Frage? Wenn Jesus die Reinkarnation gelehrt hat, wäre gewiß zu erwarten, daß die Evangelien sich ausdrücklich damit auseinandersetzen. Es ist natürlich durchaus denkbar, daß alle Anspielungen auf die Reinkarnation systematisch getilgt worden sind, aber für diese Vermutung gibt es bislang keinerlei überzeugende Beweise. Manche haben als Möglichkeit auch vorgeschlagen, Jesus hätte sich mit seiner Lehre an verschiedene Zuhörerkreise gewandt, und die Aufzeichnungen des Neuen Testaments enthielten nur die Lehre für einen dieser Zuhörerkreise, während die Reinkarnation zu der esoterischen Lehre gehört hätte, die nur einem ausgewählten Publikum zuteil geworden wäre. Haben wir dieses zweite Publikum durch die bei Nag Hammadi gefundenen Texte endlich gefunden?

2. *Die Reinkarnation im frühen Christentum*

Die in Nag Hammadi 1945 entdeckten 52 Texte beschreiben eine Form des Christentums, die sich von der im Neuen Testament überlieferten unterscheidet. Die Glaubensvorstellungen dieser Christen, die von den Wissenschaftlern als «gnostische Christen» bezeichnet werden, sind einer breiteren Öffentlichkeit erst durch Elaine Pagels' vielgelesenes Buch *Versuchung durch Erkenntnis. Die gnostischen Evangelien* bekannt geworden.

Nach Professor Pagels' Interpretation der Quellen war das gnostische Christentum eine mystisch orientierte Variante der christlichen Lehre, die besonderen Wert auf die direkte Erfahrung des in jedem von uns wohnenden Gottes legte. Es war weniger eine formelle Lehre als vielmehr eine Denkweise, die die ersten Jahrhunderte der christlichen Ära durchzog und sogar die Evangelien selbst, besonders das Johannesevangelium, beeinflußte. Die Gnostiker betonten die transformative Wirkung dieses inneren Wissens, der *Gnosis*, an Stelle des sakramental vermittelten Heils.

Die Gnosis unterschied sich noch in einer Reihe weiterer Punkte von dem, was schließlich zum orthodoxen Christentum wurde. Sie lehrte, Gott sei sowohl männlich als auch weiblich und sprach offen von «Gott, der Mutter.» Dementsprechend betrachteten die Gnostiker die Frau als gleichberechtigt und verwehrten ihr nicht den Zugang zu verantwortlichen Stellungen in der Gemeinschaft. Da sie demokratische politische Strukturen den hierarchischen vorzogen, machten sie auch keinen Unterschied zwischen Laien und Klerus. Und schließlich scheinen die gnostischen Christen auch an die Reinkarnation geglaubt zu haben. Sie lehrten nicht nur die Präexistenz der Seele, sondern auch deren Wiedergeburt in einer Reihe von Inkarnationen nach den karmischen Gesetzen von Ursache und Wirkung. So lehrt Jesus zum Beispiel in dem gnostischen Text *Pistis Sophia* (Glaubensweisheit) seine Jünger, wie die Verfehlungen in einem Leben auf das nächste übertragen werden. Ein Mensch, der in einem Leben andere verflucht, wird in seinem neuen Leben «immer im Herzen bedrängt» sein. Eine arrogante, anmaßende Persönlichkeit könnte sich in einem mißgestalteten Körper wiederfinden und so die Verachtung der anderen erfahren, usw. «Ideen, die wir mit östlichen Religionen in Verbindungen bringen» tauchten, wie Professor Pagels bemerkt, «durch die gnostische Bewegung im 1. Jahrhundert im Westen auf, aber sie wurden von Polemikern wie Irenäus unterdrückt und verurteilt».

Das gnostische Christentum wurde von der ekklesiastischen Kirche im 2. Jahrhundert als häretisch verurteilt und mit Unterstützung von Kaiser Konstantin im 4. Jahrhundert verfolgt. Diese Versuche, die gnostische Bewegung mundtot zu machen, waren so erfolgreich, daß wir vor der Entdeckung der Texte von Nag Hammadi nur aus feindlichen orthodoxen Quellen von ihr wußten. Die Orthodoxie war der Ansicht, die Gnostiker verfälschten das wahre Evangelium durch fremdes Gedankengut aus nichtchristlichen Quellen, doch die Texte von Nag Hammadi zeigen klar, daß die Gnostiker selbst sich als wahre Christen verstanden, die eine sich auf Jesus berufende Tradition am Leben erhielten.

Haben die gnostischen Christen Aspekte der Lehre Jesu bewahrt, die anderen Formen des Christentums entgangen sind? Stellen die Dokumente von Nag Hammadi eine längst verloren geglaubte Quelle dar, die schließlich dafür sorgen wird, daß die Reinkarnation wieder in die Lehre des historischen Jesus eingeführt wird? Oder ist das vom Neuen Testament gezeichnete, ohne die Reinkarnation auskommende Bild Jesu authentischer? Die historischen Fragen sind schwierig und bislang ungelöst. Die Möglichkeiten sind faszinierend, aber es ist noch kein endgültiges Urteil gefällt. Ich kann nur sagen, daß mir keine überzeugenden historischen Argumente bekannt sind, die beweisen würden, daß die das gnostische Christentum kennzeichnenden Glaubensvorstellungen zuverlässig dem historischen Jesus zugeschrieben werden könnten.

Eines ist jedoch klar. Die Gnostik läßt sich nicht länger als häretische Irrlehre des 2. Jahrhunderts abtun, sondern muß als eine verbreitete Weltanschauung betrachtet werden, auf deren Boden die Lehre Jesu, zumindest zeitweilig, gedieh. Als das nichtgnostische Christentum politisch die Oberhand gewann, wurden andere Richtungen, die ursprünglich durchaus ebenbürtige Ausdrucksformen des christlichen Glaubens gewesen sein könnten, systematisch unterdrückt. Pagels schreibt:

> Aber der Etablierungsprozeß der Orthodoxie hat jede andere Option zunichte gemacht. Daß der Gnostizismus, der Alternativen zu dem geboten hatte, was später der Hauptschub der christlichen Orthodoxie werden sollte, aus der christlichen Tradition hinausgedrängt wurde, hat sie ärmer gemacht. Die Anliegen der gnostischen Christen überdauerten nur als verdrängte Strömung, wie ein in den Untergrund verlegter Fluß.

Was auch immer Jesus gelehrt haben mag, die Literatur von Nag Hammadi zeigt, daß die Reinkarnationsvorstellung im frühen Christentum durchaus präsent war. Schon allein das ist eine bedeutungsvolle Entdeckung.

Dank

Ein Buch ist nie das Werk eines einzelnen. Das gilt wohl besonders für ein Erstlingswerk, und so möchte ich einigen unter den vielen, die direkt oder indirekt zu diesem Buch beigetragen haben, meinen Dank aussprechen.

An erster Stelle sind da meine Studenten zu nennen, denn im Gespräch mit ihnen sind die Gedanken, die hier vorgetragen werden, erst entwickelt worden. Ohne ihre Fragen und ihre Bereitschaft, ihr Leben mit ganz neuen Augen anzusehen, wäre dieses Buch nie geschrieben worden.

Kaum weniger bedeutungsvoll ist der Beitrag meiner Frau Carol, die meine häuslichen Pflichten mit übernommen hat, während ich meine Zeit am Computer verbrachte, und die jedes Kapitel mit ihrem scharfen Lektorenblick geprüft hat. Aber vor allem war sie mir in allem eine treue Begleiterin. Ich möchte auch meinem Bruder und seiner Frau, Bill und Gayle Bache, für die Begeisterung danken, mit der sich mich unterstützt haben, als das Buch noch in den Kinderschuhen steckte und sein Verfasser besonders verletzlich auf Kritik reagierte. Durch ihre Augen konnte ich mich zum ersten Mal als Autor sehen, und ihr Blick war freundlich.

Das Buch konnte nur geschrieben werden, weil ich von meinen Lehrverpflichtungen an der Youngstown State University freigestellt war, und ich möchte mich außerdem bei mehreren Mitarbeitern an der Universität bedanken, die meine Arbeit auf die eine oder andere Weise unterstützt haben. David Cliness hat außer einigen der hier vorgetragenen Gedanken noch etwas beigesteuert, was für mich persönlich von unvergleichlichem Wert ist: Er gab mir Gelegenheit, die Tiefen meiner Vergangenheit zu erkunden. Bei meinen Ausführungen über die philosophischen Implikationen der Reinkarnationstherapie konnte ich mich auf seine jahrelange klinische Erfahrung stützen. Der Direktor unserer Abteilung, Thomas Shipka, hat einen Teil des Manuskripts gelesen und mich, obwohl er meine Begeisterung für den Gedanken der Reinkarnation nicht teilen konnte, administrativ und moralisch sehr unterstützt. Wer den Universitätsbetrieb kennt, der weiß, daß umstrittene Forschungsprojekte nicht immer mit einer so unparteiischen Behandlung rechnen können. Um so mehr möchte ich ihm danken. Martin Greenman (1917–1989) war ein lieber Freund und Kollege, mit dem ich viele Stunden lang über Reinkarnation und damit zusammenhängende Themen gesprochen habe. Martin war an der YSU als freimütiger Anwalt des Gedankens der Wiedergeburt bekannt, und wenn er auch die Veröffentlichung meines Buches nicht mehr erleben konnte, so hat er doch dessen Anfangsstadien intensiv begleitet. Schließlich ist der University Research Council zu nennen, der sowohl meine Studienreisen als auch die Vorarbeiten zur Drucklegung des Manuskripts finanziell unterstützt hat.

Ich möchte mich auch bei Andy DeSalvo, meinem Lektor beim Verlag Paragon House, und bei John White, dem Herausgeber der Omega Series, bedanken, deren zahlreiche Verbesserungsvorschläge dem Manuskript nur gutgetan haben.

Mein letzter Dank gilt meinem treuen Computer, der mich nie im Stich gelassen und vom ersten bis zum letzten Augenblick nie auch nur ein kostbares Byte verloren hat. Wenn Sie jemals mitten in der Arbeit an einem größeren Projekt einen Head Crash erlebt haben, werden Sie verstehen, warum ich das nicht unerwähnt lassen möchte.

Anmerkungen

1. Kapitel

1 Die Schilderung von Romys Fall ist dem Buch *Die ewige Wiederkehr. Vom Sinn der Reinkarnation* von Joe Fisher entnommen.

2 Die vollständige Darstellung des Falles ist in *Reinkarnation*, S. 35 ff., nachzulesen.

3 Vor seinem ersten Besuch in Kosi Kalan war Prakash nie aus Chhata herausgekommen. Kosi Kalan (15 000 Einwohner) ist das wirtschaftliche Zentrum der Gegend und Chhata (9000 Einwohner) das Verwaltungszentrum. Beide Orte liegen an der Hauptverbindungsstraße zwischen Delhi und Mathura.

4 Bholanath Jain hatte diese vier Läden gehabt, als Nirmal noch lebte. Zu der Zeit, als Prakash seine Geschichten erzählte, waren zwei davon allerdings bereits verkauft worden. So wie hier ist noch mehrmals in diesem Fall zu beobachten, daß Veränderungen, die seit dem Tod der ersten Person eingetreten sind, vergessen wurden. Das ist ein wichtiges Moment bei der Entscheidung, ob es sich um einen echten Fall von Reinkarnation oder vielleicht um außersinnliche Wahrnehmung handelt.

5 Prakash hielt Memo fälschlicherweise für seine Schwester Vimla. Memo war erst nach Nirmals Tod geboren worden. Aber als Prakash Memo 1961 traf, war sie ungefähr so alt wie Vimla zur Zeit von Nirmals Tod gewesen war.

6 Zwei der von Prakash identifizierten Frauen waren in *Purdah*. Frauen, die sich an die entsprechenden Vorschriften halten, ziehen sich von den Blicken der Öffentlichkeit in besonders abgeschiedene Räume zurück und verhüllen beim Ausgehen das Gesicht durch einen Schleier. Sie zeigen sich nur ihrem Mann, ihren Kindern und nahen weiblichen Angehörigen. Daher sind ihre Gesichtszüge Fremden unbekannt, so daß es für jemanden, der nicht dem engsten Familienkreis angehört, praktisch unmöglich wäre, diese Frauen zu erkennen.

7 Es ist typisch für solche Fälle, daß die Kinder die Erinnerung an frühere Leben verlieren, wenn sie heranwachsen. Die Erinnerungen verblassen einfach in dem Maße, in dem die Betreffenden sich mehr mit ihrem gegenwärtigen Leben identifizieren. Vgl. Stevenson, *Wiedergeburt. Kinder erinnern sich an frühere Erdenleben*, S. 136.

8 Alle Versuche, die Verantwortung für das Leid der Welt dem Teufel zuzuschieben, scheitern letztlich daran, daß der Teufel seine Existenz und Lebenskraft von Gott erhält und nur mit dem stillschweigenden Einverständnis Gottes handeln kann. Jeder Versuch, auf dem Weg über Adams Ursünde den Menschen dafür verantwortlich zu machen, scheitert an ähnlichen Überlegungen. Was wäre Gott für ein Schöpfer, wenn seine sorgfältig geplante Schöpfung schon die erste bedeutende Prüfung nicht bestünde? Nein, letztlich muß das Rätsel des Leidens gänzlich Gott zu Füßen gelegt werden.

9 Der Natur wohnt offenbar Intelligenz inne – ob wir diese nun einem intelligenten Schöpfer oder den sinnreichen Mechanismen der Evolution zuschreiben, ist dabei zweitrangig.

10 Ich nenne hier nur *Wiedergeburt – ein neuer Horizont in Wissenschaft, Religion und Gesellschaft* von Sylvia Cranston und Carey Williams.

11 Wir wissen aus der Wissenschaftsphilosophie, daß die Entdeckung außergewöhnlicher Daten als solche nie ausreicht, um einen umsichtigen Denker zur Aufgabe einer anerkannten Theorie zu bewegen. Wir werfen eine gutfunktionierende Theorie erst dann über Bord, wenn sich – zumindest in Umrissen – eine neue Theorie abzeichnet, die nicht nur all das, was auch die alte schon erklärt hatte, sondern noch dazu auch die neuen Daten erklärt. Und so verlangen wir auch, bevor wir bereit sind, unsere vertraute Auffassung vom Leben als eines einmaligen Ereignisses fahrenzulassen, mehr als bloß verläßliche Beweise für frühere Leben.

12 Eine übersichtliche Kurzdarstellung des Stellenwerts der Reinkarnationslehre im rabbinischen Judentum findet sich bei Cranston und Williams, *Wiedergeburt*, im zwölften Kapitel.

13 Siehe dazu Cranston und Williams, *Wiedergeburt*, und MacGregor, *Reinkarnation und Karma im Christentum*.

14 Die theologischen Meinungsverschiedenheiten zwischen der esoterischen und der exoterischen Seite ein und derselben Religion haben gelegentlich zu einem gespannten Verhältnis zwischen beiden geführt. Die westlichen Mystiker sind mit den potentiellen Diskrepanzen zwischen ihren persönlichen spirituellen Erfahrungen und der offiziellen Lehre auf unterschiedliche Weise umgegangen. Manche haben sich ganz einfach geweigert, eine Erfahrung, die nicht mit dem etablierten kirchlichen Dogma übereinstimmte, als real zu betrachten. So schrieb der berühmte Mystiker des 17. Jahrhunderts, der hl. Johannes vom Kreuz: «Da es also nicht mehr Glaubensgrundsätze gibt als die, die der Kirche schon offenbart wurden, muß nicht nur alles Neue [was man erlebt] zurückgewiesen werden, sondern es obliegt der Seele auch, vorsichtig zu sein und allen neuen Eindrücken, die darin enthalten sind, keine Beachtung zu schenken» *(Aufstieg zum Berg Karmel)*. Man fragt sich, was Johannes in seinen Verzückungen wohl gesehen haben mag, das er aus Achtung vor der orthodoxen Lehre lieber nicht erwähnt.

15 Diese Definition ist dem Buch von Huston Smith, *Beyond the Post-Modern Mind*, S. 114, entnommen. Ich bin Dr. Smith für viele der hier verwendeten Argu-

mente zu Dank verpflichtet. Wer eine ausführlichere Erörterung der Rolle der Wissenschaft bei der Entwicklung unserer gegenwärtigen metaphysischen Annahmen und eine knappe Erklärung für die Tatsache sucht, daß weder die Wissenschaft noch eine sich auf die Wissenschaft gründende Philosophie *je* eine adäquate Philosophie der menschlichen Existenz entwickeln kann, sollte dieses aufschlußreiche Buch lesen.

16 Ich bezeichne diese Weltanschauung als metaphysischen Naturalismus, um die Verwechslung des Naturalismus, wie er hier verstanden wird, mit anderen Theorien oder Bewegungen gleichen Namens zu vermeiden. So wird auch sichergestellt, daß die positiven Assoziationen, die wir mit dem Begriff «natürlich» verbinden, nicht fälschlich auf diese metaphysische Theorie des Weltaufbaus übertragen werden.

17 Die Wissenschaft kann jedoch zeigen – und hat das inzwischen auch getan –, daß gewisse Ereignisse, von denen man früher meinte, sie gehorchten nichtphysikalischen Gesetzen, in Wirklichkeit physikalischen Gesetzen unterliegen. So kann die Wissenschaft mit Recht unsere Ansicht von Form und Ausmaß der geistigen Reiche «zurechtstutzen».

18 *Transzendent* meint in diesem Zusammenhang «das was jenseits der normalen physikalischen Wirklichkeit liegt».

19 Man lese zum Beispiel Stanislav Grof, *Das Abenteuer der Selbstentdeckung*, Peter Francuch, *The Principles of Spiritual Hypnosis*, sowie Leonard Orr und Sandra Ray, *Bewußtes Atmen. Rebirthing.*

20 Bei näherer Betrachtung könnte sich herausstellen, daß wir uns den nichtphysikalischen Bereich am ehesten als eine hochverdünnte Form der Körperlichkeit vorzustellen haben. Andererseits läßt sich der physikalische Bereich möglicherweise am besten als eine grobe Form von nichtphysikalischem «Stoff» verstehen. Jedenfalls klingen manche Diskussionen unter Quantenphysikern ganz verdächtig nach einer solchen Deutung. Doch egal zu welchen theoretischen Subtilitäten es in Zukunft noch kommen mag, im Augenblick können wir diese Bereiche ganz einfach den Bereich des Physikalischen und den des Nichtphysikalischen nennen, ohne uns auf einen strengen metaphysischen Dualismus festzulegen. (Ich persönlich neige einem metaphysischen Monismus zu und betrachte diesen Dualismus als rein funktional und relativ.) Im folgenden benutze ich die Begriffe *nichtphysikalisch* und *spirituell (geistig)* im gleichen Sinn, ohne den zweiten Begriff dabei mit irgendwelchen zusätzlichen theologischen Konnotationen zu betrachten.

2. Kapitel

1 Der Fall ist in *Reinkarnation*, S. 127–147, ausführlich dargestellt.

2 Der Laden, der seinen Namen von dem ältesten Bruder, Mohan Mehra, hatte, hieß ursprünglich Mohan and Brothers und war später in Mohan Brothers umbenannt worden.

3 Noch nie vor dieser Begegnung hatte Parmod den Namen Paramanand verwendet. Stevenson weist übrigens darauf hin, daß die Echtheit der bei solchen Begegnungen aufbrechenden tiefen Gefühle ebenso beweiskräftig ist wie die Bestätigung durch äußere Umstände und Ereignisse.

4 Es ist typisch für diese Kinder, daß sie über Ereignisse, die in der Welt ihrer früheren Persönlichkeit nach deren Tod eingetreten sind, nicht Bescheid wissen. Das ist ein wichtiger Punkt, wenn es darum geht zu entscheiden, ob sie die Einzelheiten über das frühere Leben rekonstruieren, indem sie telepathisch das Gehirn der Menschen anzapfen, die die verstorbene Person gekannt haben, oder ob sie über die Informationen als echte Erinnerungen verfügen.

5 JAMA, 1. Dezember 1975, S. 978. Stevenson hat natürlich auch Kritiker. An erster Stelle sind hier zu nennen: Paul Edwards, «The Case Against Reincarnation» (besonders Teil IV), Ian Wilson, *All in the Mind*, und D. Scott Rogo, *Search for Yesterday*.

6 Der Fall ist in *Reinkarnation* S. 86–109, ausführlich dargestellt.

7 Die Familie Mishra besaß zum Beispiel, bis Swarnlata acht Jahre alt war, weder einen Plattenspieler noch ein Radio. Sie war auch nie im Kino gewesen.

8 So hatte Romy Angst vor Motorrädern, und Parmod mochte keinen Quark.

9 Der durchschnittliche Abstand scheint von Kultur zu Kultur zu variieren. Stevenson berichtet, daß der Abstand bei 616 Fällen aus zehn verschiedenen Kulturen im Schnitt fünfzehn Monate betrug (*Wiedergeburt. Kinder erinnern sich an frühere Erdenleben*, S. 132f.). Helen Wambachs Forschungen über Hunderte von Personen lassen darauf schließen, daß der Mensch im Durchschnitt nach einer Zeit von etwa fünfzig Jahren auf die Erde zurückkehrt, was jedoch im Einzelfall vier Monate oder zweihundert Jahre heißen kann (*Seelenwanderung*, S. 130).

10 Vgl. zum Beispiel die Fälle von Gillian und Jennifer Pollock (England), Samuel Helander (Finnland), Roberta Morgan, Michael Wright und Erin Jackson (USA) in *Wiedergeburt. Kinder erinnern sich an frühere Erdenleben*, S. 85–87, sowie Stevenson, «American Children Who Claim to Remember Previous Lives». Die meisten der von Stevenson geschilderten Fälle stammen aus Nordindien, Sri Lanka, Burma, Thailand, Anatolien (Türkei), Libanon, Syrien, Westafrika und der nordwestlichen Region Nordamerikas (*Wiedergeburt*, S. 107).

11 Dissertation von Satwant Pasricha (National Institute of Mental Health and Neurosciences, Bangalore, Indien, 1978) zitiert bei Stevenson in *Wiedergeburt. Kinder erinnern sich an frühere Erdenleben*, S. 314. Weitere Hinweise auf Haltung und Motive der in diese Art von Fällen verwickelten Erwachsenen finden sich S. 133ff. und 169.

12 Vergessen wir auch nicht, daß das «Fenster», welches das Auftauchen spontaner Erinnerungen ermöglicht, nur relativ kurze Zeit geöffnet ist, und zwar normalerweise zwischen zwei und fünf Jahren. Wenn die Eltern nicht schnell eine Untersuchung in Gang bringen, ist die Chance der Verifizierung ein für allemal vertan.

13 Die beste Methode, zu verhindern, daß spontan auftauchende Erinnerungen an ein früheres Leben für ein Kind zum Problem werden, scheint zu sein, ihm zu

gestatten, darüber zu sprechen, ohne befürchten zu müssen, lächerlich gemacht oder kritisiert zu werden. Bei Dingen, denen offen begegnet wird, besteht viel weniger die Gefahr, daß sie Schwierigkeiten verursachen.

14 Vgl. zum Beispiel Peter Francuch, *The Principles of Spiritual Hypnosis.*

15 Die wohl beste Einführung in die Reinkarnationstherapie ist das Buch von Roger Woolger *Other Lives, Other Selves: A Jungian Discovers Past Lives Therapy,* auf das ich leider erst stieß, als ich dieses Buch fast abgeschlossen hatte, sonst hätte ich mich wohl häufiger darauf bezogen.

16 Gelegentlich erfolgt in Hypnose jedoch tatsächlich ein Fall von Rückerinnerung, der nachprüfbar ist. Wer sich hierfür interessiert, sollte sich mit dem Fall von Jane Evans beschäftigen, den Jeffrey Iverson in seinem Buch *More Lives Than One? The Evidence of the Remarkable Bloxham Tapes* schildert. Ein weiterer interessanter Fall ist der von Ray Bryant, den Colin Wilson in *Nach dem Tode,* S. 268ff., darstellt, Und natürlich gibt es auch noch den berühmten Fall der Bridey Murphey, über den Morey Bernstein in seinem *Protokoll einer Wiedergeburt* berichtet.

17 Leonard Orr und Sandra Ray, *Bewußtes Atmen, Rebirthing*; Elizabeth Feher, *The Psychology of Birth*; John C. Lilly, *Das Zentrum des Zyklons*; Stanislav Grof, *Das Abenteuer der Selbstentdeckung, Topographie des Unbewußten, LSD-Psychotherapie, Geburt, Tod und Transzendenz, Die Begegnung mit dem Tod* (zusammen mit John Halifax).

18 Ida Rolf, *Rolfing. Der Weg zu Einheit und Gleichgewicht der Körperstruktur*; Moshé Feldenkrais, *Bewußtheit durch Bewegung*; Milton Trager, «Psychophysical Integration and Mentastics» sowie Nyanaponika Thera, *The Heart of Buddhist Meditation.*

19 Diese Beobachtung entkräftet den oben erwähnten Einwand, daß die «Erinnerungen» an frühere Leben auf die Beeinflußbarkeit der hypnotisierten Person zurückzuführen seien. Selbst wenn das im Einzelfall einmal vorkommen sollte, ist damit noch nicht erklärt, warum das gleiche Phänomen in Situationen auftritt, bei denen diese Art von Suggestion keine Rolle spielen kann, wie etwa bei der Holonomischen Integration.

20 Mehr zu Struktur und Dynamik der COEX-Systeme siehe bei Stanislav Grof, *Topographie des Unbewußten,* Kapitel 3.

21 Es gelang Heather allerdings nicht, Einzelheiten aus Isobels Leben zu verifizieren. Aufgrund des Nummernschildes, das sie in Trance «gesehen» hatte, versuchte sie herauszubekommen, wo Roberts Sportwagen registriert gewesen war, aber die Franzosen hatten alle entsprechenden Dokumente vor der deutschen Besetzung vernichtet. Es gelang ihr auch nicht, Isobels Besuch der englischen Musikschule nachzuweisen, weil es im Verwaltungsgebäude der Schule einen Großbrand gegeben hatte, dem alle Unterlagen über ehemalige Schüler zum Opfer gefallen waren (persönliche Mitteilung von Dr. Whitton).

22 Stanislav Grof, *Das Abenteuer der Selbstentdeckung,* S. 124ff. Karls Zeichnungen sind auf S. 125–127 wiedergegeben.

23 Wir haben im ersten Kapitel bereits erwähnt, daß das heute vorliegende Material

nicht erklärt, *wie* die Wiedergeburt abläuft. So sehr wir uns auch wünschen mögen, die Antwort auf diese Frage zu wissen, für die Anerkennung der Tatsache, daß die Reinkarnation wirklich geschieht, ist sie nicht vonnöten. Die Prämisse, daß wir mehr als einmal auf der Erde leben, ist nicht der Endpunkt der Untersuchung, sondern ein neuer Ausgangspunkt.

24 Vgl. Ring, «Near-Death Experiences: Implications for Human Evolution and Planetary Transformation», S. 80. P. H. M. Atwater, die selbst eine NTE überlebt und mit vielen anderen NTElern gesprochen hat, räumt dem Glauben an die Reinkarnation unter den Überlebenden von NTE einen sehr hohen Stellenwert ein. In ihrem Buch *Coming Back to Life* stellt sie fest: «[Die Überlebenden] berichten über die Reinkarnation wie über eine feststehende Tatsache; sie erwähnen fast alle einen *Lebensplan* und sprechen davon, daß unsere Leben rhythmischen Entwicklungszyklen folgen» (S. 101). In *Den Tod erfahren – das Leben gewinnen* erwähnt auch Ring eine Person, Belle, deren Lebensrückblick sich nicht nur auf ihr gegenwärtiges Dasein, sondern auf mehrere frühere erstreckte, und eine andere, Janis, die behauptete, während ihrer NTE eine Menge über die «Mechanismen» der Wiedergeburt erfahren zu haben.

25 Wenn wir Rupert Sheldrakes Vorstellung des morphogenetischen Feldes in die Diskussion einbringen, eröffnet sich uns vielleicht noch eine tiefere Verständnismöglichkeit dafür, wie sich der geistige Durchbruch einzelner Individuen auf die Fähigkeit einer ganzen Spezies auswirken kann, in der Zukunft ähnliche Durchbrüche zu erzielen. Die Vorstellung vom morphogenetischen Feld besagt, daß in dem Moment, da eine kritische Anzahl von Individuen einer Spezies eine bestimmte Fähigkeit oder Einsicht erworben hat, der Erwerb dieser Fähigkeit oder Einsicht anderen Mitgliedern dieser Spezies plötzlich leichter fällt. Näheres über diesen revolutionären Gedanken findet sich in Sheldrakes Buch *Das schöpferische Universum*.

3. Kapitel

1 Die Gedanken im Augenblick des Todes haben einen großen Einfluß auf die Übertragung des Erbes von einem Leben auf das nächste. In diesen Momenten machen wir entweder unseren Frieden mit dem Leben, so wie es gewesen ist, oder wir tragen unseren Mangel an Frieden weiter, um ihn später zu beheben. Dale konnte sich nicht verzeihen, seine Wachsamkeit auch nur einen Abend lang vernachlässigt zu haben.

2 Vgl. zum Beispiel Michael Gallanders Leben als Hildebrandt von Wesel in Whitton/Fisher, *Das Leben zwischen den Leben*, S. 112 ff.

3 Hier ist nicht der Ort, näher auf die komplizierte Problematik im Zusammenhang mit Selbstwahrnehmung und Identität des sich entwickelnden Fötus einzugehen. Wir wollen nur festhalten, daß sowohl Dr. Nethertons Fälle als auch viele Fälle aus der Praxis von Dr. Stanislav Grof frappierende Anhaltspunkte (aus gegenwärtigen sowie aus vergangenen Leben) dafür liefern, daß der Fötus über

ein waches Wahrnehmungsvermögen verfügt, wenn dieses auch im wesentlichen «über die Mutter» läuft. Er scheint von ihren Gedanken, Gefühlen und Eindrücken Kenntnis zu haben – die er ohne zu unterscheiden als seine eigenen akzeptiert. Die Grenze zwischen *ihr* und *mir* ist im Uterus offenbar höchst vage. Ob eine solche Art der Wahrnehmung es rechtfertigt, beim Fötus von Selbstbewußtheit oder von dem Vorhandensein einer getrennten Identität zu sprechen, muß an anderer Stelle erörtert werden. Wie auch immer die Philosophen diese Frage beantworten, die klinischen Fakten sprechen jedenfalls dafür, daß diese Erfahrungen, so kurz und unvollständig sie auch sein mögen, als ein Bestandteil in die Struktur der laufenden Erfahrungen der Seele eingebaut werden.

4 Vgl. zum Beispiel Gregory Bateson, *Ökologie des Geistes* und *Geist und Natur.*

5 Es gibt zahlreiche, oft verblüffende Übereinstimmungen zwischen dem im *Tibetischen Buch der Toten (Bardo Thödol)* beschriebenen Zwischenzustand und dem, was Whitton in seinen Forschungen über das Überbewußtsein herausgefunden hat. Es ist frappierend, um nicht zu sagen atemberaubend, zu sehen, wie die Vorstellungen von einem Leben nach dem Tode, wie sie in der alten esoterischen Literatur einer fremden Kultur überliefert sind, durch zeitgenössische Untersuchungen bestätigt werden, die noch dazu oft mit «naiven» oder sogar skeptischen Versuchspersonen durchgeführt wurden. Ich werde im fünften Kapitel näher auf das *Bardo Thödol* eingehen.

6 Laut zahlreichen Quellen – zeitgenössischen wie alten – besteht der Bardo aus vielen Ebenen, wobei die höheren Ebenen stärker vom Bewußtsein Gottes durchdrungen und daher wonnevoller sind als die niedrigeren. Zwischen den Leben steigt man sozusagen auf und existiert auf der Ebene, die der jeweiligen geistigen Entwicklung entspricht. Eine besonders detaillierte Beschreibung dieses Konzepts findet sich in *Der zweite Körper* von Robert Monroe.

7 Der Begriff «Überseele» bezieht sich hier auf das übergreifende Bewußtsein, das alle in unseren vielen Inkarnationen gesammelten Erfahrungen umfaßt und integriert. Der Begriff wird im nächsten Kapitel genauer erörtert.

8 In diesem Punkt ist die Ähnlichkeit mit Nah-Todeserfahrungen besonders auffällig. Vgl. zum Beispiel *Den Tod erfahren – das Leben gewinnen* von Kenneth Ring, S. 71.

9 Wie die Beobachtungen dieser Frau zeigen, dürfen wir nicht annehmen, wie es häufig geschieht, daß *alle* Umstände und Ereignisse unseres Lebens eine karmische Bedeutung haben. Die Anhänger des Reinkarnationsgedankens scheinen mir oft das Karma und sich selbst überzustrapazieren, wenn sie bei jeder Kleinigkeit in ihrem Leben herauszubekommen versuchen, was sie «daraus lernen sollen». Der Fall dieser Frau zeigt nur, daß sie bereit war, das Risiko, Alzheimer zu bekommen, einzugehen, um die anderen Dinge, die ihr wichtig schienen, in diesem Lebenszyklus zu erreichen. Es gibt viele Kausalitätsstränge auf Erden, und wir müssen offenbar unter den Möglichkeiten, die zu einer bestimmten Zeit vorliegen, unsere Wahl treffen oder auf eine günstigere Konstellation warten.

10 Vgl. dazu *Leben vor dem Leben,* Kapitel 3.

11 Bei einer der sechs detaillierten Geschichten, die Whitton/Fisher in *Das Leben zwischen den Leben* darstellen, handelt es sich um einen solchen Fall – es ist der Fall von Michael Gallander in Kapitel 7.

12 Die Ironie des Schicksals besteht in diesem Fall darin, daß es Heather nie gegeben hätte, wenn Isobel nicht ihr Talent vergeudet hätte. Heathers Leben wurde kurz nach Isobels Tod «als Notlösung in aller Eile improvisiert». «Sie war fast mit Gewalt in die neue Existenz gedrängt worden», schreibt Dr. Whitton, «um mit den karmischen Rückschlägen der vergeudeten und vorzeitig beendeten Inkarnation Isobels fertig zu werden» (S. 150).

13 Laut Dr. Wambach berichten etwa 3 Prozent ihrer Versuchspersonen, daß sie den Rat ihrer Führer ausgeschlagen haben. Als Grund geben sie gewöhnlich an, ungeduldig gewesen zu sein und es eilig gehabt zu haben «weiterzukommen», und sich daher verleiten ließen, bei der Auswahl ihres Wiedereintrittspunktes weniger sorgfältig zu sein (*Leben vor dem Leben*, Kapitel 3).

14 Eine Gallup-Umfrage aus dem Jahre 1981 kam zu der Einschätzung, daß etwa 8 Millionen Amerikaner bereits eine bewußte Nah-Todeserfahrung gehabt haben, bei der Erlebnisse dieser Art häufig vorkommen.

4. Kapitel

1 So zum Beispiel Jane Roberts in ihren Romanen *Überseele Sieben, Lehrzeit* und *Zeitmuseum*.

2 Aufgrund ihrer Integrationsfunktion nennen Denys Kelsey und Joan Grant sie in *Many Lifetimes* «das Integral».

3 Die Vorstellung von der Wiedergeburt, wie sie in diesem Buch dargestellt wird, ist linear und daher notwendigerweise einseitig. Vom Gesichtpunkt der Überseele aus könnte es sich möglicherweise bei der «Reinkarnation» nicht so sehr um eine lange Folge von Inkarnationen als vielmehr um multiple Inkarnationen handeln, die alle auf einmal ablaufen. Der Übergang zu einem transtemporalen Modell der Reinkarnation würde dem, was hier dargestellt wird, eine weitere Dimension hinzufügen, aber nichts Entscheidendes nehmen. Die wesentlichen Einsichten würden dabei lediglich in eine andere metaphysische Perspektive übertragen.

4 Monroes Ausdruck für die Überseele ist «Inspect» – kurz für: «intelligente Spezies» (*Der zweite Körper*, S. 107).

5 Das auf jeden Fall. Vielleicht aber auch noch mehr. In *Den Tod erfahren – das Leben gewinnen* stellt Kenneth Ring mehrere Fälle vor, in denen Menschen während ihrer NTE außerordentliches Wissen erlangt haben, dessen Quelle das Lichtwesen selbst war (vgl. Kapitel 3).

6 Der Gedanke, daß unsere Geistigkeit in eine umfassendere Geistigkeit und diese wiederum in eine noch umfassendere Geistigkeit eingebettet ist, hat in der westlichen Philosophie eine lange Tradition. Plato betrachtete das Universum als vielschichtiges Phänomenon – jede Schicht eine Emanation der nächsthöhe-

ren und alle dem Geist Gottes entsprungen. Diese alte Theorie scheint in diesem Jahrhundert durch die Systemtheorie neu belebt zu werden.

7 Während die wissenschaftliche Forschung gewöhnlich versucht hat, die größeren dieser Systeme auf der Grundlage der kleineren zu verstehen (Reduktionismus), sind heute viele Forscher davon überzeugt, daß die größeren Systeme den Schlüssel zu vielen der Geheimnisse in Organisation und Funktion der kleineren enthalten. Der Energie- und Informationsfluß scheint in beiden Richtungen zu verlaufen. Die Zellen unseres Körpers können ihre Funktionen nicht erfüllen, wenn sie nicht einen Input von den größeren Systemen erhalten. Gleichzeitig könnten wir keine einzige Handlung ausführen ohne die ständig von unseren Körperzellen ausgehenden Impulse. Wir sind ein erstaunliches Megasystem aus voneinander abhängenden Systemen, die alle ihre individuellen Aufgaben ausführen, während sie gleichzeitig Projekte fördern, die unserem unmittelbaren Gewahrsein entzogen sind.

Mit dieser Verschiebung des Blickwinkels geht die seit zweihundert Jahren vorherrschende Anschauung des menschlichen Körpers als einer hochkomplizierten Maschine ihrem Ende entgegen. Die Wirkungsweise einer Maschine kann von ihren Teilen her erklärt werden, der Körper jedoch widersetzt sich einer solchen Erklärung. Fritjof Capra geht auf diese Entwicklungen in verschiedenen Disziplinen in seinem Buch *Wendezeit* genauer ein.

8 Hier gibt es manche frappierende Parallelen zur quantenphysikalischen Forschung. In der Quantenphysik kann es nämlich vorkommen, daß die Art des von uns angestellten Experiments nicht nur darüber entscheidet, welcher Aspekt der Quantenrealität sich uns zeigt, sondern sogar in welcher Form die Quantenrealität zu einem bestimmten Zeitpunkt existiert. Das heißt, unser Experiment wählt wirklich eine von mehreren Möglichkeiten aus, die das Quant hat, sich zu diesem bestimmten Zeitpunkt zu strukturieren. Dieses aberwitzige Verhalten scheint auch für die tieferen Schichten der Psyche charakteristisch zu sein. Fred Wolfe bringt in *Star Wave* sogar schlagkräftige Argumente für die These, daß das Bewußtsein eine Quantenrealität ist.

9 Mein Verständnis der psychischen Dynamik der Wiedergeburt ist stark von seinen Forschungen und von der jahrelangen persönlichen Zusammenarbeit mit ihm bei der Untersuchung dieser Zustände beeinflußt. Er hat verschiedentlich auf Fachkongressen über Teilaspekte seiner Arbeit berichtet, steht aber mit der Publikation seiner in fünfzehnjähriger Arbeit erzielten umfangreichen Forschungsergebnisse noch am Anfang. Ich werde mich hier darauf beschränken, Beobachtungen aus seiner Arbeit mitzuteilen, die unmittelbar mit den in diesem Kapitel gestellten Fragen zusammenhängen. Ich präsentiere dieses Material hier mit seiner Erlaubnis und freundlichen Unterstützung.

5. Kapitel

1 Die wichtigsten dieser Quellen sind *Jenseits des Todes* von Stanislav und Christina Grof, *Der zweite Körper* von Robert Monroe, *Den Tod erfahren – das Leben gewinnen* von Kenneth Ring, *Leben vor dem Leben* von Helen Wambach, *Das Leben zwischen den Leben* von Joel Whitton und Joe Fisher und der Klassiker des Buddhismus *Das Tibetische Buch der Toten.*

2 Vgl. zum Beispiel das dritte Kapitel von Kenneth Rings *Den Tod erfahren – das Leben gewinnen.*

3 Monroe betrachtet die Existenz dieser Ringe nicht als notwendigen Bestandteil der geistigen Landschaft. Er sieht sie eher als Ergebnis einer tragischen Entwicklung der Erdgeschichte, die aber am Ende rückgängig gemacht werden kann.

4 Vgl. zum Beispiel Ajit Mookerjee, *Kundalini – Die Erweckung der inneren Energie.*

5 Auch hier rekurriere ich auf Rupert Sheldrakes *morphogenetisches Feld* (vgl. Kapitel 2, Anm. 25).

6. Kapitel

1 George Gallup jr. und William Proctor, *Begegnungen mit der Unsterblichkeit,* S. 184.

2 Ich bin mit Professor Geddes MacGregor der Ansicht, daß die plausibelste Erklärung dafür, daß die frühen Christen sich im allgemeinen nicht mit metaphysischen Überlegungen zum Leben nach dem Tode beschäftigten, in der Tatsache liegt, daß sie überzeugt waren, daß Jesus in unmittelbarer Zukunft auf die Erde zurückkehren würde und sich derartige Fragen damit erübrigten. Vgl. sein Buch *Reinkarnation und Karma im Christentum,* S. 54f.

3 Die Auffassung, daß Jesus sowohl wahrer Mensch als auch wahrer Gott war, wurde erst auf dem Konzil von Nizäa 325 offiziell dekretiert. Die Evangelien lassen unterschiedliche Interpretationen der Natur Jesu zu.

9. Kapitel

1 Wie Erfahrungen internalisiert und ihren Gefühlsqualitäten entsprechend organisiert werden, stellt Stanislav Grof anhand seiner COEX-Systeme («systems of condensed experience») in *Topographie des Unbewußten* (Kapitel 3) genauer dar.

2 In dieser Zeichnung ist die Schleife, die uns mit Feedback über unsere Entscheidungen versorgt, geschlossen, woraus man folgern könnte, daß es außer den von uns früher getroffenen Entscheidungen keine weiteren Faktoren gibt, die unser gegenwärtiges Bewußtsein beeinflussen. Wenn dem wirklich so wäre, wären wir in einem geschlossenen, deterministischen System gefangen, das uns dazu verurteilen würde, die schon früher getroffenen Entscheidungen zu wiederholen. Das soll die Zeichnung natürlich nicht ausdrücken. Keine bildliche

Darstellung kann jeden Aspekt einer Situation erfassen, und diese Skizze gibt nicht alle hier relevanten Variablen wieder. Sie ist nur als Modell der zwischen Entscheidung und Situation wirkenden Feedback-Schleife zu verstehen. Um eine Darstellung der Variablen einzubringen, die die Feedback-Schleife um das Element der Kreativität bereichern, könnten wir einen in vertikaler Richtung durch den Mittelpunkt verlaufenden Trichter wie bei einer Sanduhr hinzufügen (vgl. Abb. 9.2). Dieser nach beiden Seiten hin offene Trichter würde unsere Verbindung zur Überseele und anderen spitituellen Quellen darstellen.

Abbildung 9.2

3 Man erinnere sich an den Fall Tanya aus dem zweiten Kapitel.

4 *Geburt, Tod und Transzendenz*, S. 58. Vgl. auch *Das Abenteuer der Selbstentdekkung*, S. 114–128.

5 *Das Abenteuer der Selbstentdeckung*, S. 122. Grof fährt dann fort: «Dieser Aspekt von Erinnerungen an frühere Leben, der auf nichtlokale Verbindungen im Universum hinweist, besitzt Ähnlichkeit mit den Phänomenen, die in der modernen Physik vom Bellschen Theorem beschrieben werden.»

6 *Geburt, Tod und Transzendenz*, S. 57f.

Literaturverzeichnis

Ajaya, Swami: *Psychotherapy East and West,* Himalayan Institute, Honesdale, Pa., 1983.

Atwater, P. M. H.: *Coming Back to Life: The After-Effects of the Near-Death Experience,* Dodd, Mead, New York 1988.

Bache, Christopher: «On the Emergence of Perinatal Symptoms in Buddhist Meditation.» *Journal for Scientific Study of Religion,* 20 (4), 1981, S. 339–350.

–: «A Reappraisal of Teresa of Avila's Hysteria.» *The Journal of Religion and Health,* 24 (4), 1985, S. 300–315.

–: «Mysticism and Psychedelics: The Case of the Dark Night.» *The Journal of Religion and Health,* Frühjahr 1991.

Bateson, Gregory: *Geist und Natur. Eine notwendige Einheit,* Suhrkamp, Frankfurt a. M. 1982.

–: *Ökologie des Geistes,* Suhrkamp, Frankfurt a. M. 1985.

Bernstein Morey: *Protokoll einer Wiedergeburt,* Scherz, Bern, München, Wien 1990 (Neuausgabe).

Campbell, Joseph: *An Open Life: Joseph Campbell in Conversation with Michael Toms,* Larson Publications, Burdett, New York 1988.

Cannon Alexander: *The Power Within,* Rider, London 1950.

Capra, Fritjof: *Das Tao der Physik,* O. W. Barth, Bern, München, Wien 1986 u. ö.

–: *Wendezeit,* Scherz, Bern, München, Wien 1983 u. ö.

Combs, Allan, und Holland, Mark: *Die Magie des Zufalls. Synchronizität – eine neue Wissenschaft,* Rowohlt, Reinbek 1992.

Cranston, Sylvia: *Reincarnation in World Thought,* Julian, New York 1967.

–: *Reincarnation: An East-West Anthology,* Theosophical Publication House, Wheaton, III., 1970.

– und Head, Joseph: *Reincarnation – The Phoenix Fire Mystery,* Crown, New York 1977.

– und Williams, Carey: *Wiedergeburt – ein neuer Horizont in Wissenschaft, Religion und Gesellschaft,* Hirthammer, München 1989.

Dargyay, Eva K., und Gesche Lobsang (Übers. u. Hrsg.), *Das Tibetische Buch der Toten,* O. W. Barth, Bern, München, Wien 1977 u. ö.

Doresse, Jean: *The Secret Books of the Egyptians,* Viking, New York 1960.
Edwards, Paul: «The Case Against Reincarnation, I–IV». *Free Inquiry* 6 (4), S. 24–35; 7 (1), S. 38–48; 7 (2), S. 38–49; 7 (3) S. 46–53, 1986–1987.
Feher, Elizabeth: *The Psychology of Birth,* Souvenir Press, London 1980.
Feldenkrais, Moshé: *Bewußtheit durch Bewegung,* Suhrkamp, Frankfurt a. M. 1978.
Fiore, Edith: *You Have Been Here Before,* Ballantine, New York 1978.
–: *The Unquiet Dead,* Doubleday, New York 1987.
Fisher, Joe: *Die ewige Wiederkehr: Vom Sinn der Reinkarnation,* Goldmann, München 1990.
Flynn, Charles P.: *After the Beyond: Human Transformation and the Near-Death Experience,* Prentice-Hall, Englewood Cliffs, N. J., 1986.
Francuch, Peter D.: *Principles of Spiritual Hypnosis,* Spiritual Advisory Press, Santa Barbara, Calif., 1981.
Gallup, George, jr., und Proctor, William: *Begegnungen mit der Unsterblichkeit. Erlebnisse im Grenzbereich zwischen Leben und Tod,* Ullstein, Berlin 1990.
Gawain, Shakti: *Leben im Licht,* Lebenshilfe, Marburg 1987.
Goldstein, Joseph, und Kornfield, Jack: *Einsicht durch Meditation. Die Achtsamkeit des Herzens – Buddhistische Einsichtsmeditation für westliche Menschen,* O. W. Barth, München, Bern, Wien 1989.
Goleman, Daniel: *Meditation – Wege nach innen,* Beltz, Weinheim 1990.
Grof, Stanislav: *LSD-Psychotherapie,* Klett-Cotta, Stuttgart 1983.
–: *Topographie des Unbewußten – LSD im Dienst der tiefenpsychologischen Forschung,* Klett-Cotta, Stuttgart ³1985.
–: *Ancient Wisdom and Modern Science,* State University of N. Y. Press, Albany 1984.
–: *Geburt, Tod und Transzendenz,* Kösel, München 1985.
–: *Das Abenteuer der Selbstentdeckung,* Kösel, München 1987.
– und Grof, Christina: *Jenseits des Todes,* Kösel, München 1984.
– und Halifax, Joan: *Die Begegnung mit dem Tod,* Klett-Cotta, Stuttgart 1980.
Gyatso, Tensin, His Holiness the Dalai Lama of Tibet. Tanslated and edited by Jeffrey Hopkins: *The Dalai Lama at Harvard,* Snow Lion, Ithaca, N. Y., 1988.
Humphreys, Christmas: *Karma und Wiedergeburt,* O. W. Barth, Bern, München, Wien 1980.
Iverson, Jeffrey: *More Lives Than One? The Evidence of the remarkable Bloxham Tapes,* Souvenir Press, London 1976.
Johannes vom Kreuz: *Aufstieg zum Berge Karmel,* Sämtliche Werke Bd. 1, Kösel, München ⁹1990.
–: *Dunkle Nacht,* Sämtliche Werke Bd. 2, Kösel, München ⁸1987.
Jung, C. G.: *Synchronizität als ein Prinzip akausaler Zusammenhänge* (1952), Gesammelte Werke Bd. 8, Walter, Olten und Freiburg 1979.
Kelsey, Denys, und Grant, Joan: *Many Lifetimes,* Doubleday, New York 1967.
Klimo, Jon, *Channeling. Der Empfang von Informationen aus paranormalen Quellen,* Hermann Bauer, Freiburg i. Br. 1988.
Leonard, Jim, und Laut, Phil: *Neu geboren werden. Rebirthing – der Weg zu Selbstentfaltung und Lebensfreude,* Kösel, München 1988.

Levine, Stephen: *Gradual Awakening*, Anchor, Garden City, N. Y., 1979.
Lilly, John C.: *Das Zentrum des Zyklons*, Fischer, Frankfurt a. M. 1976.
–: *Programming and Metaprogramming in the Human Biocomputer*, Bantam, New York 1974.
–: *Das tiefe Selbst*, Sphinx, Basel 1988.
MacGregor, Geddes: *Reinkarnation und Karma im Christentum*, Droemer Knaur, München 1990.
–: *Reinkarnation as a Christian Hope*, Barnes & Noble, Totwa, N. J., 1982.
Monroe, Robert: *Der Mann mit den zwei Leben*, Ansata, Interlaken 1983.
–: *Der zweite Körper*, Goldmann, München 1989.
Mookerjee, Ajit: *Kundalini – Die Erweckung der Inneren Energie*, Origo, Bern 1984.
Netherton, Morris, und Shiffrin, Nancy: *Bericht vom Leben vor dem Leben*, Scherz, Bern, München, Wien 1979.
Orr, Leonard, und Ray, Sandra: *Bewußtes Atmen. Rebirthing*, Goldmann, München 1992.
Pagels, Elaine: *Versuchung durch Erkenntnis – Die gnostischen Evangelien*, Suhrkamp, Frankfurt a. M. 1987.
Progoff, Ira: *Jung, Synchronicity, and Human Destiny: Non-Causal Dimensions of Human Experience*, Julian, New York 1973.
Rinbochay, Lati, und Hopkins, Jeffrey: *Death, Intermediate State and Rebirth in Tibetan Buddhism*, Snow Lion Press, Valois, N.Y., 1979.
Ring, Kenneth: *Life at Death: A Scientific Investigation of the Near-Death Experience*, Coward, McCann, New York 1980.
–: *Den Tod erfahren – das Leben gewinnen*, Scherz, Bern, München, Wien 1985.
–: «Near-Death Experiences: Implications for Human Evolution and Planetary Transformation.» *Revision* 8, 1986, S. 75–88.
Rinpoche, Kalu: *Der Dharma*, Dharma-Verlag, Mechernich 1990.
Roberts, Jane: *Überseele Sieben*, Goldmann, München 1992.
–: *Lehrzeit*, Goldmann, München 1922.
–: *Zeitmuseum*, Goldmann, München 1992.
Rolf, Ida: *Rolfing. Der Weg zu Einheit und Gleichheit der Körperstruktur*, Hugendubel, München 1989.
Rogo, D. Scott: *Search for Yesterday*, Prentice-Hall, Englewodd Cliffs, N. J., 1985.
Scholem, Gershom: *Die jüdische Mystik in ihren Hauptströmungen*, Suhrkamp, Frankfurt a. M. 1980.
Schuon, Frithjof: *Von der inneren Einheit der Religionen*, Ansata, Interlaken 1981.
–: *Urbesinnung. Das Denken des Eigentlichen*, Aurum, Freiburg i. Br. 1989.
Selfe, Lorna: *Nadia – A Case of Extraordinary in an Autistic Child*, Academic Press, New York 1977.
Sheldrake, Rupert: *Das schöpferische Universum – die Theorie des morphogenetischen Feldes*, Goldmann, München ²1987.
Smith, Huston: *The Religions of Man*, Harper, New York 1958.
–: *Forgotten Truth: The Primordial Tradition*, Harper, New York 1976.
–: *Beyond the Post Modern Mind*, Crossraod Publishing Co., New York 1982.

Stevenson, Ian: *Xenoglossy*, University Press of Virginia, Charlottesville 1974.
–: *Cases of the Reincarnation Type*, Bd. 1: *Ten Cases in India*, University Press of Virginia, Charlottesville 1975.
–: *Cases of the Reincarnation Type*, Bd. 2: *Ten Cases in Sri Lanka*, University Press of Virginia, Charlottesville 1977.
–: *Reinkarnation. Der Mensch im Wandel von Tod und Wiedergeburt. 20 überzeugende und wissenschaftlich bewiesene Fälle*, Aurum, Freiburg i. Br. [2]1977.
–: «The Explanatory Value of the Idea of Reincarnation.» *Journal of Nervous and Mental Diseases*, 164, 1977, S. 305–326.
–: *Cases of the Reincarnation Type*, Bd. 3 *Twelve Cases in Lebanon and Turkey*, University Press of Virginia, Charlottesville 1980.
–: *Cases of the Reincarnation Type*, Bd. 4: *Twelve Cases in Thailand and Burma*, University Press of Virginia, Charlottesville 1983.
–: «American Children Who Claim to Remember Previous Lives.» *The Journal of Nervous and Mental Disease*, 171 (12), 1983, S. 742–748.
–: *Unlearned Languages – New Studies in Xenoglossy*, University Press of Virginia, Charlottesville 1984.
–: *Wiedergeburt. Kinder erinnern sich an frühere Erdenleben*, Aquamarin, Grafing 1989.
Teresa von Avila, *Sämtliche Schriften*, hrsg. von G. Schwab und J. Sulzbach, Regensburg 1851.
Thera, Nyanaponika: *The Heart of Buddhist Meditation*, Samuel Weiser, New York 1962.
Thomas, Lewis: *Lives of the Cell*, Bantam, New York 1975.
Trager, Milton: «Psychophysical Integration and Mentastics.» *Journal of Holistic Health*, 7, 1982, S. 15 ff.
Wambach, Helen: *Seelenwanderung. Wiedergeburt durch Hypnose*, Goldmann, München [2]1984.
–: *Leben vor dem Leben*, Heyne, München 1980.
Weber, Renée: *Wissenschaftler und Weise*, Aquamarin, Grafing 1987.
White, John (Hrsg.): *Was ist Erleuchtung?*, Bauer, Freiburg i. Br. 1988.
–: *Kundalini-Energie – die spirituelle Schlange in uns*, Goldmann, München 1990.
Whitton, Joel und Fisher, Joe: *Das Leben zwischen den Leben*, Goldmann München 1989.
Wilson, Ian: *All in the Mind*, Doubleday, New York 1982.
–: *Nach dem Tode*, Droemer Knaur, München 1987.
Wolf, Fred Alan: *Star Wave*, Macmillan, New York 1984.
–: *Der Quantensprung ist keine Hexerei. Die neue Physik für Einsteiger*, Fischer, Frankfurt a. M. 1990.
Woolger, Roger: *Other Lives, Other Selves – A Jungian Discovers Past Lives Therapy*, Bantam, New York 1988.
Zukav, Gary: *Die tanzenden Wu Li Meister – Der östliche Pfad zum Verständnis der modernen Physik: vom Quantensprung zum Schwarzen Loch*, Rowohlt, Reinbek 1991.

Personen- und Sachregister